U0650056

采购

管理制度与常用范表

邱云生 ◎ 编著

中国铁道出版社有限公司
CHINA RAILWAY PUBLISHING HOUSE CO., LTD.

北 京

图书在版编目（CIP）数据

采购管理制度与常用范表/邱云生编著.—北京：
中国铁道出版社有限公司，2023.7
ISBN 978-7-113-30163-7

Ⅰ.①采… Ⅱ.①邱… Ⅲ.①采购管理 Ⅳ.①F253

中国国家版本馆CIP数据核字(2023)第064820号

书　　名：采购管理制度与常用范表
　　　　　CAIGOU GUANLI ZHIDU YU CHANGYONG FANBIAO
作　　者：邱云生

责任编辑：王　宏　　　　编辑部电话：(010) 51873038　　电子邮箱：17037112@qq.com
封面设计：宿　萌
责任校对：刘　畅
责任印制：赵星辰

出版发行：中国铁道出版社有限公司（100054，北京市西城区右安门西街 8 号）
印　　刷：河北京平诚乾印刷有限公司
版　　次：2023 年 7 月第 1 版　2023 年 7 月第 1 次印刷
开　　本：710 mm×1 000 mm 1/16　印张：18.75　字数：291 千
书　　号：ISBN 978-7-113-30163-7
定　　价：88.00 元

版权所有　侵权必究

凡购买铁道版图书，如有印制质量问题，请与本社读者服务部联系调换。电话：(010) 51873174
打击盗版举报电话：(010) 63549461

前言

编写缘起

很多生产制造型企业都免不了从其他厂商处采购物料、零件、产品，以满足自身的生产需要，采购工作与生产息息相关，涉及的环节也很多，从供应商选择与考察，到采购计划与预算的制订，再到采购谈判和进度控制等，这些环节对采购人员的要求和能力各有不同。而采购人员所需的工作表也数量繁多，若能系统地收集对采购人员的工作是有很大帮助的。

本书作为一本实用工具大全，对企业采购管理的重点工作进行划分，每个章节都对采购工作的要点、常用制度、常用范表进行展示，读者不仅能够了解各项工作的知识点，还能借鉴使用有关制度与范表。

为了让采购工作人员高效处理各项采购操作，更好地衔接与财务部、生产部、供应商的关系，我们编写了本书。

主要内容

本书内容可分为两部分，各部分内容如下所示。

内容划分	具体阐述
第一部分 （第 1 ~ 2 章）	介绍如何管理供应商，包括供应商开发与调查、供应商筛选、供应商日常管理和供应商日常考核。通过本部分的学习，读者可了解到在与供应商打交道的过程中需要的业务管理制度和范表，对供应商开发与管理的各项工作也有详细了解
第二部分 （第 3 ~ 8 章）	围绕采购计划与预算管理、价格与成本管理、谈判与订单管理、进度控制与结算管理、质量管理、绩效与外协加工管理进行工作事项介绍，网罗了关键的规章管理制度和范表

写作特点

为了方便读者轻松阅读与快速查找，本书在版式设计与内容挑选上都花了很多心思，具体特点如下所示。

①图解管理实务，可视表达让读者学得更易

1.1 供应商开发与调查

供应商开发首先要确认供应商是否建立一套稳定有效的质量保证体系，然后确认供应商是否具有生产所需特定产品的设备和工艺能力。

● 供应商开发的基本步骤

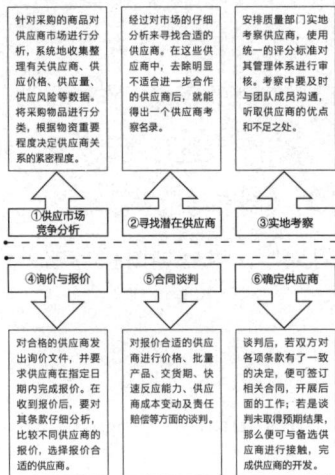

针对采购的商品对供应商市场进行分析，系统地收集整理有关供应商、供应价格、供应品种、供应风险等数据。将采购物品进行分类，根据物资重要程度决定供应商关系的紧密程度。

经过对市场的仔细分析来寻找合适的供应商。在这些供应商中，去除明显不适合进一步合作的供应商后，就能得出一个供应商考察名录。

安排质量部门实地考察供应商，使用统一的评分标准对其管理体系进行审核。考察中要及时与团队成员沟通，听取供应商的优点和不足之处。

①供应市场竞争分析　②寻找潜在供应商　③实地考察

④询价与报价

对合格的供应商发出询价文件，并要求供应商在指定日期内完成报价。在收到报价后，要对其条款仔细分析，比较不同供应商的报价，选择报价合适的供应商。

⑤合同谈判

对报价合适的供应商进行价格、批量产品、交货期、快速反应能力、供应商成本变动及责任赔偿等方面的谈判。

⑥确定供应商

该判后，若双方对各项条款有了一致的决定，便可签订供应合同，开展后面的工作；若是谈判未取得预期结果，那么便可与备选供应商进行接触，完成供应商的开发。

供应商筛选步骤

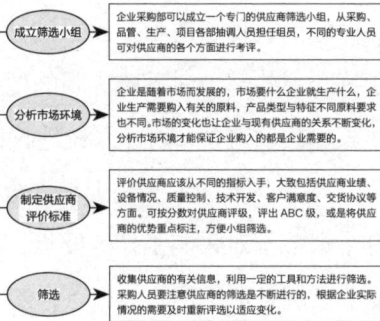

成立筛选小组 —— 企业采购部可以成立一个专门的供应商筛选小组，从采购、品管、生产、项目部抽调人员担任组员，不同的专业人员可对供应商的各个方面进行考评。

分析市场环境 —— 企业是随着市场而发展的，市场要什么企业就生产什么，企业生产需要购入有关的原料，产品类型与特征不同原料要求也不同。市场的变化也让企业与现有供应商的关系不断变化，分析市场环境才能保证企业购入的都是企业需要的。

制定供应商评价标准 —— 评价供应商应该从不同的指标入手，大致包括供应商业绩、设备情况、质量控制、技术开发、客户满意度、交货协议等方面。可按分数对供应商评级，评出ABC级，或是将供应商的优势重点标注，方便小组筛选。

筛选 —— 收集供应商的有关信息，利用一定的工具和方法进行筛选。采购人员要注意供应商的筛选是不断进行的，根据企业实际情况的需要及时重新评选以适应变化。

● 选择供应商采用哪些方法

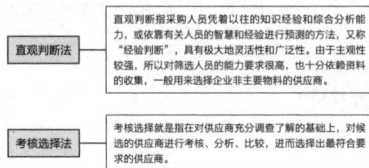

直观判断法 —— 直观判断指采购人员凭着以往的知识经验和综合分析能力，或依靠有关人员的智慧和经验进行预测的方法，又称"经验判断"，具有极大地灵活性和广泛性。由于主观性较强，所以对选择人员的能力要求很高，也十分依赖资料的收集，一般用来选择企业非主要物料的供应商。

考核选择法 —— 考核选择就是指在对供应商充分调查了的基础上，对候选的供应商进行考核、分析、比较，进而选择出最符合要求的供应商。

②穿插拓展知识，延展内容让读者学得更多

拓展知识 供应商筛选的短期标准与长期标准

在对供应商进行筛选时，采购人员要注意时间因素，划分筛选的短期标准和长期标准，两者结合才能选出更理想的供应商。
①短期标准主要包括：商品质量合格、采购价格合适、交期及时、服务有诚意等直接的需求标准。
②要想长时间合作，采购人员还需考虑这些长期标准：供应企业内部组织划定科学、管理体系健全、设备优良、财务状况稳定、人力资源稳定等。

拓展知识 制定采购预算的参考数据

预算编制中的一个难点是基些不确定因素，为此，需要对历史数据进行充分分析，另一方面要对未来的判断设定合理的假定。需要参考的数据有：①存量管理卡及用料清单；②商定的库存水平和目前的交货周期；③相关期间的生产进度、生产效率；④主要原料和零部件的长期价格趋势；⑤物料标准成本的设定。

拓展知识 采购计划编制流程

制订采购计划是实施采购的基础，编制时应做好万全的准备，按照规范的流程进行：①进行采购需求分析；②提出采购需求；③汇总采购需求；④确定采购物资种类；⑤分析现有库存；⑥预测采购物资数量；⑦选择采购方式；⑧制订采购计划；⑨采购计划分解；⑩采购计划执行。

③精选制度表单，读者稍加修改即可实战应用

制度 月度采购计划制订管理规定

1 范 围

适用于全公司所有的原材料、仪器仪表、固定资产、设备、备品备件和各种生产及非生产性低值易耗品等物料（不包含办公用品采购）的月度采购计划的编制、审核及下达。

2 控制目标

2.1 保证采购预算对采购计划的指导作用，确保对于预算外的采购计划经过适当的审批，有效降低不必要的采购成本。

2.2 确保采购计划数量和时间上都可以及时满足生产经营的需求。

2.3 确保价格信息的保密性。

3 主要控制点

3.1 需求计划上报部门参考采购提前期，编制滚动需求计划。

3.2 超预算采购计划需经主管副总审核。

3.3 超预算采购计划必须经主管财务副总审批通过。

3.4 计划员将采购计划去除价格信息，递送需求部门、储运部门。

4 特定政策

4.1 采购部及时和公司内相关需求上报部门确认采购提前期并共享采购提前期信息，各部门报需求计划时必须考虑采购提前期。

4.2 月计划中的应急小金额物资要进行总金额控制。

4.3 计划员编制月计划时，采购主管需安排人员配合工作，保证采购计划详细准确。

4.4 月采购计划流程中，以计划为未执行的物资如有需要，重新编入本月计划。

5 月采购计划流程说明

5.1 采购部经理参与生产计划的制订，并完成物料需求计划。

5.2 采购部计划员每月1日根据各需求部门递交的年采购计划调整申请、月材料/备件/固定资产需求计划，储运部门通交的收发存报表，生产经营部确定的物料需求计划和年采购计划，结合月底库存量、安全库存量和采购提前期编制月采购计划。

5.3 计划员根据历史采购价格和供应商信息库在月采购计划上填制价格信息和预计到货日后提交正式的月采购计划。

5.4 每月2日下午采购部经理审批计划员上报的月采购计划，不同意则返回计划员重新编制，同意即签署肯定意见。如计划总金额在预算内则直接递送财务部，否则报主管副总审批[1]。

5.5 每月3日财务部经理根据年度预算判断审批同意的月采购计划是否在预算内，在

[1] 计划总金额如超预算，主管副总可在一定时间期限内根据实际情况审批月采购计划，同意后通送财务部；如不同意则组织各部门协调，重新调整编制月采购计划。

范表 采购现金预算表

类别	预计期初资金占用	本期预增采购资金				预计耗用量	预计期末资金占用
		上旬	中旬	下旬	合计		
原材料							
包装物							
备损件							
其他物料							
合计							

范表 办公用品采购预算表

						申请时间： 年 月 日	
部门		采购负责人			物品用途		
		联系方式			采购时间		
序号	办公用品名称	数量	单位	单价	总价	备注	
	预算共计						

④附赠更多模板，图书内容更加超值

更多模板

供应商仓库环境调查表	供应商基本信息调查表	供应商设备情况调查表
供应商产品情况调查表	供应商人员构成调查表	供应商整体实力调查表

更多模板

供应商考评表	供应商询价对比表	供应商资格申请表
供应商选择对比表	供应商信息比较表	

更多模板

季度采购计划表	物料采购数量计划表	项目采购计划表
年度采购计划表	物料存量管制卡	月度采购计划表

更多模板

预算调整与预算追加管理办法	公司物资采购预算表	采购预算与实际合同数据对比表
采购预算考核通知单	直接材料预算表	

下载文件

提供书中涉及的制度、范表与模板的 PC 端下载地址及移动端二维码：

http://www.m.crphdm.com/2023/0516/14601.shtml

读者对象

本书内容精选，图解实务知识，同时展示常用模板范文，提供大量实用模板文件，特别适合企业采购部门、生产部门、品管部门工作人员及管理者阅读，并将其作为采购管理者编制采购工作规范的工具书。

由于编者能力有限，对于本书内容不完善的地方希望获得读者的指正。

编 者

目录

第1章　供应商开发制度与范表

【更多模板】

供应商仓库环境调查表	供应商人员构成调查表
供应商产品情况调查表	供应商设备情况调查表
供应商基本信息调查表	供应商整体实力调查表

【更多模板】

供应商考评表	供应商信息比较表
供应商选择对比表	供应商资格申请表
供应商询价对比表	

第2章　供应商管理制度与范表

【更多模板】

供应商信息管理制度	供方特批供货审批表
供应商访谈记录表	A 级供应商交货基本状况一览表
供应商跟踪记录表	

2.2　供应商日常考核

【更多模板】

供应商评定制度	供应商分类台账
纠正和预防措施报告表	供应商业绩评价结果反馈单
供应商业绩评审表	供应商绩效考核汇总表

第 3 章　采购计划与预算管理制度与范表

【更多模板】

季度采购计划表	物料存量管制卡
年度采购计划表	项目采购计划表
物料采购数量计划表	月度采购计划表

【更多模板】

预算调整与预算追加管理办法	直接材料预算表
采购预算考核通知单	采购预算与实际合同数据对比表
公司物资采购预算表	

第4章 采购价格与成本管理制度与范表

4.1 采购价格管理

【更多模板】

产品价格目录表	质保期满后收费项目一览表
报价一览表	采购部报价管理办法
采购项目简要说明一览表	

第5章　采购谈判与订单管理制度与范表

【更多模板】

磋商报价一览表	谈判议程纪要表
对手谈判意愿分析表	谈判桌局势分析表
谈判僵局分析表	谈判桌上开局技巧分析表

【更多模板】

采购交期控制制度	采购追踪记录表
办公用品订购审批单	采购记录登记表
办公设备采购申请表	交期控制表

第 6 章　进度控制与采购结算管理制度与范表

【更多模板】

来料检验日报表	采购交货延迟检讨表
采购进度控制主管岗位职责	交期变更联络单
采购跟单员岗位职责	采购职务权限表

【更多模板】

采购金额统计表	一般采购付款申请表
采购付款通知单	请款单
采购支出登记台账	

第7章　采购质量管理制度与范表

【更多模板】

采购质量验证管理制度	来料检验规范
质量保证协议	质量控制计划规范
原辅材料进货查验记录	产品不合格严重性分级表
物料验收管理制度	

【更多模板】

损失索赔通知单	换货明细表
供应商供货历史及质量保证能力调查表	进货不良品通知单
退货明细表	

第8章　采购绩效与外协加工管理制度与范表

【更多模板】

采购绩效专员岗位职责	采购人员绩效考核指标
采购绩效主管岗位职责	采购绩效改进表
采购绩效考核结果运用表	

8.2 外协加工管理

【更多模板】

外协加工成本核算表	外协件明细表
外协外购件送检单	外协外购件质量信息反馈表
外协件检验记录表	外协采购人员考核表

第❶章

供应商开发制度与范表

　　企业由于生产需要从外面购入物料，就要寻找开发合适的供应商，且不能将所有的业务都交给单一供应商，面对市场中大量的供应商，企业应该全面调查，结合自身需要开发一定数量的潜在供应商，以免影响企业的正常生产活动。

● 供应商开发与调查　　　　　　　　　　　　　　　P002

制度：采购招标管理制度　　　　　　范表：供应商资质一览表
制度：供应商开发管理办法　　　　　　范表：合格供应商一览表
制度：物料承认管理办法　　　　　　范表：特殊承诺供应商列表
制度：供应商调查管理制度　　　　　　范表：潜在供应商推荐表

● 供应商筛选　　　　　　　　　　　　　　　　　　P017

制度：供方评审管理办法　　　　　　范表：样品评价表
制度：供应商退出管理规定　　　　　　范表：供应商自评表
范表：供应商退出提报表　　　　　　范表：供应商筛选表
范表：供应商退出审批单　　　　　　范表：供应商评分表
范表：退出供应商履历卡　　　　　　范表：供应商淘汰建议申请表

1.1 供应商开发与调查

供应商开发是指采购组织为适应自身的采购需求而采取的一系列活动。一般来说，供应商开发首先要确认供应商是否建立一套稳定有效的质量保证体系，然后确认供应商是否具有生产所需特定产品的设备和工艺能力。

● **供应商开发的基本步骤**

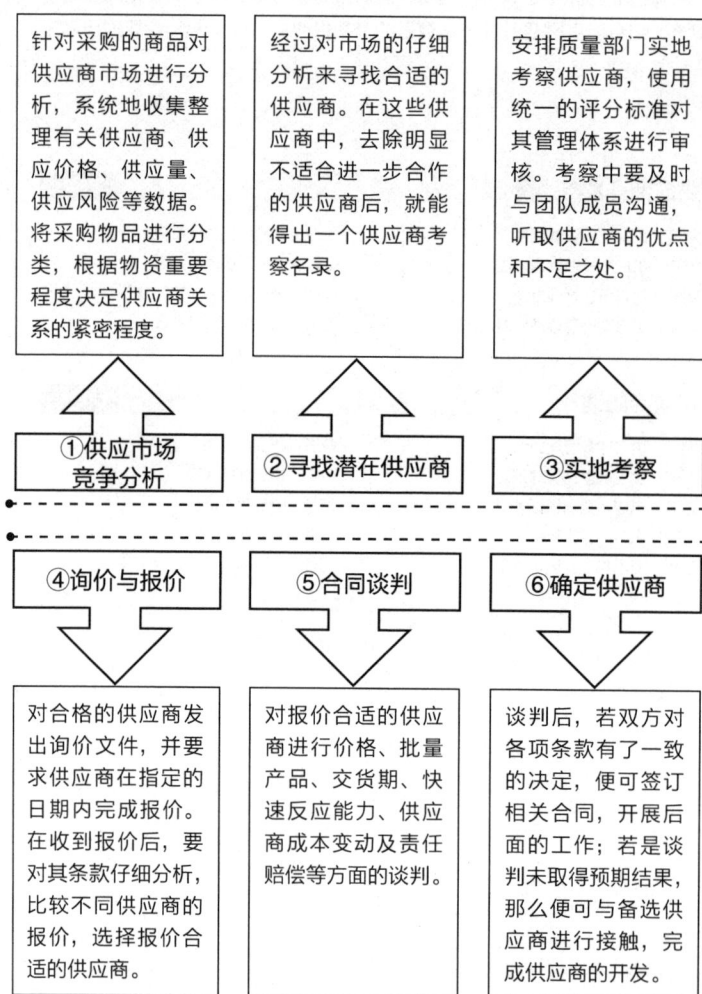

针对采购的商品对供应商市场进行分析，系统地收集整理有关供应商、供应价格、供应量、供应风险等数据。将采购物品进行分类，根据物资重要程度决定供应商关系的紧密程度。	经过对市场的仔细分析来寻找合适的供应商。在这些供应商中，去除明显不适合进一步合作的供应商后，就能得出一个供应商考察名录。	安排质量部门实地考察供应商，使用统一的评分标准对其管理体系进行审核。考察中要及时与团队成员沟通，听取供应商的优点和不足之处。
①供应市场竞争分析	②寻找潜在供应商	③实地考察
④询价与报价	⑤合同谈判	⑥确定供应商
对合格的供应商发出询价文件，并要求供应商在指定的日期内完成报价。在收到报价后，要对其条款仔细分析，比较不同供应商的报价，选择报价合适的供应商。	对报价合适的供应商进行价格、批量产品、交货期、快速反应能力、供应商成本变动及责任赔偿等方面的谈判。	谈判后，若双方对各项条款有了一致的决定，便可签订相关合同，开展后面的工作；若是谈判未取得预期结果，那么便可与备选供应商进行接触，完成供应商的开发。

● 开发供应商的主要渠道

开发渠道	渠道类型	具体介绍
传统渠道	批发市场	每个地区的批发市场都是各类供应商聚集的地方，在这里，采购人员可以找到常见的各类物料和资源，选择性强、品种齐全。不过可能无法满足大量采购的需求，且质量参差不齐
	商业系统批发企业	对于属性特殊的产品，比如烟、酒等商品，需通过专门的采购系统（烟草专卖系统、糖酒专卖系统）采购。采购人员需通过不同系统组织进货，且压价空间小
	商品配送中心	配送中心大批量从供货商手中接收各种商品，再根据采购企业的要求将商品进行分装、配货和运送。采购人员通过该渠道开发供应商方便省事，但成本较高
	杂志媒体	不少行业杂志，专门介绍业内各种资讯，包括行业发展、行业科普、商业模式，还会提供很多企业的推荐信息，采购人员可以定期订阅，获得最新的行业信息
网络渠道	通过各类采购网、商家对商家（B2B）网站，企业采购人员可以像日常网购一样，在网络中搜寻有条件的供应商，并在网上沟通物料的详细信息，进行招标，讨价还价，大大节省了采购工作的时间。不过在互联网中，要尤为注意一些虚假信息带来的风险，以免财货两失	
行业展会	不少企业的采购人员都有参加国内外产品展览会的经验，这是企业开发供应商的标准渠道，规范、选择范围大、目标精准（一般产品展览都会确定行业主题），采购人员可以充分了解，确定适合的供应商	
行业协会	每个城市的行业协会都掌握了大量的行业企业名录以及产业公报资料，采购人员由此可获得相关供应商的经营状况、主营业务、市场规模和联系方式等信息	

● 供应商调查的主要内容

管理人员能力

> 企业的管理人员能够影响整个企业的工作效率与工作质量，所以与供应商接触时对管理人员的行事作风应充分调查，包括管理人员素质的高低、工作经验是否丰富、工作能力是否合格等。

专业技术能力

> 产品的质量高低与供应商的专业技术有莫大关系，所以采购人员一定要考察供应商的生产技术是否先进、有无技术研发部门、专业技术人员的工作能力。

设备情况

> 供应商能否满足企业基本的生产需要，还要看其厂内的设备有没有达到标准的数量，是不是时下最先进的设备，最好调查清楚核心设备的名称、规格、厂牌、使用年限及生产能力。

材料供应情况

> 要保证生产计划的顺利实施，一整条供应链都不能出问题，供应商所用原材料的供应情况采购人员也应有全面了解，包括其产品所用原材料的供应来源、供应渠道、原材料品质，以及其原料来源出现问题时是否有备选方案。

品控能力

> 要保证供应商的出厂质量，品控一定要抓好，其品管组织、品管人员、品管制度、检验仪器、进料验收、操作规范、成品标准、不合格追溯等都要调查清楚，只有品管机制健全，出场的产品才能保证合格率。

财务及信用状况

> 无论选择与哪个供应商合作，首先要确认的便是其财务与信用状况，以免后续钱货两失，采购人员需调查供应商每月的产值、销售额、往来客户、往来银行、经营业绩等。

拓展知识 常见的网络采购平台有哪些

现在，网络技术的发展让供应商选择、产品采购变得越来越便捷快速，大型的网络采购平台层出不穷，采购人员通过这些网络平台可以解决产品供应的问题，常见的采购平台有百度爱采购、阿里巴巴、慧聪网等。

制度 采购招标管理制度

第一章 总 则

第一条 为规范采购管理工作，保证物资采购质量，降低采购成本和费用，增加物资采购的透明度，依据《中华人民共和国招标投标法》《中华人民共和国民法典》，结合公司实际情况制定本制度。

第二章 适用范围

第二条 本制度适用于具备招标条件的，公司实际需要的工程项目、生产物资、办公用品、技术服务等采购。

1. 同类型或单品种物资年用量采购值超过 20 万元的采取一年招标一次。

2. 工程项目、物资采购总额在 15 万元以上的实行招标。

3. 工程项目、物资采购总额在 15 万元以下、5 万元以上的实行竞争性谈判采购。

4. 5 万元以下的零星物资采购采用审批制度直接采购，不进行招标。

第三章 招标采购原则

第三条 遵循公开、公平、公正原则。

第四条 竞争原则。参加投标必须有 3 家及以上有实力、信誉和服务良好的供应商。

第五条 遵循同质低价、同价质优的选择标准。

第六条 遵循及时、适用、合理、节约原则。由各物资需求科室，提供物资采购计划，提供拟采购物资的具体明细、质量技术要求、供货时间等。

第四章 组织实施

第七条 物资采购招标工作委托招标代理公司进行，并由办公室和监察科联合组织实施。

第八条 在实施招标前，由办公室根据各科室提供计划、要求，草拟有关招标文件，其计划、方案上报公司领导，经批准后组织实施。

第九条 监察科和物资需求科室负责采集供应商信息资源，其他科室也可提供供应商信息资源，以形成竞价机制，确保招标工作的实施。

第十条 供应商信息资源必须认真筛选，拟选参与竞标的供应商，必须具备一定生产规模，质保体系完善。对多次参加投标，报价持续偏高的厂家，逐步由新的符合条件的供应商取代参与投标竞价。

第十一条 委托招标公司进行具体招标事项，公司领导及相关科室负责人参与招标、评标工作。

第五章 招标采购形式

第十二条 物资招标采购可根据所需物资的品种、数量、使用时间、资金保证等情况，采取公开招标、邀请招标等形式。

第十三条 不具备上述两种形式招标的，需报请公司董事长或总经理批准，可实施竞争性谈判采购。

第十四条 竞争性谈判采购必须实行多方询价，填写询价对比过程、结果及拟订供应商，以书面材料形式，报公司财务负责人、总经理、董事长审批后方可进行采购。

第六章 招标采购的工作程序

第十五条 招标准备工作。

1. 各科室根据本科室及生产单位物资使用需求，认真制订下阶段物资采购计划。

2. 各科室所报物资采购计划，经分管领导审核，并报公司财务负责人、总经理、董事长审批后，报送办公室，由办公室制订招标计划。

3. 办公室联合监察科制订招标实施计划，明确招标采购的具体形式，并由公司总经理、董事长审批后方可执行。

4. 各科室所报物资采购计划中，采购物资的名称、规格型号、数量、技术要求、用途等参数应详细准确，不得弄虚作假，否则造成库存积压或因漏报、未报而影响生产造成损失的，追究该科室责任。

第十六条 招标实施工作。

1. 采用公开招标、邀请招标形式采购。

（1）由招标代理公司发布招标公告，对有意前来投标报名的供应商进行资格预审，拟定投标人。

（2）对拟邀请参加投标的单位进行资格预审，按物资采购程序对其进行前期调研、评价，评价合格的供应商才具有投标资格，以书面形式（邮寄或传真）邀请其投标。

（3）向接受邀请的单位发放标书（或招标说明）并负责答疑。

（4）接受并筛选投标文件，并按招标文件约定方式开标。

（5）按拟定的评标办法，筛选合格的投标书。

（6）按评标办法中的定标方式定标，或与经评标合格的投标单位协商、谈判、确定中标供货单位。

2. 采用竞争性谈判采购形式采购。

（1）对供应商按物资采购程序进行前期调研评价，进行资格预审，确定合格供应商，以邀请函的形式邀请合格供应商参加洽谈。

（2）按拟定的评标标准结合所需物资质量供货期、付款等要求，从最低的报价依次进行评估、分析，按照统一标准，择优进行答疑，通过供需双方进一步磋商，最终确定中标供货单位。

第十七条　合同前评审。

1. 为避免评标过程中对投标方了解不够细致和签约时对合同条款研究不够透彻等造成的风险，由物资采购科室会同财务部门进行签约前的合同评审。

2. 根据评审结果并报董事长批准后，方可向中标单位发出中标通知书，同时应将中标结果通知所有未中标的投标方（根据招标文件或招标说明中约定的方式通知）。

第十八条　合同的签约。

合同评审通过后，须严格执行合同审批程序，最后由企业法人代表授权的委托代理人依据《中华人民共和国民法典》与中标单位签订物资购销合同，必要时可申请公证。

第七章　资料、样品存档及验收

第十九条　对物资招标采购过程中的有关文件、记录资料由办公室或监察科建档保存。同时，对中标单位投标时提供的样品要做好妥善保管，以便为今后解决一些可能发生的问题提供依据。同时，供货验收过程中要检查所供产品与样品的符合性，进行周期性抽查。

第八章　监察与处罚

第二十条　为保证招标采购取得预期目标，监察科应在招标前及招标过程中加强监督，可以考虑邀请纪检和公证处参加招标。对于招标采购过程中人为设置障碍的相关科室及人员，应责令其改正或上报董事会建议调离其工作岗位，造成重大经济损失的将依法处理。

第二十一条　各科室采购物资必须认真执行本办法，不得走过场或作虚假记录，搞明招暗定，违者从重处罚。

第九章　附　　则

第二十二条　本办法自颁布之日起实行。

制度 供应商开发管理办法

1　目　的

确保供货商提供的物品能符合客户的质量要求及公司的生产需求。

2　范　围

为本公司提供各类物品及运输、废弃物处理、工程发包的供货商。

3　职　责

3.1　采购部：负责供应商的寻找，并作初鉴、交期的评鉴及供应商的管理、资料建立与保存。

3.2　品管部：负责供应商的质量能力评审，产品质量验证和监控，建立供应商质量档案。

3.3　项目部：负责提供技术标准、技术要求以及样品承认。

4　定　义

A 类物资供应商：供应对产品质量性能有重大影响的主要材料和重要外购件厂商。

B 类物资供应商：供应对产品质量性能有较大影响的材料和重要外购件厂商。

C 类物资供应商：A 类和 B 类以外的物资用于产品生产的辅助材料、一般外购件和生产维修物料等其他物资。

客户指定供应商：客户为其产品生产所需要的物料而指定的供货商。

5 作业流程

供应商寻访→供应商评鉴→登记合格、基本合格供应商→样品承认、采购行为产生→重新评鉴。

6 作业操作规范

6.1 供应商寻访。

6.1.1 方式。

采购人员通过工商名录、参观展览、网上查询、他人介绍、供货商自荐、客户指定等方式收集与本厂有关的物品及供货商信息。

6.1.2 原则。

（1）具有生产或代理本公司所需物品的产能者。

（2）公司体制、品保及财务健全者。

（3）商业信誉良好者。

6.1.3 优先选择。

公司以符合 ISO/TS 16949：2002[1] 为目标对供应商进行质量管理体系开发，供应商开发的优先顺序取决于其质量业绩、产品材料价格、研发能力及速度、服务等，包括但不限于以下条件：

（1）国际知名、商誉良好、高诚信度企业。

（2）已建立完整质量体系，如 ISO 9001、TS 16949 等。

（3）产地就近、过程服务好者优先。

（4）综合开发能力强，质量相同、价格低优先或价格相同、质量好优先。

（5）质量、价格相同，资金承受能力大者优先。

6.1.4 开发步骤。

（1）搜集厂商资料：根据材料分类，搜集生产各类物料的厂商，每类产品 3 家以上（独家制造或独家代理则例外），并填写厂商数据目录表。

（2）供货商调查：若有需求时，采购部将"供应商基本资料表"传真至供货商处请其填

---

[1] ISO/TS 16949 是国际汽车行业的技术规范，由国际标准化组织于 2002 年 3 月公布，是基于 ISO 9001 的基础，加进了汽车行业的技术规范。此规范完全和 ISO 9000：2000 保持一致，但更着重于缺陷防范，减少在汽车零部件供应链中容易产生的质量波动和浪费。此规范只适用于汽车整车厂和其直接的零备件制造商。这些厂家必须是直接与生产汽车有关的，能开展加工制造活动，并通过这种活动使产品能够增值。对所认证的公司厂家资格，有着严格的限定。那些只具备支持功能的单位，如设计中心、公司总部和配送中心等，不能独立获得 ISO/TS 16949：2002 的认证。

写，并提供以下资料。

a. 营业执照复印件。

b. 税务登记证复印件。

c. 公司介绍（或相关资料）。

d. 认证体系证书复印件（A 级供应商需提供）。

e. 代理商（贸易商）需提供代理证书。

（3）调查评估：根据反馈的数据表，按规模、生产供应能力、管理体系等进行评估，然后由采购、工程、品管进行评鉴。

（4）送样测试：评鉴合格后可通知厂商送样。

（5）比价议价：对样品承认合格后，请其报价并进行比价和议价，具体参照"采购控制程序"。

（6）对于客户指定供货商可先行送样承认，无误后直接纳入合格供应商。

6.2　供应商评鉴。

6.2.1　实地评鉴。

（1）原物料制造商。

a. 由采购安排评鉴时间对省、市的供应商进行实地评鉴，会同品管部及项目部，以"供应商评估表"共同评鉴，按其得分为：70 分及以上"合格"；50 ~ 69 分"基本合格"；49 分及以下"不合格"三类。

b. 对于供货商评鉴不合格项目，SQE[1] 将缺失汇总于"供货商稽核改善措施表"同时提供给供货商做改善，一般要求供货商于 7 个工作日提供改善措施及佐证数据，针对不能在短时期改善之项目则要求其提供改善计划。

（2）辅料或原物料经销商由品管及项目部门主管决定其部门人员是否与采购共同评鉴。

6.2.2　书面评鉴。

当供货商具备如下条件之一时，由采购以"供应商评估表"进行书面评鉴。

（1）通过国际性质量认证。

（2）进口物料代理商。

（3）经销大众化产品。

（4）路途遥远。

（5）客户指定供货商。

针对客户指定供货商，若项目部或品管部提出实地评鉴需求，则由采购安排实地评鉴。

6.2.3　其他评鉴。

（1）非 BOM[2] 材料的供货商评鉴由采购部通过电子邮件、面谈、洽谈等方式，若判断

---

[1] SQE：Supplier Quality Engineer，供应商质量工程师，该职位主要从事技术质量和服务质量等的研究、管理、监督、检查、检验、分析和鉴定等。

[2] BOM：Bill of Material，物料清单，也就是以数据格式来描述产品结构的文件，是计算机可以识别的产品结构数据文件，也是 ERP 的主导文件。BOM 使系统识别产品结构，也是联系与沟通企业各项业务的纽带。

其价格、服务等各项条件均适合，判为合格供货商。

（2）运输供货商评鉴由物流部进行洽谈选定，若判断其运送时间、价格等各项条件均适合，判为合格运输供货商。物流部须统计其运交失误次数，半年若有两次以上失误（含运送质量）立即告知，并要求在两周内提出改善说明，三个月再发生则淘汰。

（3）危险化学品供货商由行政部进行评鉴，确认其资质、价格、服务等各项条件均适合相关法律法规的要求及证明，如危险化学品经营许可证、安全生产许可证、安全生产经营许可证等来判定为合格供货商。一年若有一次以上违规事件即告知，并要求在两周内提出书面改善说明并实施，三个月再发生则淘汰。

6.3 登记合格、基本合格供货商。

6.3.1 登记条件（满足下列任一项即为合格或基本合格供货商）

（1）经实地或书面评鉴得分达总分 70% 及以上者，判定为合格供货商。

（2）经评鉴得分达总分 50% ~ 69% 之间者，判为基本合格供货商。

a. 基本合格供货商三个月后须进行再次评鉴，未合格者则取消。

b. 再次评鉴之前，可先行购买已经承认合格的物品。

（3）合格设备、部品、治具、工具、文具、运输及环境（废弃物处理、工程发包等服务）供货商。

（4）独家供货商。

6.3.2 采购需对以上合格及基本合格供货商建立"合格供应商一览表"列册管理。

⋯⋯⋯⋯

制度 物料承认管理办法

1 目 的

确保公司在生产过程中，所使用的物料符合产品的设计要求，规范新物料开发管理流程，并提供供应商生产和本公司进料品质管理的依据。

2 适用范围

本公司产品相关所有物料适用此范围。

3 定 义

3.1 厂商：未经评审的供应商。

3.2 合格供应商：指由采购组织工程部、品质部参与到厂商现场或厂商提供相关资料对厂商品质保证能力和供货能力进行评审，评审通过的厂商。评审厂商需提供包括但不限于样品规格书、环保资料等。指定品牌的物料非原厂购买时还需提供"代理资格证"，所有物料的厂商必须是通过评审合格的供应商。

3.3　沿用旧物料编码：所有物料都需独立编码，除同规格物料原供应商终止采购，新开发的供应商沿用旧物料编码。

3.4　技术规格书：包括但不限于性能参数、样品检测报告、环保测试报告。

4　职　　责

4.1　工程部：负责确认文控中心提供所需物料的图纸、工艺要求或详细技术参数等；参与供应商评审并确认采购提供物料样品的功能、性能，对测试报告进行审核等。

4.2　采购部：组织供应商评审活动；负责完成所需承认新物料的打样工作（包括物料的改进、替换和替代）；及时了解市场情况，包括货期、参考价格、技术支持、服务等；负责向供应商索取和督促提供新物料的样品（免费样品 10PCS）和技术规格书。跟踪物料的承认过程，并将公司已经承认的新物料承认书转交给供应商。

4.3　品质部：负责向采购提供物料检测标准，参与供应商评审并确认新物料环保标准的符合性；实施新物料可靠性实验并提供实验报告；对测试报告进行审核和批准。

5　流 程 图

供方提供样品及技术规格书→采购初步检查→工程部承认→品质部承认→实验室可靠性测试→会签样品承认书→提交文控中心受控下发。

6　程序内容

6.1　物料承认流程。

6.1.1　送样要求：所有物料送样前，厂商必须先通过评审成为合格的供应商。新样品由前期提供过同类物料的供应商再次提供时，一般物料和辅助物料可直接进行样品承认，关键物料还需由工程部和品质部根据实际情况对供应商进行全面审核，通过后方可进行后续作业。

6.1.2　样品承认：采购部门要求供应商送样，承认时必须填写清楚送样名称、规格、数量、料号，并附检测方法及样品承认相关资料。采购部收到厂商样品及相关资料先行确认，合格后连同"样品承认书"交工程部、品质部进行样品承认作业。所有的样品经工程、品质确认验证合格后，会签"样品承认书"一式三份，一份品质部保留作为后期来料检验依据，一份交文控中心保存，一份采购部存留作为采购及供应商出货的依据。

6.1.3　物料编码：承认合格后采购部备齐相关资料提交研发部进行新物料编号，开发文员按公司物料编码规定进行编号，录入"样品承认书"，并附供应商规格书。沿用旧物料编码的开发文员需根据新的承认资料修正系统资料。

6.2　物料承认方法。

6.2.1　物料的承认和采用分全新物料和现有物料。

（1）全新物料由研发部负责验证、判定和承认，研发部依新产品的设计开发进度出具新物料和零件规格或图纸，由采购部门及相关部门开发新的供应商并送样作业。必要时，可由研发部自行依需要指定供应商提供样品做承认。

（2）现有物料采购人员依需求信息，按文控中心提供的资料，要求供应商提供样品和相关资料进行物料承认作业。

6.2.2 构件的承认分为两个部分，结构承认和外观承认。

（1）结构承认由研发、工程、品质技术人员进行，依据公司设计图纸及公司的相关规定进行尺寸测量或试装确认，由供应商提供材质证明，交第三方进行验收证明或由本公司研发、工程、品质部相关人员确认。

（2）在结构承认后，依据设计要求对外观进行加工处理后，将外观样品交品质部继续进行外观确认。品质部依设计要求对产品的外观（颜色、光洁度等）进行确认，并依设计要求进行外观可靠性（耐磨性、附着力等）测试。

6.2.3 电子元件的承认由品质部按设计要求进行检测，并进行相关可靠性及信赖度的测试。

6.2.4 关键物料的识别由工程部根据公司产品的设计要求及供应商提供的流程图、控制计划等相关资料，对原料产品的特性及生产过程的特性进行识别，在样品承认书上注明要求供应商提供相应的控制方案以确保制程的稳定性。

6.2.5 特殊物料的承认，由于原物料的特殊本公司无法进行检测，可由生产部门进行试做，通过对最终产品质量的确认来判断原物料是否合格。

6.2.6 如因市场需求而本公司无法进行测试的安全验证，可委托国家或第三方验证机构测试。如供应商提供的资料附有国家或第三方权威检验机构的检验证明则可直接采用。

6.2.7 物料承认部门于收到待承认物料起，测试验证期限不得超过 7 天，除非以下特殊情形：

（1）试验需要时间可适当延长期限。

（2）因样品数量不足或与规格不符，验证单位拒收。

6.2.8 样品承认不合格时注明原因，将不合格品交采购退回供应商，并要求重新送样，同一供应商送样不得超过 3 次。

6.2.9 因特殊状况急需使用的物料，经制造总监同意后，可直接采购试用，将物料试用结果填入"样品承认书"并补上相关资料。

制度 供应商调查管理制度

1 总　则

1.1 制定目的

为了解供应商的制程能力、品管功能，确认其是否有提供符合成本、交期、品质的物料能力，特制定本规章。

1.2 适用范围

对拟开发供应商的调查，及本公司合格供应商的年度复查，除另有规定外，悉依本规章办理。

1.3　权责单位

（1）采购部负责本规章制定、修改、废止的起草工作。

（2）总经理负责本规章制定、修改、废止的核准。

2　供应商调查作业规定

2.1　供应商调查程序

（1）采购部实施采购前，应对拟开发的厂商组织供应商调查工作，目的是了解供应商的各项管理能力，以确定其可否列为合格供应商名列。

（2）由采购、生技、品管、生管人员组成供应商调查小组，对供应商实施调查评核，并填写"供应商调查表"。

（3）评核的结果由各单位做出建议，供总经理核定是否准予成为本公司的合格供应商。

（4）未经供应商调查认可的厂商，除总经理特准外，不可成为本公司的供应商。

2.2　供应商调查评核

2.2.1　价格评核

对供应商所提供的物料价格，由采购部依下列因素作评核：

（1）原料价格。

（2）加工费用。

（3）估价方法。

（4）付款方式。

2.2.2　技术评核

对供应商的生产技术，由生技部依下列因素作评核：

（1）技术水准。

（2）技术资料管理。

（3）设备状况。

（4）工艺流程与作业标准。

2.2.3　品质评核

对供应商的产品品质，由品管部依下列因素作评核：

（1）品管组织与体系。

（2）品质规范与标准。

（3）检验的方法与记录。

（4）纠正与预防措施。

2.2.4　生管评核

对供应商的生产管理，由生管部依下列因素作评核：

（1）生产计划体系。

（2）最短及最长的交货期限。

（3）进度控制方法。

（4）异常排除能力。

2.3 供应商复查规定

（1）经调查认可的合格供应商，原则上每年复查一次。

（2）复查流程类同首次调查评核。

（3）复查不合格的供应商，除经本公司总经理特准外，不可列入次年合格供应商之列。

（4）若供应商的交期、品质、价格或服务产生重大变化时，可于 年中随时对供应商做必要之复查。

范表 供应商资质一览表

供应商名称：		日期： 年 月 日
资质证明	有（√）	无（√）
1.营业执照及年度信息公示证明		
2.××经营许可证/××生产许可证		
3.GSP/GMP		
4.随货同行单		
5.相关印章备案		
6.开户户名、开户银行及账号		
7.质量体系调查表		
8.生产企业条码证		
9.身份证复印件		
10.上岗证/学历证明		
11.法人委托书		
12.质量保证协议		
13.首营审批表		

范表 合格供应商一览表

序号	供应商名称	类别	供应商材料类型	企业性质	综合评价等级	联系人	联系方式	
							电话	传真

制成日期：　年　月　日

备注：
1. 供应商类别：A 为零部件供应商；B 为原材料供应商；C 为包装材料供应商；D 为消耗品供应商。
2. 供应商综合等级评价，主要从品质、价格、交期及服务等方面评价。a 为优秀，90 ~ 100 分；b 为较优秀，70 ~ 89 分；c 为一般，60 ~ 69 分；d 为差，59 分以下。

范表 特殊承诺供应商列表

公司名称：　　　　　　　　　　　　　　　　　填写日期：　年　月　日

序号	供应商名称	采购材料类别	计量单位	年度采购量	年度采购金额	合作内容	特殊承诺事项

范表 潜在供应商推荐表

公司名称：		联系人：	
详细地址：		邮编：	
主要产品：	电话：		传真：
	电子信箱：		网址：
	公司性质：		固定资产：
	成立日期：		员工总数：
公司概况：（主要产品生产能力、主要工艺及检测设备等）			
现配套情况：（包括公司及以外的配套情况）			
推荐理由：			
推荐单位或部门：　　　　办理人：　　　　联系电话：　　　　日期：			
处理结果：			

更多模板

供应商仓库环境调查表　　　　　　供应商人员构成调查表

供应商产品情况调查表　　　　　　供应商设备情况调查表

供应商基本信息调查表　　　　　　供应商整体实力调查表

1.2　供应商筛选

供应商是供应链中的一环，因此会受到供应链中其他部分的影响，影响供应商选择的主要因素可以归纳为 4 类：企业业绩、业务结构与生产能力、质量系统及企业环境，采购人员应该围绕这 4 个方面结合自身生产情况筛选出合适的供应商。

● 影响供应商选择的因素

影响因素	具体内容
质量因素	保证供应商订单产品的质量是企业生产与发展的基础，采购的材料和产品质量是否优良应该是筛选的第一要素，对于质量不佳或是不稳定的供应商，成本再低也应该慎重选择
价格因素	企业要发展不仅要依靠销售额，还要在各项生产中尽量缩紧成本，供应商定价的高低与企业的实际利润有直接关系，在有多种选择的时候，采购人员应尽量挑选物美价廉的产品
交期因素	供应商是企业生产环节的开头，供应产品能否如期交付直接影响企业生产的进度，如果供应商的交期不能保证，可以从侧面反映其规模有限，后续合作中极有可能耽误企业生产
其他因素	除了以上 3 个主要的影响因素应该首先考虑外，采购人员还应该多考虑供应商的工艺技术、财务状况、质量保证能力以及商业发展，多方面了解方便做出筛选决定

● 供应商筛选步骤

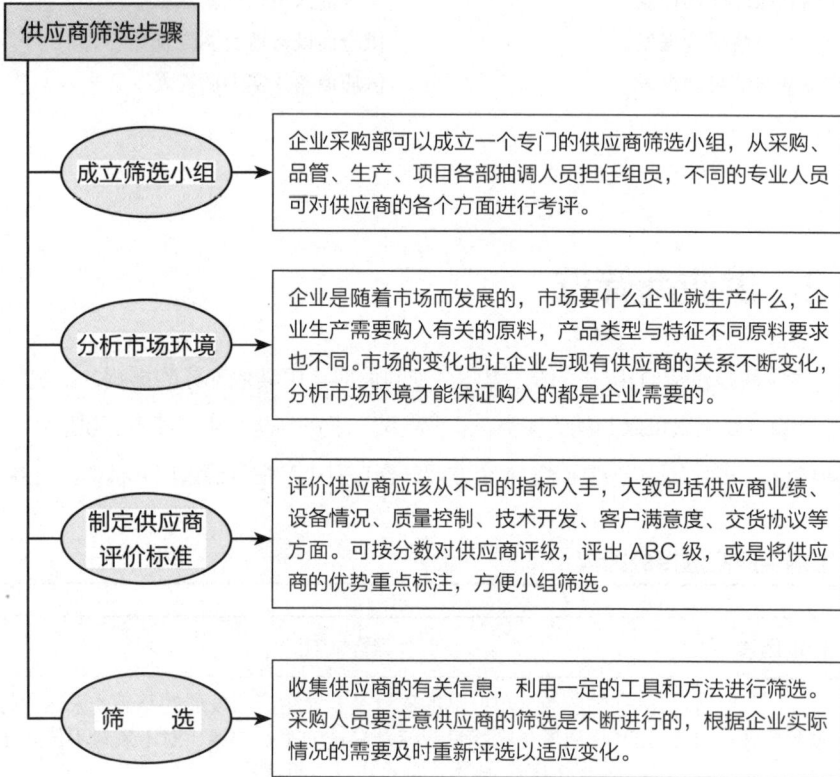

供应商筛选步骤

成立筛选小组 → 企业采购部可以成立一个专门的供应商筛选小组，从采购、品管、生产、项目各部抽调人员担任组员，不同的专业人员可对供应商的各个方面进行考评。

分析市场环境 → 企业是随着市场而发展的，市场要什么企业就生产什么，企业生产需要购入有关的原料，产品类型与特征不同原料要求也不同。市场的变化也让企业与现有供应商的关系不断变化，分析市场环境才能保证购入的都是企业需要的。

制定供应商评价标准 → 评价供应商应该从不同的指标入手，大致包括供应商业绩、设备情况、质量控制、技术开发、客户满意度、交货协议等方面。可按分数对供应商评级，评出 ABC 级，或是将供应商的优势重点标注，方便小组筛选。

筛　选 → 收集供应商的有关信息，利用一定的工具和方法进行筛选。采购人员要注意供应商的筛选是不断进行的，根据企业实际情况的需要及时重新评选以适应变化。

● 选择供应商采用哪些方法

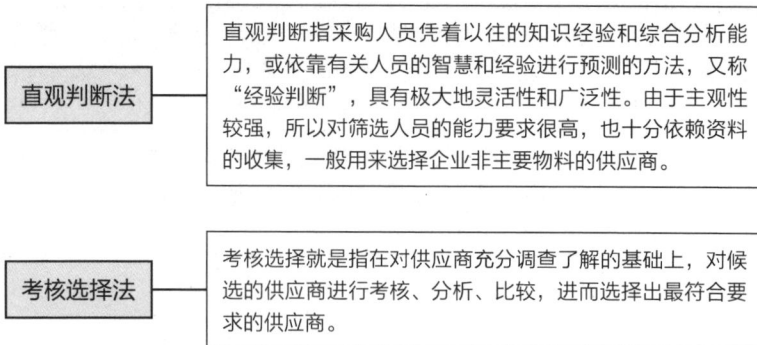

直观判断法 — 直观判断指采购人员凭着以往的知识经验和综合分析能力，或依靠有关人员的智慧和经验进行预测的方法，又称"经验判断"，具有极大地灵活性和广泛性。由于主观性较强，所以对筛选人员的能力要求很高，也十分依赖资料的收集，一般用来选择企业非主要物料的供应商。

考核选择法 — 考核选择就是指在对供应商充分调查了解的基础上，对候选的供应商进行考核、分析、比较，进而选择出最符合要求的供应商。

招标选择法	招标选择是指由采购单位提出招标条件，各投标单位进行竞标，然后采购单位决标，与提出最有利条件的供应商签订协议。招标方法可以是公开招标，也可以是选择性招标。当采购物资数量大，供应市场竞争非常激烈的时候，可以采用招标的方法来选择供应商。

协商选择法	协商选择是指在合作方较多、企业难以抉择时，也可以采用协商选择的方法，即由企业先选出供应条件较为有利的几个合作伙伴，同他们分别进行协商，再确定适当的合作伙伴。当外包时间紧迫、投标单位少、竞争程度小、技术条件复杂时，协商选择方法比招标法更为合适。

拓展知识 **供应商筛选的短期标准与长期标准**

在对供应商进行筛选时，采购人员要注意时间因素，划分筛选的短期标准和长期标准，两者结合才能选出更理想的供应商。

①短期标准主要包括：商品质量合格、采购价格合适、交期及时、服务有诚意等直接的需求标准。

②要想长时间合作，采购人员还需考虑这些长期标准：供应企业内部组织划定科学、管理体系健全、设备优良、财务状况稳定、人力资源稳定等。

制度 **供方评审管理办法**

一、目　　的

规范集团公司设计类、行政类、营销类、物业类、咨询服务类、工程施工类、设备采购类等各类采购业务的供应商的管理，通过对供应商库的建立、评估、管理，为公司的招标采购提供支持，提高集团的招标采购的质量和效率，降低采购成本。

二、适用范围

适用于地产各类工程及非工程采购业务，此制度中供应商含义包括但不限于各类材料设备供应商，各类工程承包商，各类咨询、营销、设计等服务的提供商。集团成本管理中心负责组织供应商库的建立、评估、维护；同时，负责组织地产的战略采购供应商、集中采购供应商的建立、评估和维护体系。

成本管理中心招标采购部门负责在集团招采系统中录入招标项目供应商信息并组织考察，组织对中标供应商的履约评估，并及时将考察评估资料保存至供应商管理系统中。

三、供应商评估分类

1.潜在供应商：通过资格审核的供应商由招采部门录入到供应商库，但未经考察和评估的供应商均为潜在供应商。

2.合格供应商：通过由招标采购部门组织的资格预审和考察，综合评定得分高于60分的潜在供应商，即可成为合格供应商。成为地产合格的供应商或承包商，可在两年内免考察参加集团该评定类别的招标采购部工作，每两年由招采部门组织全部供应商的总评与定级，刷新该供应商的综合等级，综合等级合格可继续续期两年。

3.不合格供应商：未通过由招标采购部门组织的资格预审和考察，综合评定得分低于60分，即确定该公司为不合格供应商，不合格供应商在两年内不得参与公司的所有该评定类别的招标采购项目的投标；合作中的供应商经过标准程序的履约评估或售后评估低于60分，也将被划入不合格供应商名单。

4.合作黑名单：在招标过程中存在围标、串标、行贿等行为，一经发现并经审计部确认，将被列入合作黑名单中；在合同履约过程中出现恶意违反合同条款，造成重大损失，后果严重的供应商，将被列入合作黑名单中。被列入黑名单的供应商将被禁止参与公司所有项目招标及合作。

5.集中采购供应商：由招采部门组织的联合多区域、多项目的招标采购工作，通过资格预审和考察，通过招标并中标成为集中采购供应商，可在招标范围内与各个项目按照集采的中标价格签订供货合同。

6.战略合作供应商：由集团组织的战略招标采购工作，通过资格预审和考察，并通过招标或议标谈判程序中标即可成为战略采购供应商。战略合作协议合作期限一般签订两年，两年内涉及该项招标内容的所有约定区域、所有约定采购项目，均应遵守该战略合作协议，与该战略供应商依据协议价格及原则直接签订具体单项合同。

7.其他方式确定为战略合作供应商的公司，可依据公司确认的事项审批，将该司列入战略合作供应商名单，并签订相关的战略合作协议。

四、供应商库的建立

1.所有供应商均可以通过集团成本管理中心审核后进入供应商库，成为潜在供应商。所有供应商均应提供完整信息资料，统一交由集团成本管理中心，经审核后由招采部门录入到供应商库，成为潜在供应商。潜在供应商通过招标采购部门组织的资格预审和考察，确定其综合评定等级。未取得综合评定等级的潜在供应商在招标采购系统中将不能被选做招标项目的入围供应商。

2.成本管理中心招标采购部门可以通过各种渠道收集符合招标要求的承包商、供应商信息，需要通知这些供应商提交资格审核资料，并通过资格审核成为潜在供应商，进而通过考察获得综合评定等级，综合评定等级高于D级（60分）的供应商为合格供应商，综合评定等级为D级的供应商为不合格供应商。

3. 根据招标采购工作制度的操作流程办理各项入围资格预审和考察，经入围评定合格的供应商经过招标采购部门审核并考察评级通过后，可直接成为合格供应商，资审资料包括但不限于投标资格预审材料、企业宣传册、产品图册等。

4. 资格预审和考察入围程序参照集团下发的招标采购工作制度中的内容和表单执行，各项招标应首选供应商库中综合评定等级高于 C 级的供应商参加投标。已通过资格审查参加集中采购和战略采购招标的供应商可直接进入供应商库成为合格供应商。

5. 以往通过入围的供应商未进行考察评级，可暂时录入到供应商库中，成为潜在供应商。参与新项目投标时，需重新进行考察给出综合评定等级。

五、供应商库的维护和更新

1. 成本管理中心招采部门是供应商库系统的维护责任部门，负责供应商资料审核及日常维护。

2. 成本管理中心招采部门负责供应商注册的资料审核工作，审核和考察通过后即可成为合格供应商；供应商信息的完善及更新由该注册的公司提交审核后，由招采部门负责更新。

3. 供应商信息发生重大变更时，招标采购部门应组织对该供应商进行再次核实，审核通过后，该公司才可以继续成为合格供应商参与投标。重大变更事项包括法人变更、经营范围调整、资质等级、投标联系人发生变化等核心信息。

4. 每月新增的合格供应商均须完成资质评估，招采部门负责汇总及审核。

5. 每年维护更新发布一次合格供应商库。

六、供应商的评估

1. 供应商的评估分为资质评估、履约评估两部分。

2. 供应商的资质评估分为供应商资料审核、考察综合评定和投标入围审查。招标采购部门将安排对通过资料审核的注册供应商进行考察评分，考察评分大于 60 分的供应商才有资格入围招标项目。

3. 供应商招标入围阶段的评估参照 ×××× 招标采购管理制度中的评定表格和操作办法进行打分评价，参与评估人不少于两部门三人。其资质评估等级由招标采购部门根据定级原则将潜在等级调整为评估后的等级，在招采系统中发起审批并上传评定资料。选择入围供应商之前必须先确认该供应商的资料信息已更新为最新。

4. 履约阶段的评估应包括合同履约、售后维保两个阶段进行，合同履约阶段的评估由招标采购部门组织，评估时间可依据项目进展情况进行组织，原则上每季度应对所有正在履约供应商进行一次履约评估，所有合同支付结算款之前都应对拟付款的合作供应商的履约评估进行评审，合同履约评估的参与部门应包括工程、成本、招采、设计等相关人员，参与评估人不少于三人，售后评估应包括物业公司人员评价；采用评估打分的形式进行加权打分评定。每次履约评估的成绩及资料由招采部落实签字并扫描提交给总部招采中心，由招采中心核准最终评估成绩，在供应商管理系统中上传资料和发起审批。

5. 甲供材料的供应商履约评估以招标采购部门为主，项目部、成本管理部门参与，参考表单为"材料类供应商履约评估表"；总包及分包的供应商履约评估以项目部为主，招标采购部门、成本管理部门参与，参考表单为"工程类供应商履约评估表"。造价咨询、设计、营销类合同的履约评估以对应负责的成本、设计、营销部门为主，相关配合的部门参与评估，参考表单为"咨询类供应商履约评估表"。任何一个阶段的不合格评定均可判定该供应商为不合格供应商。附表供评估时参考，评估表具体内容可以依据实际履约情况本着公平、公正、合理的原则调整评估项内容及分值。

6. 在合同履约过程中，履约评估分值低于60分，承办部门应协同法务判断付款风险，风险解除后才可以继续履行付款程序；出现恶意违反合同条款，造成重大损失，后果严重的供应商，将被列入合作黑名单中。

7. 售后维保阶段的评估由公司招标采购部门组织，相关项目的物业公司根据每年供应商的售后服务及配合情况进行打分评估，参与评估人不少于两部门三人，售后评估合格C级以上（含C级）才可以支付售后保修款。评估成绩最终汇总到招采，由招采核准最终评估成绩，在供应商管理系统中上传资料和发起审批。

8. 招标采购部门负责收集各个阶段供应商的评估资料及归档，并负责供应商的评估与定级的更新。

　　　…………

制度 供应商退出管理规定

1 目　的

通过加强供应商退出管理，淘汰不能达到企业技术、质量、成本、交付等要求的供应商，从而优化供应商体系，打造具有特色的优秀供应商队伍，进而提高产品品质，增强品牌竞争力。

2 适用范围

本规定适用于为××股份有限公司体系内的供应商。

3 职责与权限

3.1 商务科。

3.1.1 参与提报符合退出条件的供应商。

3.1.2 负责供应商退出风险识别工作。

3.1.3 负责供应商退出审批流程。

3.1.4 负责淘汰供应商处置。

3.1.5 负责退出供应商商务问题处理工作。

3.1.6 负责整理预退出供应商清单。

3.1.7 负责淘汰供应商名录的建立与维护。

3.1.8 负责退出供应商资料存档。

3.1.9 负责供应商退出管理办法修订与维护。

3.2 采购科。

3.2.1　参与提报符合退出条件的供应商。

3.2.2　负责确认样品试制等方面退出风险及试制阶段未完工作处置。

3.2.3　参与供应商退出会签。

3.3　质量管理部。

3.3.1　参与提报符合退出条件的供应商。

3.3.2　负责确认索赔等方面退出风险及索赔处理。

3.3.3　参与供应商退出会签。

3.4　人事行政部。

3.4.1　参与提报符合退出条件的供应商。

3.4.2　负责处理退出供应商法律方面问题。

3.4.3　参与供应商退出会签。

3.5　销售部。

3.5.1　参与提报符合退出条件的供应商。

3.5.2　负责确认供应商售后配件处理情况。

3.5.3　参与供应商退出会签。

3.6　财务部。

3.6.1　负责淘汰供应商账务结算。

3.6.2　参与供应商退出会签。

4　管理内容及规定

供应商退出分为强制退出和自然退出两类。

4.1　强制退出。

4.1.1　采购科、开发部、质量管理部通过供应商成本、技术、质量、合规、交付等方面的表现，按"供应商退出提报表"不定期向商务科提报符合退出条件的供应商。

4.1.2　退出条件。

以下条件满足一项即可进行提报。

（1）僵尸企业，与企业全面停止业务的供应商，3 年内无合作关系。

（2）合作少，供货零部件种类少于 3 种，且供货总额少于 5 000 元。

（3）成本高，成本高出行业平均水平 10%，且拒绝降价。

（4）研发薄弱，无自主研发能力，且无外委开发管控能力。

（5）质量差，出现重大质量问题并造成重大损失的。

（6）配合差，不配合公司降本、提升等活动，不按时甚至不提交合同规定的各种文件资料等。

（7）存在重大合规风险。

（8）主动申请退出的供应商。

4.1.3　商务科整理汇总"供应商退出提报表"，完成"供应商退出审批单"审批。

4.1.4 商务科接到预退出供应商清单后分别与销售部、开发部、质量管理部、财务部确认预退出供应商在财务、索赔、新项目开发、备件等方面有无未完结事项[1]。

4.1.5 强制退出审批流程。

（1）商务科填写"供应商退出审批单"，并组织销售部、开发部、质量管理部、财务部会签；涉及法规风险的，需有人事行政部会签。

（2）商务科将会签的"供应商退出审批单"提报审批，执行副总裁批准后执行。

（3）"供应商退出审批单"审批完成后，商务科下发通知告知供应商及相关部门。

4.2 自然退出。

4.2.1 淘汰供应商名录建立。

满足退出条件，因合同、供货、备件、索赔、财务、法律等条件影响不能直接退出的供应商，纳入淘汰池，淘汰供应商名录由商务科进行管理。

4.2.2 淘汰供应商。

（1）停止一切新项目。

（2）正在开发的项目，制订计划，转移项目。

（3）正在配套的零部件，根据实际情况开发其他供应商，逐步停止供货，直至取消配套资格。

4.2.3 淘汰供应商退出流程。

（1）商务科确认淘汰供应商未完结事项并制订完结计划，跟踪进度。

（2）淘汰供应商未完结事项推进。

①财务事项，通过协商，财务部进行结算。

②法律纠纷，法务通过调节或法律途径公诉、仲裁进行解决。

③索赔事项，质量管理部向财务部提报"质量索赔单"，财务部进行结算。

④销售备件，销售部核实工厂及经销商库存售后配件数量及后续配件需求，由商务科通过生产能力（包括设计文件、工艺装备、工艺文件）或备件库存转移至体系内其他合适供应商，以保障备件供应。

（3）完成以上工作后，商务科按 4.1.5 强制退出流程进行供应商退出。

4.3 退出供应商管理。

4.3.1 商务科编制"退出供应商履历卡"并存档管理。

4.3.2 退出供应商自退出之日起 3 年内不得再重新启用，同时在 ERP[2] 系统中冻结该退出供应商数据。

---

[1] 若是不存在未完结事项，即强制退出；若存在未完结事项，暂放淘汰池。

[2] ERP，*Enterprise Resource Planning*，即企业资源计划，主要面向制造行业进行物质资源、资金资源和信息资源集成一体化管理，是一个以管理会计为核心可以提供跨地区、跨部门，甚至跨公司整合实时信息的企业管理软件。为此，重新定义供应商、分销商和制造商相互之间的业务关系，重新构建企业的业务和信息流程及组织结构，使企业在市场竞争中有更大的能动性。

4.3.3　退出供应商重新启用时，必须按照新进供应商审核流程进行潜在供应商审核。

5　附　　则

5.1　本制度自发布之日起实行。

5.2　本制度由商务科负责解释，每 2 年组织一次评审，并在必要时进行修改。

范表 供应商退出提报表

表单编号：					
生效日期：					
顺序号：					
序号	供应商代码	供应商全称	主要零部件	退出原因	备注

制表：　　　　审核（部门负责人）：　　　　批准（分管副总）：

范表 供应商退出审批单

表单编号：			生效日期：	
供应商信息栏				
供应商全称		供应商代码		
主要配套车型		主要零部件		
退出原因栏				
类　型	详细原因	类　型	详细原因	
□成本高		□质量差		
□研发弱		□配合差		
□合作少		□业务调整		
□僵尸企业		□其　他		
商务事项栏				
□商务协议是否终止		□所有权资产是否完成交接		
□是否涉及法律诉讼事宜		□与商务科是否完成结算		
□与财务部是否完成结算		□备用供应商开发是否完成		
□备件供应义务是否终止		□其　他		
签字（商务科长）				
会签和审批				
会签单位		审批领导		
物流部（部长）				
质量管理部（部长）				
开发部（部长）				
人事行政部（总监）				
销售部（部长）				
财务部（部长）				
分管副总		执行副总裁		

范表 退出供应商履历卡

表单编号：				
生效日期：				
顺序号：				
供应商信息栏				
供应商全称		原供应商代码		
提出单位		供货起止日期		
供货简历				
车　型	起止时间	零件信息		
退出信息栏				
退出原因	□自然退出　□强制退出	退出日期		
□成本高		□质量差		
□研发弱		□配合差		
□合作少		□业务调整		
□僵尸企业		□其　他		
事项说明				

范表 样品评价表

编号:			
供方名称		样品名称	
数　　量		日　　期	
样品申请部门及原因: 部门:　　　　　　　签名:　　　　　　　日期:			
各部门意见			
技术特点: 技术部签名:　　　　　　　日期:			
质量状况: 质量部签名:　　　　　　　日期:			
设备状况: 设备部签名:　　　　　　　日期:			
生产状况: 生产部签名:　　　　　　　日期:			
价格与交付状况: 销售部签名:　　　　　　　日期:			
初步评估结论: 总经理:　　　　　　　日期:			
最终结论	□通过		□不通过

范表 **供应商自评表**

类　　别	自评项目	回答		回答"是"请注明证据／描述
		是	否	
质量管理体系				
进货质量管理				
生产过程管理				
成品检验与控制				
工程技术管理				
量测设备				
仓库、物料管理				
交付与计划				
综合结果				

范表　供应商筛选表

编号：

筛选日期：

采购项目																		
供应商名称	筛选供应商数量																	
	设备情况			产品质量			服务水平			筛选人员									
	生产技术									认证水平			管理水平					
	优	良	差	优	良	差	优	良	差	优	良	差	优	良	差			
筛选结果																		
筛选总结																		

总经理审批意见：

日期：　　年　月　日

范表 供应商评分表

供应商名称:						
联系人:				日期:　年　月　日		
考评项目	评分标准		分项得分	总分	综合评估意见	采购意见
资质标准 （满分 10 分）	1. 提供完整正规的资质文件复印件	10			□优秀 □良好 □一般	□高度推荐 □推荐 □一般
	2. 资质文件不全	6				
	3. 资质文件不合格	4				
价格标准 （满分 30 分）	1. 明显低于市场价格	30				
	2. 较低于市场价格	20				
	3. 市场一般报价	10				
付款期限 （满分 30 分）	1. 接受 3 个月付款期限	30				
	2. 接受 1 ~ 2 个月付款期限	20				
	3. 货到付款	10				
服务标准 （满分 30 分）	1. 内部有比较规范的质检流程	30				
	2. 内部有普通质检人员确保产品质量	20				
	3. 内部有简单的质检流程	10				
评分标准对应等级						
评级	得　分		评　价		采购意见	
A	100 > 供应商得分 ≥ 90		优秀		高度推荐	
B	90 > 供应商得分 ≥ 75		良好		推荐	
C	75 > 供应商得分 ≥ 60		一般		根据实际情况适当采购	

范表 供应商淘汰建议申请表

序号	供应商	产品质量考评分值	服务考评分值	供货及时性考评分值	价格考评分值	考评合计分值	考评等级

综上考评情况建议淘汰_____供应商。
呈领导批示

制表人：　　　　　　　　　　　　　　　　组长：

更多模板

供应商考评表　　　　　　　　　　　　供应商信息比较表

供应商选择对比表　　　　　　　　　　供应商资格申请表

供应商询价对比表

第②章

供应商管理制度与范表

　　供应商的日常管理是完善后续合作的基本操作，企业不仅要对供应商的各项信息了如指掌，还要根据供应商的表现进行分类分级、定期考核，这样可以促进双方的进步，避免因为采购质量问题造成后续生产出现问题。相关的制度与范表通过本章的介绍可有所了解。

2.1 供应商日常管理

供应商管理是供应链采购管理中一个很重要的问题，它在实现准时化采购中有很重要的作用。采购人员不能放松对供应商的日常管理，应该树立一个观念，即与供应商的合作不是一劳永逸的，应该持续保持联络，了解供应商的生产现状，以便随时变更交易的条件与要求。

● 供应商分类

分类	具体内容
战略供应商	指对企业有战略意义的供应商，这类供应商能提供技术复杂、生产周期长的产品，对企业来说是独一无二的，也是至关重要的。且企业若要更换供应商则会付出很高的成本，对这类供应商应该着眼长远，培养长期关系
优先供应商	优先供应商有可替代性，这是优先供应商与战略供应商最根本的区别。确定优先供应商要考虑其总体绩效，包括价格、质量、交货、技术、服务、资产管理、流程管理和人员管理等
考察供应商	一般是第一次提供产品或服务给企业，对其表现还不够了解，这类供应商都在考核期内。考察完成，要么升级为优先供应商，要么降为淘汰供应商。当然，对于优先供应商，如果其绩效在某段时间下降，也可调为考察供应商
淘汰供应商	在管理这类供应商时，企业应该非常谨慎，除非另一个供货渠道已经开通，否则不要轻易放弃现有合作，随着主产品完成，这样的供应商就自然而然淘汰出局。对划入该类的供应商要理智对待，如果绩效还可以的话，不要破坏平衡，重新选择供应商会增加成本
未定供应商	对正在开发的供应商，其身份未定，在分析评价之后，要么升级为考察供应商，要么定义为淘汰供应商

● 供应商日常管理内容

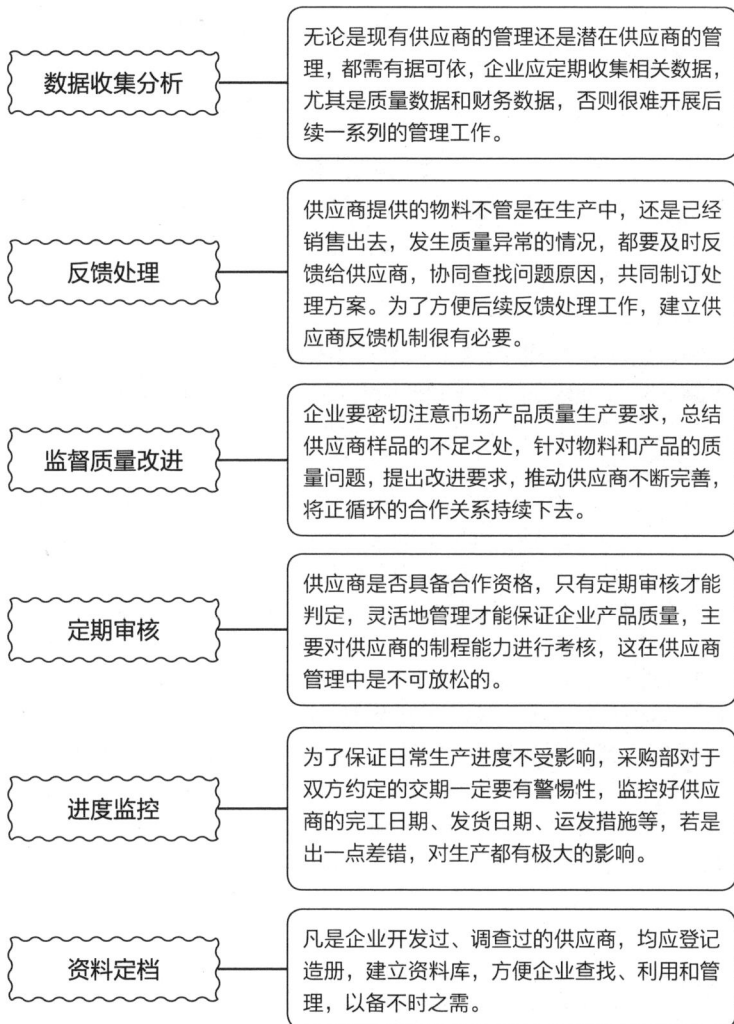

数据收集分析	无论是现有供应商的管理还是潜在供应商的管理，都需有据可依，企业应定期收集相关数据，尤其是质量数据和财务数据，否则很难开展后续一系列的管理工作。
反馈处理	供应商提供的物料不管是在生产中，还是已经销售出去，发生质量异常的情况，都要及时反馈给供应商，协同查找问题原因，共同制订处理方案。为了方便后续反馈处理工作，建立供应商反馈机制很有必要。
监督质量改进	企业要密切注意市场产品质量生产要求，总结供应商样品的不足之处，针对物料和产品的质量问题，提出改进要求，推动供应商不断完善，将正循环的合作关系持续下去。
定期审核	供应商是否具备合作资格，只有定期审核才能判定，灵活地管理才能保证企业产品质量，主要对供应商的制程能力进行考核，这在供应商管理中是不可放松的。
进度监控	为了保证日常生产进度不受影响，采购部对于双方约定的交期一定要有警惕性，监控好供应商的完工日期、发货日期、运发措施等，若是出一点差错，对生产都有极大的影响。
资料定档	凡是企业开发过、调查过的供应商，均应登记造册，建立资料库，方便企业查找、利用和管理，以备不时之需。

拓展知识 **明确供应商沟通程序**

　　企业与供应商定期或不定期的沟通，才能彼此交换供需信息，互相了解，让供应链与生产链衔接更自然。要加强沟通，企业首先要建立沟通渠道，如电子邮件、互相访问等；其次要约定好沟通程序，确定沟通时间、内容和方式；同时要做好沟通记录，每次交流都应有专门人员记录参与沟通的人员、沟通事项、待解决问题等内容。

制度 供应商日常管理制度

一、目　　的

为了加强对供应商的管理，建立 ×× 有限公司规范化的、独具特色的、有市场竞争力的采购体系和供应商管理模式，不断提升公司供应链的整体层次和管理水平，特制定本管理办法。

二、适用范围

适用于 ×× 有限公司 ×× 市分公司所有的供应商管理。

三、定　　义

1. 短缺交货：实际供货数量或因为质量检验不通过，同意让步接受的部分数量低于供货计划数量的情况。

2. 超计划交货：检验合格的数量大于供货计划数量。

3. 暂停供货：发生较大的供货和质量问题，对涉及的责任单位，采购部可以在没有收到责任认定前，为了防止问题的扩大化，自行决定停止该供应商供货或改为其他供应商供应，并出示暂停供货通知。

4. 份额调整：采购部结合供应商的综合评价和产品价格，就供应份额在每月计划中体现。如果供应商在供货管理和质量方面出现较大问题和频繁出现质量问题，采购部将降低该供应商的份额。如果供应商的供货和质量方面有较好业绩，采购部将提高供应商供货份额。

5. 供应商等级调整：集团采购部结合供应商实力和业绩对供应商进行等级划分，拥有高等级资格的供应商在供货检验、付款方式、供货份额上有较多的优势，同时也有机会成为产品免检供应商。如果供应商在供货管理和质量方面出现较大问题或频繁出现小问题，采购部将提请降低该供应商的等级从而丧失资格优势直至开除供应商资格。

6. 采购纳入不良品率 [1]：供应商的零部件从交付到公司，公司在进货检验、加工、装配等环节发现并退回供应商的不良品件数，与交付的制定范围零部件的总件数的比率。

7. 直接损失：指不合格品本身和由其引起的相关产品报废的损失。

8. 附加损失：指不合格品流入需方生产过程中到被发现所造成的连带损失。即质量损失中除直接损失以外的损失。

四、职　　责

1. 采购部每月 10 日前负责向集团确认次月非单一厂家供货比例。建立供应商体系并组织加强对供应商的管理及考核，优化采购流程。

2. 集团和 ×××× 工厂质量部负责供应商的质量管理、质量考评和质量赔偿。

3. 技术部负责供应商正式供货后技术工艺更改和装备、工艺监督。

4. 生产部负责组织编制"月度生产计划"作为调货单依据，并加强对供应商现场服务方面的管理、考核。

---

[1] 计算公式：*采购纳入不良品率 = 不良品件数 ÷ 本月入库件数 × 1 000 000ppm*。

5. 仓储部负责对各供应商的物料包装方式、到货方式、交货方式,现场配合等进行管理、考评。

6. 经营管理部负责对各项制度、办法进行规范,并对合理性、可行性负责审查。

五、现有供应商管理

1. ×× 公司将建立完备的供应商档案,要求各现有供应商根据 ×× 公司的"供应商情况调查表"提供详细资料。

2. 供应商供货

（1）供应商供货控制。

①采购部根据生产部编制的"生产计划"、进口件资源,编制公司月度采购计划。根据月度采购计划向供应商下发采购计划。

②供应商依据采购部所发计划要求的数量、日期,准量、准时将零部件配送到公司指定的地点,仓储部依据计划收货,供应商短缺交货、超计划交货、逾期交货都均纳入 ×× 集团的考核范围。

③直接配送到仓库的经质量部检验判定为不合格的零部件,厂家立即自行清理出厂,超过 15 日不清理出厂的不合格零部件,×× 公司有权利自行处理。

④供应商应积极配合 ×× 企业仓储部、采购部、物流关于到货产品的外包装形式、到货方式、运输方式、零件标识等项目的整改工作。

⑤仓储部、采购部、所需关于产品的各种物流信息（关于产品的包装、运输等方面）,供应商应及时、准确提供。

⑥供应商所到产品包装不规范 [1],仓储部有权拒收此类产品。

⑦供应商驻厂人员或技术人员,需经仓储部批准或在 ×× 工作人员陪同下,进入仓库,并做好详细出入库登记。

（2）供货管理问题索赔。

①因供应商无故不能交货、逾期交货或货物不合格,造成 ×× 停产的,供应商应按人民币 5 000 元 / 时向 ×× 赔偿,如所造成损失高于上述计算标准的,按照实际损失计算;供应商部分履行造成 ×× 减少产量的,按该批货款数额乘以未履行部分占该批货物的比例数额赔偿 ×× 集团损失;供应商由于迟延交货造成 ×× 集团未来得及验收,由此造成的损失由供应商负责。

②供应商如果预计会出现短缺交货情况,提前 5 天书面形式通知 ×× 集团,采购部根据实际情况进行调整。对因不可抗力而发生供货延迟,供应商及时通知 ×× 集团。采购部对申请调整供应商登记,每月出现两次调整或在连续两月出现调整情况,采购部进行份额调整或者暂停供货,并降低其等级。

③供应商依据 ×× 公司计划要求的数量、日期,准量、准时将零部件配送到公司指定

---

[1] 不规范的包装指到货包装: A. 未按整改要求更换周转箱或工装; B. 破损、严重变形、零件裸露、收容数混乱; C. 无零件标识、标识不清楚不规范。

的地点，仓储部依据计划收货，供应商短缺交货、超计划交货、逾期交货每发生一次考核200元。

六、供应商质量管理

××集团对供应商按所供产品的重要度、产品质量对整车（主机）质量的影响程度、产品的技术含量和质量风险等因素对零部件按A、B、C分成三类，对A、B、C三类零部件分别提出建立质量保证体系的要求（具体分类及让步接收标准参照公司具体管理办法执行）。

1.供应商质量保证。

供应商在与××签订正式的零部件供货协议时必须与公司签订"质量协议"。协议书应明确产品质量控制、产品质量保证、质量索赔要求等内容。

（1）供应商应建立有效的质量管理体系，至少应通过GB/T 19001—2000（idt ISO 9001：2000）质量管理体系第三方认证。A类零部件供应商必须通过TS 16949认证[1]。

（2）国家要求3C认证产品的供应商必须通过3C认证。

（3）供应商应根据图纸和"技术协议"的要求，对产品进行永久性标识，以保持同批产品的可追溯性，无标识的，按不合格品进行处理。

…………

制度 供应商沟通函管理办法

一、为优化内部管理，加强与供应商沟通，促进销售提升，特制定此办法。

二、供应商沟通函是以月度、季度、半年、年度为时间单位，以销售情况分析、营运情况反馈及供应商回函为主要内容，定期发函与品牌供应商沟通。通过沟通函将销售异常问题反馈给供应商，以达到提升管理和销售的目的。

三、沟通函的主要内容：

1.产品本期销售结构。

通过对销售数据[2]的分析，使供应商了解产品的经营状况，从而对下一步工作的计划和实施起到指导作用，使得工作思路和方向更加明确。

季度、半年、年度沟通函中，要结合门店实际，增加本期销售分析及门店该品类商品平均同比变化的图表解析，通过曲线图等图示直观地将同品类商品销售趋势展现给供应商，使供应商了解市场信息，从而准确定位产品。

---

[1] "质量管理体系汽车生产件及相关维修零件组织应用ISO 9001：2000的特别要求"。

[2] 销售数据：包括品牌销售环比情况、消费结构、产品排名情况、本期同品类销售前二十名排序等方面。

2. 销售管理。

总结本期产品销售情况，与供应商沟通下期工作重点及档期内产品营销活动测评。通过分析，使供应商把握门店动态信息，从而及时调整经营策略，为供应商提供营销决策的依据，改进促销方式，从而促进整体营销目标与计划的实现。

3. 现场营运情况。

提供库存陈列、设施设备安全情况及经营管理异常变化情况等供应商最为关心的问题，为供应商提升终端管理提供准确、可靠的依据。

4. 沟通建议及信息回复。

从门店现场销售的角度，对商品供货、库存、质量、促销活动及员工管理等方面提出切实可行的建议，并就下一步工作重点情况，提出需要供应商配合的事项。

5. 季度、半年、年度沟通函中，对产品在市场上的经营表现进行总结，并对供应商的配合提出意见及建议。

6. 供应商回函。

供应商就企业提出的要求及配合事项进行意见回复，并指出工作中的困难及需企业支持、改进的事项。

四、供应商沟通函格式：

供应商沟通函的格式统一按照营运本部下发的格式执行。

五、供应商沟通函的适用范围：

供应商沟通函的适用范围是企业旗下所有门店，主要针对一些管理或销售有异常问题的与供应商开展沟通。

沟通函须在每月10日前统计完毕发往各产品供应商，沟通方式为电子邮件等书面形式，接收人一般为采购主要负责人。

六、注意事项：

1. 沟通的内容尽量量化、数据化，言简意赅，突出重点，注意把握向供应商沟通的内容范围，避免企业内部资料外泄。

2. 发送供应商沟通函要切实起到实际效果，避免流于形式。

3. 尽量以建设性的建议代替负面的批评。

4. 为保证向供应商通报内容的准确、有效，需要企业加强内部日常管理，注意收集整理基础管理数据，分析发掘产品销售中存在的问题。

5. 供应商沟通函的回函企业要进行汇总和保存，回函需做相应的记录，对管理和销售有促进作用的建议，可根据实际情况采纳落实。

6. 每半年应与所有产品供应商至少沟通一次。

七、本办法自公告之日起施行，由门店营运部监督执行。

范表 供应商信息新增及变更申请表

申请单位：	
原企业信息	新企业信息
企业名称：	企业名称：
生产地址：	生产地址：
企业法人：	企业法人：
开户银行：	开户银行：
银行账号：	银行账号：
税务登记证号：	税务登记证号：
联系电话：	联系电话：
供应商编码：	供应商编码：
变更/新增理由：	
证明材料明细：	
物资部部长意见： 签字（章）：	
财务部部长意见： 签字（章）：	
分管领导意见： 签字（章）：	
经办人：	日期：　年　月　日

范表 供应商专用设备、工装、模具清单

供应商名称										
供应商代码										
序号	零件名称	工序号/名称	所需的设备/工装/模具名称/编号	现有设备/工装/模具名称	现有设备/工装/模具编号/设备号	现有设备/工装/模具供应商	新设备/工装/模具到厂时间	新设备/工装/模具安装调试时间	完成时间	备注
	零件名称				零件号			制作人		专用的 / 通用的
								制作日期		

范表 供应商建档资料表

供应商编码				日期： 年 月 日
公司营业地址	公司全称（加盖公章）		邮政编码	
联络人	联络人手机号	公司营业电话	联络传真	电子邮件
税 号	企业性质	□独资 □私企 □合资 □国营 □民营 □集体 □外商合资		
主要来往银行	银行账号	网付请写明：（加盖财务章）		
付款方式	□支票 □现金 □网付	□普通发票	可否退货	□可 □否
发票类型	□增值税发票（17%/3%）		供应商淘汰日期	
结算方式	□预付 □账期 □货到付款 □按合同付款			
主要经营范围		经营区域	主要品牌	
订货日	订货周期	订货准天数		
送货期	订货有效期	订货方法	□自动传真订单 □网络 □电话	
退货地址	联络人	电 话		

备注：请附营业执照、组织机构代码证，国家要求相关认证（如企业食品生产许可，特种行业许可证）。

范表 供应商供货情况历史统计表

供货名称							
供应商名称							
序号	批送月份	交货期信用记录			交货质量状态记录		其他事项
		合同数量（份）	依时完成数量（份）	尚未完成数量	完成合格率	验收合格（批）	验收不合格（批）
1	年　月份						
2	年　月份						
3	年　月份						
4	年　月份						
5	年　月份						
6	年　月份						
7	年　月份						
8	年　月份						
9	年　月份						
10	年　月份						
11	年　月份						
12	年　月份						
核　准			审　核			制　表	

范表 供应商交货状况一览表

供应商编号			供应商简称		所属行业		
总交货批次			总交货数量		合格率		
合格批数			特采批数		退货批数		
检验单号	交货日期	料号	名称	规格	交货量	计数分析	计量分析	特检	最后判定
	月　日								
	月　日								
	月　日								
	月　日								
	月　日								
	月　日								
	月　日								
	月　日								
	月　日								
	月　日								

制表：　　　　　　　　　　　审核：

范表 供应商处罚通知单

供应商名称		供应物资名称	
规格（型号）		数　量	
处罚原因			
处罚依据			
处罚方式	□现金　□货款	处罚总金额	_____人民币

索赔项目	质量		损失费（元）	
	价格		损失费（元）	
	交期		损失费（元）	
	服务		损失费（元）	
	物耗		损失费（元）	
	运输		损失费（元）	
	差旅		损失费（元）	
	其他		损失费（元）	
计算方法				
处理意见				

说明：供应商如对该处罚有异议，请在 5 日内与我公司采购部联系，否则视为认可该处罚。

范表 取消合格供应商资格申请单

供应商名称			供应商编号	
供应产品				
申请部门			申请日期	

申请理由：

主管：　　　　　　　　　　　　　申请人：

评审意见	生管部： 签名：
	工程部： 签名：
	采购部： 签名：
	品保部： 签名：
批示	□直接取消 □减少采购量_____% □其他：_____ 执行副总经理：　　　　　　生效日期：

表单编号：

更多模板

供应商信息管理制度　　　　　　　供方特批供货审批表

供应商访谈记录表　　　　　　　　A 级供应商交货基本状况一览表

供应商跟踪记录表

2.2　供应商日常考核

供应商日常考核是指企业对现有供应商的日常表现进行定期监控和考核。企业对供应商进行评估考核，了解供应链中关键供应商的绩效，一方面可以挑选最好的、可信赖的供应商；另一方面可以与供应商保持良好的合作关系，提高对整个供应链运作的预见性。

● 供应商考核方法

定性分析法	定量分析法	综合分析法
该方法是考核人员根据以往的资料和经验，对供应商做出分析和判断，从而对供应商进行考评，常见的定性分析法有直观判断法，该方法主观性较强，一般不作为核心考核方法。	该方法主要采用定量计算的方式来进行供应商考核，如采购成本分析法。定量分析法需要准确的定量数据来对各考核项进行分析，这样得出的结果非常精确。定量分析法在日常考核中一定会用到，有不可替代的地位。	由于实际工作中，对供应商的考核指标有定量指标，也有定性指标，所以采用定性与定量相结合的方式，能更全面地得出考核结果。一般来说，采购部会对供应商进行分类，接着根据实际情况设置考核指标和相应的权重，得出最终评价。

● 供应商考核指标

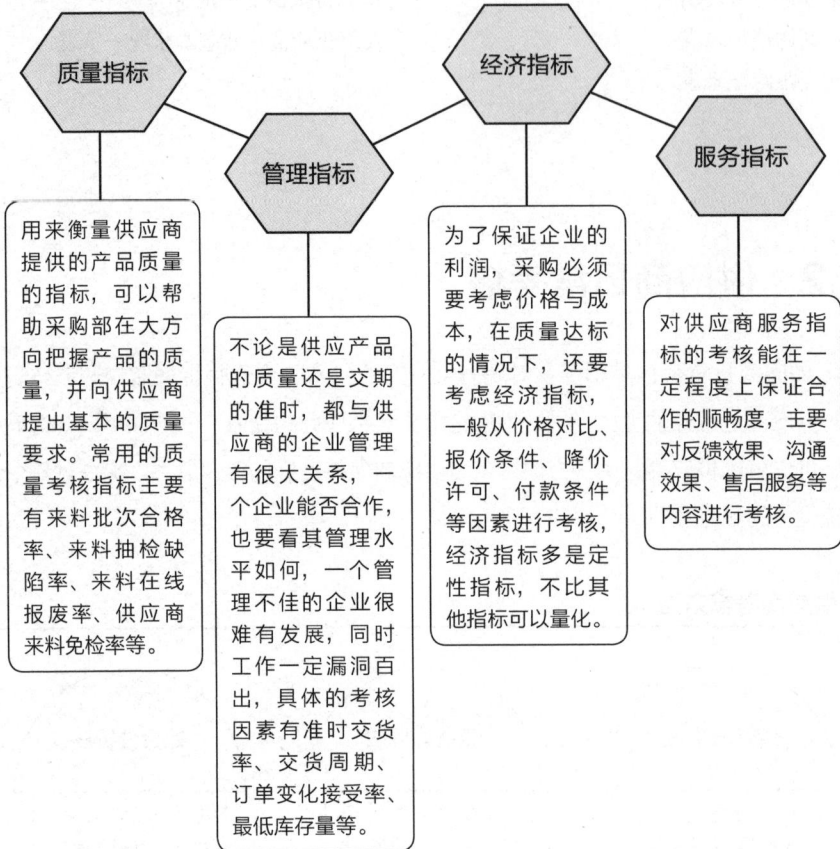

质量指标

管理指标

经济指标

服务指标

用来衡量供应商提供的产品质量的指标，可以帮助采购部在大方向把握产品的质量，并向供应商提出基本的质量要求。常用的质量考核指标主要有来料批次合格率、来料抽检缺陷率、来料在线报废率、供应商来料免检率等。

不论是供应产品的质量还是交期的准时，都与供应商的企业管理有很大关系，一个企业能否合作，也要看其管理水平如何，一个管理不佳的企业很难有发展，同时工作一定漏洞百出，具体的考核因素有准时交货率、交货周期、订单变化接受率、最低库存量等。

为了保证企业的利润，采购必须要考虑价格与成本，在质量达标的情况下，还要考虑经济指标，一般从价格对比、报价条件、降价许可、付款条件等因素进行考核，经济指标多是定性指标，不比其他指标可以量化。

对供应商服务指标的考核能在一定程度上保证合作的顺畅度，主要对反馈效果、沟通效果、售后服务等内容进行考核。

● 供应商激励方式

激励方式	具体内容
价格激励	在供应链环境下，寻求整体的利益协调才是长久合作的基石，如果一味追求低廉成本价，有时会将风险加大，不合理的定价会打击供应商的积极性
订单激励	对于优秀的供应商，采购方可以通过增加订单来进行激励，这样供应商得到更多的利润，对于与采购方的合作就更加看重，也会尽可能按采购方的标准完成工作

续上表

激励方式	具体内容
淘汰激励	定期淘汰掉不合格的供应商能够让优秀的供应商获得更多订单和利润，同时，也能督促还有差距的供应商进步，不断改进各方面业绩数据，以免被淘汰
产品开发激励	采购方与供应商的合作若是想要再进一步，可以共享产品开发的有关资料，可与供应商达成战略合作，同时开拓市场，供应商自然会不断精进自己的生产技术

制度 供应商绩效考核管理办法

一、目　　的

　通过对供应商业绩的评价，保证采购渠道满足公司产品战略发展的需求，确保采购能力满足公司持续发展的要求。

二、范　　围

本办法适用于所有原辅材料、外协加工件的合格供应商绩效考核。

三、考核管理细则

1. 责权

　（1）质量部：验收外购原辅材料、外协件并做好记录，参加对供应商的评价，参与最终确定合格供应商资格。

　（2）物控部：核对订单交货期，并做好记录。

　（3）采购部：负责价格水平和服务水平的评分，综合其他部门考核结果，建立、保存供应商业绩档案，列出各个供应商的评价等级，确定供应商业绩及供货比例、供货资格，依照规定进行奖惩。

2. 供应商业绩评价流程

　（1）各归口部门根据物料的重要程度定期分别对供应商业绩进行评价，评分方法见供应商评价标准，填写"供应商绩效考核汇总表"，于次月5日前报采购部。

　（2）采购部收集、汇总各部门的评价结果，每季度对供应商进行一次综合评定并按照评定总分的高低分值，一次将供应商定为"A、B、C、D"4个等级，具体等级标准如下：

　A级：综合绩效91～100分，奖惩情况为新产品优先开发采购，下季度货款酌情缩短付款账期或支付一定比例现汇。

B级：综合绩效 81 ～ 90 分，奖惩情况为对其采购策略维持不变，要求其对不足的部分进行整改，并将整改结果以书面形式递交。

C级：综合绩效 71 ～ 80 分，奖惩情况为减少采购量或暂停采购，要求其对不足的部分进行整改，并将整改结果以书面形式递交，采购部确认其整改结果后，决定是否继续正常采购。

D级：综合绩效 70 分以下，奖惩情况为将其从"合格供应商名单"中删除，终止与其的采购供应关系。

（3）评价结果由各评分部门会签后，报送分管副总、总经理。

3.供应商综合评定的作用

供应商综合评定是制订采购计划的重要依据，采购计划的制订应遵照如下原则。

（1）独家供货。

①若该供应商被评定为 A 级，正常采购，酌情增加采购，优先采购，在特殊情况下可办理免检，货款优先支付。

②若该供应商被评定为 B 级，对其采购策略维持不变，要求其对不足的部分进行整改，并将整改结果以书面形式递交，以提高产品质量。整改结果必须在规定时间完成，并重新进行评审。

③若该供应商被评定为 C 级，减少采购量或暂停采购，要求其对不足的部分进行整改，并将整改结果以书面形式递交，采购部对其整改结果进行确认后决定是否继续正常采购。

④若该供应商被评定为 D 级，采购部应对其下发整改通知，并于两个月后寻找新的供方。

（2）有两家以上同时供货。

①供应商评定等级相同时：

a.同为 A 级时，平均供货。

b.同为 B 级时，采购策略维持不变，采购部应对其下发整改通知，对存在的问题采取整改措施。

c.同为 C 级时，减少采购量或暂停采购，要求其对不足的部分进行整改，并将整改结果以书面形式递交，采购部对其整改结果进行确认后决定是否继续正常采购。

d.同为 D 级时，采购部应对其下发整改通知，并在两个月内寻找新的供方。

②供应商评定等级不同时：

a.若一方评定等级为 A 级，另一方评定等级为 B 级，被评定为 A 级的供应商应占供货的主导地位，被评定为 B 级的供应商应在月度采购计划中限制其供货数量，一般情况下评定等级为 B 级的供应商的供货量不高于 30%。

b.若一方评定等级为 A 级，另一方评定等级为 C 级，被评定为 C 级的供应商应暂停供货，采购部对其下发整改通知，整改无效的取消其供货资格。

c.若一方评定等级为 A 级，另一方评定等级为 D 级，被评定为 D 级的供应商取消其供货资格。

d.若一方评定等级为 B 级，另一方评定等级为 C 级，采购部应对评定为 B 级的供应商下发整改通知，对存在的问题采取整改措施，被评定为 C 级的供应商应暂停供货，采购部对其下发整改通知，整改无效的取消其供货资格。

e. 若一方评定等级为 B 级，另一方评定等级为 D 级，采购部应对评定为 B 级的供应商下发整改通知，对存在的问题采取整改措施，被评定为 D 级的供应商取消其供货资格。

f. 若一方评定等级为 C 级，另一方评定等级为 D 级，采购部应对评定为 C 级的供应商下发整改通知，对存在的问题采取整改措施，被评定为 D 级的供应商取消其供货资格。

4. 供应商年度评审

（1）每年 12 月，采购部门汇总供应商业绩评价结果，填写"年度供应商供货业绩综合评价报告"，经各评分部门会签、确认，报送分管采购副总审核，总经理审批后执行。

（2）评价结论界定：

①评价结果 91 ~ 100 分，该供应商继续保持其合格供应商资格，酌情增加采购，优先采购，货款优先支付。

②评价结果在 81 ~ 90 分之间，对其采购策略维持不变，要求其对不足的部分进行整改，并将整改结果以书面形式提交，以提高产品质量。整改结果必须在规定时间完成。

③评价结果 71 ~ 80 分，减少采购量或者暂停采购，要求其对不足的部分进行整改，并将整改结果以书面形式提交，采购部对其整改结果进行确认后决定是否继续正常采购。

④评价结果 70 分以下，根据实际情况后上报总经理批准，取消其供应商资格。

5. 供应商评价标准

（1）质量状况。

由质量部负责原辅材、外协件的评分，评分标准：质量（35 分）= 制程 PPM 值 [1] ≤ 400 评分，每增加 100PPM 扣 1 分（PPM 值 = 不良数 ÷ 交货数 ×1 000 000）。

（2）交期情况。

交付情况包括交货准时性和交货量准确性两方面，由物控进行评分。评分标准：交期（30 分）=30× 实际到货批次 ÷ 要求到货批次。

（3）价格水平。

价格水平由价格因素、降本因素、配合度三方面进行考核，由采购部负责评分。

（4）服务质量。

服务质量考核有如下项目，由采购部负责评分。

①反应表现（2 分），对订单、交货、质量投诉等反应是否及时、迅速，答复是否完整，对退货、挑选是否及时处理。

②合作态度（2 分），是否将本公司看成是重要客户，供应商高层领导或关键人物是否重视本公司的要求，是否有合适的人员与本公司沟通，沟通手段是否符合本公司的要求。

…………

---

[1] PPM（Parts Per Million），定义为百万分之一，1PPM 即是一百万分之一。一般用作每一百万个产品中的不良率的统计标准，如 10PPM 就是百万分之十的不良率。

制度 供应商奖惩制度

一、目 的

为了规范供应商管理，促使各供方不断建立和完善质量保证体系，提高整体素质和质量能力，保证稳定地、及时地提供满意的产品和服务，特制定本制度。

二、范 围

适用于 ×× 公司的原材料供应商。

三、职 责

1. 质管部负责质量情况评定。

2. 质管部负责将各供应商当月情况汇总，提出奖惩措施，经质管、采购会签后上报公司领导，提交财务部和供应商。

3. 财务部按奖惩措施执行。

四、考核办法

1. 供应商处罚办法采用扣分制，扣分无下限。

2. 每月考核以 10 分为基准，低于 6 分判定为不合格。

3. 连续一个月内材料同规格的出现同样问题两次及以上且批量退货、质量问题严重，直接判定为不合格。

4. 连续两个月的考核不合格，限期整改；连续三个月考核不合格，取消其合格供应商资格。

5. 连续三个月以上考核在 9 分以上的供应商，给予无质量异常的奖励；并在年度终了时向其兑现实质性的奖励，并邀请其参加由企业举办的各项训练和研习活动。

五、扣分条款

1. 送货的材料质量有问题，扣 2 分（包括在进货检验和生产现场及在顾客处发现的质量问题）。

2. 批量退货的，评估质量问题严重性后，扣 2 ~ 3 分。

3. 连续两批由于同样问题出现退货的，扣 2 ~ 5 分。

4. 交货方式未按照要求的，如交货包装形式、随附质保单、产品标识等，扣 1 分。

5. 整改报告未按照时间反馈的，扣 1 分。

6. 对提出的整改措施未如期执行的，扣 1 分。

7. 送货单记录的送货规格与实物规格不符，检查发现的，扣 1 分。

8. 材料以次充好的，材质以低级别代替高级别的，扣 2 ~ 5 分。

9. 质保书不能与材料相对应的，扣 1 分。

10. 对于涉及多项扣分项的情况，累计全部扣分项扣除。

六、严重质量问题扣款条例

1. 物料以次充好的，一经查实，罚本次订单货款的____%，直接从货款中扣除。

2. 连续两批由于同样问题出现扣分达到 4 分以上的，扣罚____元，直接从货款中扣除。

3. 考核低于 6 分的,扣罚____元,直接从货款中扣除；连续两个月低于 6 分的,扣罚____元,直接从货款中扣除；连续 3 个月低于 6 分的，直接取消供应商资格。

　　4. 对材料在生产现场及顾客处发现的质量问题，产生的实际相关费用全部由该供应商承担，并扣除考核分 3 ~ 5 分。

制度 样品检验管理制度

1　目　　的

规范样品检验的管理程序，保证样品检验结果的准确性和可追溯性。

2　范　　围

本标准适用于所有原料、产品的样品检验。

3　职　　责

3.1　质检中心负责本制度的编写和修订。

3.2　研检中心负责审核并监督检查本制度的执行情况。

4　管理程序

4.1　原料检验程序

4.1.1　原料样品（指氮气、氩气、氦气）到货前由原料采购人员通知质检中心分析人员将原料储罐内的物料进行分析，原料货车到公司后通知分析人员对货车储罐内的原料进行检测，同时填写"送样登记表"，内容包括样品名称、批号、接检日期、样品类型、检验项目、送样人及分析人等。

4.1.2　分析员接样后查找分析方法，按照分析方法准备仪器和设备。

4.1.3　分析员分析样品的同时，要在仪器使用记录本上登记，记录内容有分析日期、样品名称、瓶号、批号、谱图号、进样序号、分析结果和分析人等。

4.1.4　罐车样品检测合格后即可向原料储罐内充装物料，充装完毕后要再次对储罐内的物料进行检测，以防止充装过程操作不慎造成物料不合格。如果罐车不具备检测条件，则以充装完后分析储罐内原料结果为此批原料的检验结果，然后填写原料检验报告单。

4.1.5　对于本公司不能检测的项目，则以供应商提供的检验报告为依据。

4.1.6　对于本公司不具能力检测的经营类产品，如客户无特殊要求，则直接将供应商提供的检验报告提供给客户。如客户要求我公司检测而我公司又无能力检测，则将该产品委托第三方进行检测。验证前三批合格后，则实行每间隔五批进行抽检，然后将供应商检验报告及第三方检验报告提供给客户。

4.2　产品检验程序

4.2.1　对于充装后的产品和配置后的标准品送样时，则由送检部门填写送样登记表，内容包括样品名称、批号、接检日期、样品类型、检验项目、送样人及分析人等。

4.2.2　分析人员接样后，应检查样品瓶上的瓶号、标签是否清晰明了，与送样登记表上登记内容是否相符，若有不明事项立即要求送样人员填写清楚。

4.2.3　分析员接样后查找分析方法，按照分析方法准备仪器和设备。

4.2.4　操作过程中，要在仪器使用记录本上登记，记录内容有分析日期、样品名称、瓶号、批号、谱图号、进样序号、分析结果和分析人等。

4.2.5　对于本公司不能检测的项目，则以供货商提供的检验报告为依据。

4.2.6　高纯气体产品检验数据由分析室负责人进行复核并出具检验报告；标准气体由分析人员出具检验并由研检中心经理复核方可放行发货。

范表 供方评审不合格项整改通知单

_____：

根据_____年_____月_____日我公司供方评审小组对贵公司的评审，贵公司存在以下不合格项目。

序　号	不合格项目内容

要求贵公司在_____年_____月_____日之前完成对以上不合格项目的整改，并将整改后的整改报告及相应材料交××有限公司供方评审小组，这些材料将作为合格供方评审的依据。

采购部（盖章）

年　月　日

范表 供方评审计划表

序号	供应商名称	预期评审日期	实际评审日期	评审部门及人员								评审结论			备注
				采购		质量		项目		物流		分数	合格	不合格	
				预定	实际	预定	实际	预定	实际	预定	实际				

批准： 日期：

范表　供应商审核改善跟进表

供应商名称			供应物料	
地　　点		日期／时间		
验厂性质：□首次审核　□年度审核　□特殊审核（重要异常处理）　□其他		验厂结果	供方回复日期	
参与人员：				

序　号	不良图片	跟进项目描述／评审不符合项	供应商回复的改善对策	责任人	改善日期	效果验证	验证日期

范表 供应商定期评审表

供方名称		联系电话	
联系人		职　务	
评审起止日期			
评定项目	比　重	计算公式	统计结果

建议：

总得分		等　级	

备　注	1. 总得分等于各项得分之和。 2. 低风险供方：总得分在 90 ～ 100 分的为 A 级供应商，公司应优先考虑。 3. 中风险供方：总得分在 80 ～ 90 分的为 B 级供应商，作为公司的备选项。 4. 高风险供方：总得分在 80 分以下的为 C 级供应商，降低订单量并整改。 5. 3 次连续排最后一位且均为 C 级的供应商，视实际情况报总经理取消合格供应商资格。

批准：　　　　　　　　　　　制表：

范表 供应商月份绩效评价汇总表

序号	物料名称	供应商名称	当月供货量	质量（50分）	交付（30分）	价格（10分）	服务（10分）	总得分	级别评定	供货比例	备注

编制／日期：　　　　　　审核／日期：　　　　　　审批／日期：

范表 供应商年度综合评分表

供应商名称：_____　　　供应材料：_____　　　年度：_____年

项目	配分	评价细项	细项总分	评价记录	评分	评分人	主管审核
品质	30 分						
交期	30 分						
价格	30 分						
服务	10 分						
本年度加总							
本年度评级							
评价意见：							

范表 供应商级别表

序号	供应商名称	综合得分	评定级别	备注

说明：
1.A 级厂商，115 分以上，突出的。
2.B 级厂商，95 ~ 114 分，满意的。
3.C 级厂商，85 ~ 94 分，有条件的。
4.D 级厂商，84 分以下，不接受的 / 取消。

更多模板

供应商评定制度　　　　　　　　供应商分类台账

纠正和预防措施报告表　　　　　供应商业绩评价结果反馈单

供应商业绩评审表　　　　　　　供应商绩效考核汇总表

第**3**章

采购计划与预算管理制度与范表

　　采购计划是采购活动开展的基础，只有定期编制好采购计划，各部门人员才能按计划做好自己分内的工作。采购计划中采购预算的安排是重中之重，与企业利润直接关联。对于采购计划和预算的安排，有关人员一定要按照企业制度规范行事，明确自己的职责。

● 采购计划管理　　　　　　　　　　　　　　　　P062

制度：采购计划申报制度　　　　　　范表：物料需求计划表
制度：备品配件采购计划管理办法　　范表：订单采购计划表
制度：采购计划编制制度　　　　　　范表：采购年度降价计划表
制度：月度采购计划制定管理规定　　范表：采购计划变更审批表
制度：采购计划管理制度　　　　　　范表：计划外采购申请表
制度：大宗原材料采购计划管理办法　范表：采购开发周期表

● 采购预算管理　　　　　　　　　　　　　　　　P081

制度：采购预算管理办法　　　　　　范表：办公用品采购预算表
制度：预算授权审批制度　　　　　　范表：采购预算变更申请表
制度：预算执行控制制度　　　　　　范表：辅助材料采购预算表
制度：预算执行责任制度　　　　　　范表：采购预算调整申请单
范表：月度物资采购预算表　　　　　范表：年度采购预算汇总表
范表：采购现金预算表

3.1 采购计划管理

采购人员为了满足企业日常的生产需要，在了解市场供求情况，掌握物料消耗规律的基础上对计划期内物料采购管理活动做出预见性的安排和部署，即采购计划。通过对企业的采购计划进行制订和管理，可为企业提供及时准确的采购计划执行路线。

● 采购计划六要素

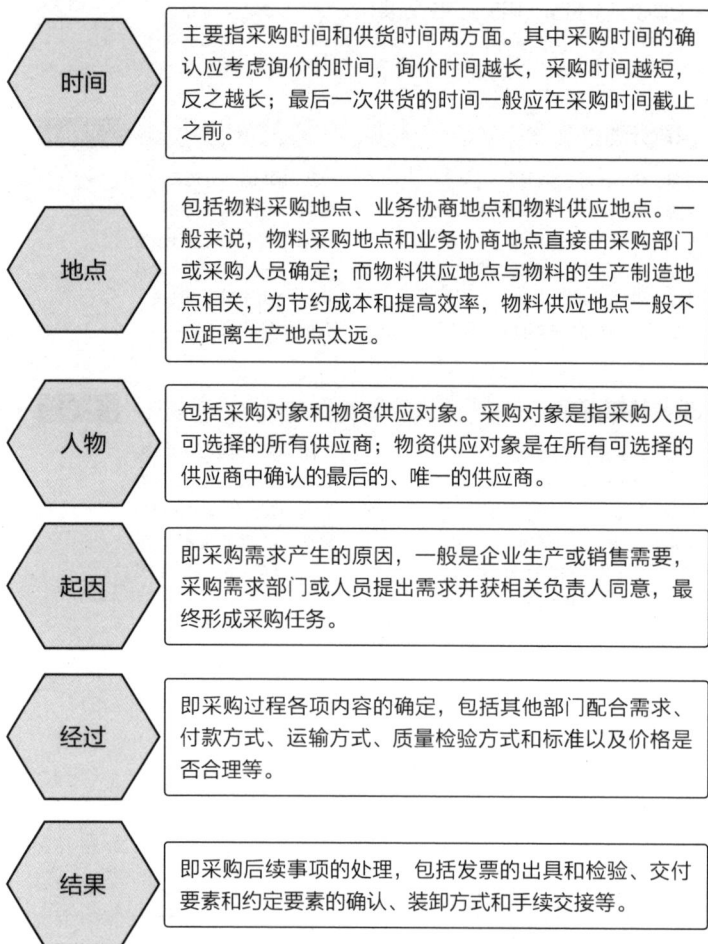

时间	主要指采购时间和供货时间两方面。其中采购时间的确认应考虑询价的时间，询价时间越长，采购时间越短，反之越长；最后一次供货的时间一般应在采购时间截止之前。
地点	包括物料采购地点、业务协商地点和物料供应地点。一般来说，物料采购地点和业务协商地点直接由采购部门或采购人员确定；而物料供应地点与物料的生产制造地点相关，为节约成本和提高效率，物料供应地点一般不应距离生产地点太远。
人物	包括采购对象和物资供应对象。采购对象是指采购人员可选择的所有供应商；物资供应对象是在所有可选择的供应商中确认的最后的、唯一的供应商。
起因	即采购需求产生的原因，一般是企业生产或销售需要，采购需求部门或人员提出需求并获相关负责人同意，最终形成采购任务。
经过	即采购过程各项内容的确定，包括其他部门配合需求、付款方式、运输方式、质量检验方式和标准以及价格是否合理等。
结果	即采购后续事项的处理，包括发票的出具和检验、交付要素和约定要素的确认、装卸方式和手续交接等。

● 采购计划类别

分类属性	具体类别
计划期限	按计划期的长短，可以把采购计划分为年度物料采购计划、季度物料采购计划及月度物料采购计划等
采购作用	按物料的使用方向，可把采购计划分为生产产品用物料采购计划、维修用物料采购计划、基本建设用物料采购计划、技术改造措施用物料采购计划、科研用物料采购计划和企业管理用物料采购计划
物料属性	按自然属性分类，可以把采购计划分为金属物料采购计划、机电产品物料采购计划、非金属物料采购计划等

● 处理采购计划变更

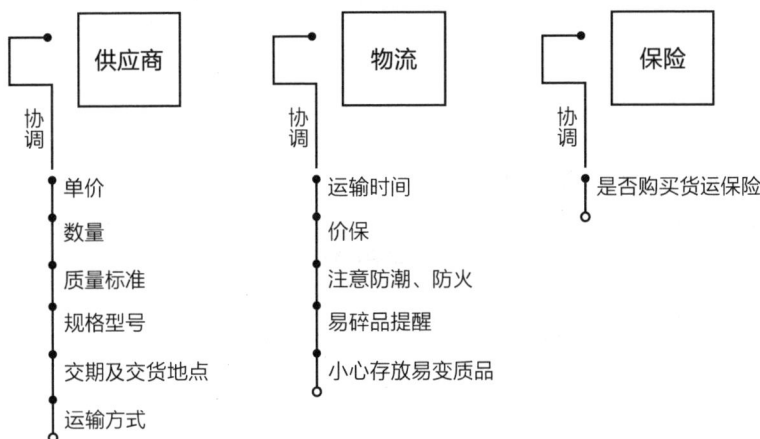

供应商	物流	保险
协调	协调	协调
单价	运输时间	是否购买货运保险
数量	价保	
质量标准	注意防潮、防火	
规格型号	易碎品提醒	
交期及交货地点	小心存放易变质品	
运输方式		

拓展知识 **采购计划编制流程**

　　制订采购计划是实施采购的基础，编制时应做好万全的准备，按照规范的流程进行：①进行采购需求分析；②提出采购需求；③汇总采购需求；④确定采购物资种类；⑤分析现有库存；⑥预测采购物资数量；⑦选择采购方式；⑧制订采购计划；⑨采购计划分解；⑩采购计划执行。

● **确定采购需求的相关因素**

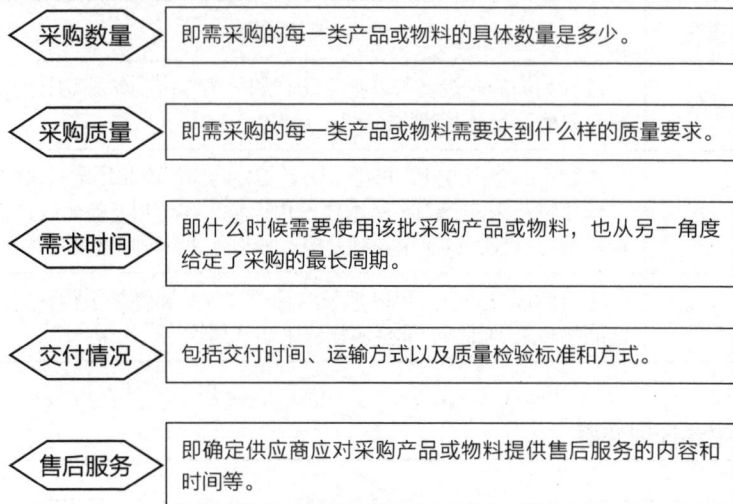

| 采购数量 | 即需采购的每一类产品或物料的具体数量是多少。 |

| 采购质量 | 即需采购的每一类产品或物料需要达到什么样的质量要求。 |

| 需求时间 | 即什么时候需要使用该批采购产品或物料，也从另一角度给定了采购的最长周期。 |

| 交付情况 | 包括交付时间、运输方式以及质量检验标准和方式。 |

| 售后服务 | 即确定供应商应对采购产品或物料提供售后服务的内容和时间等。 |

制度 采购计划申报制度

第一条　采购计划分类

采购计划按上报的采购时间分为临时计划、月计划和较长期计划。

1.临时计划。因生产急需、突发事故造成的物资短缺，由使用单位临时申报的采购计划。

2. 月计划。根据每月的点检结果和消耗情况，由生产厂、需求单位或起草采购计划的责任单位按月定期申报的计划。

3. 较长期计划。是指为保证生产所需设备或备件的按时采购，考虑到生产制作该设备或备件需用的时间而提前较长时期申报的计划。申报制作期较长的设备或备件，要提前做出长期计划，既保证制作周期，又不影响生产使用。

第二条　采购计划申报

1.采购计划申报流程。

生产厂、需求单位起草申报采购计划→录入系统→申报单位负责人审批（一审）→有关职能处审核（二审）→物资供应处计划员审核（三审）。

2.采购计划的制订。生产厂、需求单位计划员（材料员、备件员或计划责任人）根据本单位生产需求，按照采购计划分类标准，考虑库存并参照前6个月的历史资料及物料合理储备数量，同时将计划与生产工艺消耗、设备正常运行维护消耗分开，在计划中注明（区分），并按各相关部门制定的定额执行，科学合理地制订物资需求计划并录入系统。

3. 单位负责人审批。各单位一级主管审批（一审）本部门起草制订的采购计划，对计划的合理性和准确性负责，审核未批准则返回本单位计划员重新修订，审批后录入系统上报有关职能处进行评审（二审）。

4. 职能处审批。物资供应处、设备工程处等有关部门分别按对口负责的权限进行审核（二审）。

5. 采购计划评审。审核（二审）后的采购计划，每月27日前由物资供应处组织召开评审会，对月采购计划进行评审。公司有关领导、各单位一级主管或主管责任人（材料员、备件员、计划起草人）、物资供应处、设备工程处等有关人员参加。评审会对采购计划的准确性、合理性、可行性进行审核，物资供应处计划员负责评审会议材料的准备并记录。

6. 采购计划的上报。经评审通过的采购计划，由物资供应处总计划员（三审）经办整理，并经物资供应处处长审核通过后，转入采购系统组织实施采购。

第三条　采购计划申报要求

1. 采购计划中物资名称、规格型号、计量单位、采购数量、到货日期、库存数量、在线数量、用途以及前6个月消耗量等数据，必须根据实际情况填写准确、清楚、规范，规格型号必须符合国家标准、行业标准或企业标准。在月采购计划中库存数量、在线数量以及前6个月消耗量等数据，没有按要求录入完整、准确的，扣罚责任人100元。

2. 采购计划必须注明所申报物资的购入时间节点，急用未购入的，可以催办，但绝不可以重复申报计划，避免造成重复购入或闲置积压，出现重复计划（应催办而重复申报采购计划），扣罚责任人100元／次，造成重大闲置积压追究当事人责任。

3. 采购计划用系统进行传递，手工申报不予受理。

第四条　采购计划审核

1. 采购计划名称、规格型号、计量单位等是否准确、规范。

2. 采购计划数据是否准确，依据是否充分，是否需要采购。

3. 采购计划的数量是否合理。

第五条　申报采购计划的考核

1. 上报月采购计划的考核。月采购计划上报截止时间为每月20日，每延迟1天扣罚本单位1分（每分奖金含量为月奖金额标准的1%），扣罚责任人100元。

2. 各单位不得将临时采购计划列入月采购计划，否则发现一次扣罚1分（每分奖金含量为月奖金额标准的1%）。

3. 对申报计划数量合理性和准确性的考核。各生产厂申报采购计划表中每一项要按要求填写齐全、准确。如物品名称、规格型号、历史资料、在线数量、提供所需相关图纸等。如发现一项不符，物资供应处总计划员有权拒收采购计划，由申报单位3天内完成重新修改，影响采购计划制订和执行，后果自负，并给予扣罚1分（每分奖金含量为月奖金额标准的1%）。需要申请编码的，必须在当月15日前完成。

4. 计划不合理或计划申报有误等情况造成库存积压由审计监察处核实，经调查属实对责任人进行 200 ~ 500 元罚款，对责任单位按物资积压价值的 20% 计入责任部门的成本。

5. 各单位计划员将一审前的月计划录入系统时，必须把需要到货时间改为下月日期，并将采购物资按需要到货时间分为 A、B、C 三类。

6. 如因材料计划申报单位时间延迟，造成评审时间顺延的，迟延一天扣罚责任单位 1 分（每分奖金含量为月奖金额标准的 1%）。

7. 物资供应处计划员每月 30 日前对月采购计划核实、修改、上报完毕，迟一天扣罚 1 分（每分奖金含量为月奖金额标准的 1%）。

8. 由于采购物品申报错误，造成的采购计划的变更，每次扣罚责任单位 1 分（每分奖金含量为月奖金额标准的 1%）。

制度 备品配件采购计划管理办法

备品配件采购计划是企业生产经营计划的重要组成部分，是装备管理工作的中心环节，有了准确严密的计划，才能据以有效进行组织实施，把握装备运行状态。

1 月度采购计划的编制与申报

1.1 公司机电管理部门根据下月生产、设备维修实际情况，结合库存储备，合理考虑采购周期及储备量，经研讨后每月 25 日前向生技处申报下月备品配件采购计划。

1.2 月度备品配件计划应列出明确的备件名称、规格型号、数量、库存数量、到货时间、供货单位建议等，对有特殊要求的备品配件必要时需提供样品、图纸、生产厂家、材质等资料。

1.3 生技处根据申报的备品配件计划，编制下月备品配件采购计划。

1.4 公司要重视并加强计划的编制工作，努力提高配件计划的编制质量，应指定熟悉现场、有经验且工作责任心强的专人负责。

2 月度采购计划的评审

2.1 生技处组织各生产单位召开月度备品配件评审会，公司分管领导参与，对上月备品配件执行情况进行通报，对下一月备件计划进行评审。

2.2 审核依据。

2.2.1 下月实际需求用量。

2.2.2 各类备品配件的合理储备量（生产消耗情况、采购周期）。

2.2.3 当前实际库存情况。

2.2.4 公司可供调剂的库存资源。

2.2.5 市场因素（市场价格变动、资源情况）。

2.2.6 供应商的批量价格优惠情况。

2.2.7 公司资金状况。

2.2.8 全年备品配件定额。

2.3 经公司评审后的统购备件计划于每月 4 日前报区域装备小组,由区域装备小组报机电管理部对公司上报的统购采购计划进行汇总、评审并编制公司月度统购备件采购计划报公司分管领导审核后,于每月 10 日前反馈给公司设备管理部门。

2.4 机电管理部评审时主要是结合公司生产线的维修、现有储备情况,兼顾事故备件、交叉备件区域储备和工程项目可调剂情况,对消耗量大、制造周期长的耐磨件及价值较高的传动减速机等备件规格型号、技术参数、采购数量和采购时间进行审核。

3 月度采购计划的实施

3.1 统购采购备件计划由机电管理部负责实施采购或机电管理部委托公司实施采购。

3.2 委购备件由公司负责组织实施采购。

3.3 对机电管理部评审并经股份公司领导审批的计划中需公司修改和确认完善的内容,公司必须认真执行保证计划的严肃性。

3.4 属统购备件机电管理部书面委托公司采购,公司需将其实际执行情况于下月 3 日前与月度备件计划一起反馈、上报机电管理部。

4 紧急备品配件采购计划的申报和执行

紧急备品配件采购计划需经公司生技处分管领导签字,公司分管领导审批后,公司可先行采购,后补充到下月采购计划中,其中统一采购备件需上报机电管理部,经机电管理部(书面委托后)后可自行采购。

5 统购备件计划审核流程

5.1 公司设备管理部门根据各生产单位申报情况初步评审并编制本公司采购计划。

5.2 公司评审并经分管领导审核后报股份公司机电管理部。

5.3 机电管理部组织评审并报股份公司领导审批后执行。

5.4 审批结果反馈给公司设备管理部门。

6 经常统计分析逐步了解备品配件的正常寿命周期

为科学编制备品配件计划,需熟悉部分备品配件使用寿命。在日常设备管理中要对各类备件使用情况进行状态检测,掌握各类备件使用规律。

7 备品配件计划申报质量考核和追究

7.1 计划有效期。

月度备件计划有效期为 3 个月,3 个月内仍未采购的备件计划,如需采购须重新申报采购计划。对未采购的备件计划首先应分析原因,如属计划不科学、现场实际情况有变更或规格型号错误等应作废或调剂到新计划中,以不断提高计划的编制水平和体现计划的有效性。

7.2 计划审核。

统购备件计划审核采取公司和机电管理部二级评审制,计划经公司审核申报后需机电管理部组织评审,计划的审核要落实问责制,杜绝盲目采购造成的积压和浪费。

7.3 责任追究。

因计划不准确造成备件积压[1]或备件超储[2]的,应对相关人员进行责任追究和经济赔偿。

¦¦

制度 采购计划编制制度

第1条 目的。

为编制合理的采购计划,加强对采购计划的管理,确保公司生产经营顺利、有序地进行,特制定本制度。

第2条 适用范围。

本公司采购计划的编制工作。

第3条 职责。

采购部计划主管在采购部经理的指导下负责组织编制年度、季度、月度采购计划,并严格监督其执行情况。

第4条 编制采购计划的重要性。

1.预估用料数量、交期,防止断料、确保生产经营活动正常进行。

2.避免库存过多、资金积压、空间浪费。

3.配合生产、销售计划的顺利达成。

4.配合公司资金运用、周转。

5. 指导采购作业。

第5条 采购计划分类。

1.年度采购计划。

是指根据公司年度经营计划,在对市场信息和需求信息进行充分分析和收集的基础上,依据往年历史数据对比预测制订的计划。

2. 月度采购计划。

是指在对年度采购计划进行分解的基础上,依据上月实际采购情况、库存情况及市场行情等制订的当月采购计划。

3. 日采购计划。

是指在对月度采购计划进行分解的基础上,依据各部门每日经营所需物资的汇总及审

---

[1] 备件积压是指因计划不准确、规格／型号错误或因工作责任心不强而导致多购、误购,且一定时期内不需使用或不能使用的备件;不含因现场设备技改或撤除后造成积压的备件。

[2] 备件超储是指公司备件的库存总额超过了股份公司所规定储备定额的部分。

核制订的采购计划。

第 6 条　采购计划的编制依据。

制订采购计划时，应考虑经营计划、需求部门的采购申请、年度采购预算、库存情况、公司资金供应情况等相关因素。

第 7 条　编制采购计划的步骤。

1. 明确销售计划。

公司于每年年底制订次年度的经营目标，市场营销部根据年度目标、客户订单意向、市场预测等资料做销售预测，并制订次年度销售计划。

2. 明确生产计划。

（1）生产部根据销售预测计划制订次年度生产计划。

（2）生产部物控人员根据生产计划、库存状况制订次年度物料需求计划。

（3）各部门根据年度目标、生产计划预估次年度各种消耗物资的需求量制订预估计划。

3. 制订采购计划。

采购部汇总各种物料、物资的需求计划，并据此编制次年度采购计划。

第 8 条　采购部编制采购计划时，应注意以下事项。

1. 采购计划要避免过于乐观与保守。

2. 考虑公司年度目标达成的可能性。

3. 销售计划、生产计划的可行性和预见问题。

4. 物料需求与物料清单、库存状况的确定性。

5. 物料标准成本的影响。

6. 保障生产与降低库存的平衡。

7. 物料采购价格和市场供需的可能变化。

第 9 条　采购计划专员应审查各部门的申请采购物资是否能由现有库存满足或有无可替代的物资，只有现有库存不能满足的采购物资申请才能列入采购计划中。

第 10 条　如"采购申请表"中所列的物资为公司内其他部门所生产的产品，在质量、性能、交货期、价格相同的情况下，须采用公司产品。

第 11 条　对于已申请的采购物资，请购部门若需要变更规格、数量或撤销请购申请，必须立即通知采购部，以便及时根据实际情况更改采购计划。

第 12 条　如遇急需物资，应填写"紧急采购申请表"，经部门负责人审核签字，报公司主管副总核准后列入采购范围。

第 13 条　采购计划同时报送财务部门审核，以利于公司资金的安排。

第 14 条　采购部门负责本制度的制定、解释、修改和废止等工作。

第 15 条　本制度在公布之日起执行。

制度 月度采购计划制定管理规定

1 范　围

适用于全公司所有的原材料、仪器仪表、固定资产、设备、备品备件和各种生产及非生产性低值易耗品等物料（不包含办公用品采购）的月度采购计划的编制、审核及下达。

2 控制目标

2.1 保证采购预算对采购计划的指导作用，确保对于预算外的采购计划经过适当的审批，有效降低不必要的采购成本。

2.2 确保采购计划数量和时间上都可以及时满足生产经营的需求。

2.3 确保价格信息的保密性。

3 主要控制点

3.1 需求计划上报部门参考采购提前期，编制滚动需求计划。

3.2 超预算采购计划需经主管副总审核。

3.3 超预算采购计划必须经主管财务副总审批通过。

3.4 计划员将采购计划去除价格信息，递送需求部门、储运部门。

4 特定政策

4.1 采购部及时和公司内相关需求上报部门确认采购提前期并共享采购提前期信息，各部门报需求计划时必须考虑采购提前期。

4.2 月计划中的应急小金额物资要进行总金额控制。

4.3 计划员编制月计划时，采购主管需安排人员配合工作，保证采购计划详细准确。

4.4 计划员编制月计划时，以前计划内未执行的物资如有需要，重新编入本月计划。

5 月采购计划流程说明

5.1 采购部经理参与生产计划的制订，并完成物料需求计划。

5.2 采购部计划员每月1日根据各需求部门递交的年采购计划调整申请、月材料/备件/固定资产需求计划，储运部门递交的收发存报表，生产经营部确定的物料需求计划和年采购计划，结合月底库存量、安全库存量和采购提前期编制月采购计划。

5.3 计划员根据历史交易价格和供应商信息库在月采购计划上填制价格信息和预计到货日后提交正式的月采购计划。

5.4 每月2日下午采购部经理审批计划员上报的月采购计划，不同意则返回计划员重新编制，同意即签署肯定意见。如计划总金额在预算内直接递送财务部，否则报主管副总审批 [1]。

5.5 每月3日财务部经理根据年度预算判断审批同意的月采购计划是否在预算内，在

---

[1] 计划总金额如超预算，主管副总可在一定时间期限内根据实际情况审批月采购计划，同意后递送财务部；如不同意则组织各部门协调，重新调整编制月采购计划。

预算内签署意见递回采购部，否则报主管财务副总 [1] 审批。

5.6 每月5日计划员收到财务部经理或主管财务副总审批下达的月采购计划去除价格因素，分别下发采购员、需求部门、储运部门，进口物资采购计划每月3日前报实业采购部。

制度 采购计划管理制度

第1章 总 则

第1条 目的。

为加强采购计划的管理，保证公司各部门的采购工作按时、按质的完成，确保公司生产经营活动顺利有序地进行，特制定本制度。

第2条 适用范围。

本制度适用于公司所有物资采购计划的执行和管理工作。

第3条 职责划分。

1. 采购部负责组织编制年度、季度、月度采购计划，并严格监督与控制其执行情况。

2. 公司总经理负责审批采购计划。

第2章 采购计划的编制与审批

第4条 采购计划的编制依据。

采购计划人员制订采购计划时，应考虑经营计划、需求部门的采购申请、年度采购预算、库存状况和公司现金流状况等相关因素。

第5条 采购计划的编制步骤。

1. 明确公司经营计划。

（1）采购计划人员需要明确掌握公司于每年年底制订的下一年度的经营计划。

（2）采购计划人员需掌握年度经营目标、客户订单意向、市场预测等资料，进行较准确的销售预测。

2. 明确公司生产计划和库存状况。

（1）采购部应及时掌握生产部制订的生产计划，以及生产部根据库存状况制订的物资需要计划。

（2）采购部应掌握各部门根据年度目标、经营计划和生产计划等预测的各种消耗物资的需求量。

[1] 主管财务副总根据资金状况和实际需求审核超预算计划，同意后转回采购部，否则与主管副总组织各需求部门协调，重新调整编制月采购计划。

3. 编制采购计划。

采购部需要汇总各个物资的需求和请购单据等，据此编制采购计划并上报采购经理、采购总监、总经理审批。

第 6 条 采购计划的审批。

采购计划由采购部根据审批后的"采购申请单"制订。相关人员在授权范围内对各类采购计划精心审查和批准后，将采购计划报送财务部审核。采购计划审核的主要内容如下：

1. 采购计划是否符合企业的生产经营计划。

2. 采购目的是否合理、得当，采购的物资是否遵循成本最优的原则。

3. 物资消耗定额、物资采购批量是否准确，库存储备量是否存在过高或过低的现象。

4. 采购计划表中的内容是否符合规定要求。

第 3 章 采购计划的执行与调整

第 7 条 采购计划的执行。

1. 采购计划的分解。采购经理将审批后的采购计划按照时间和职位进行分解。

2. 采购任务的下达。对采购计划进行分解后，采购经理需要将采购任务分配到各个岗位并落实责任，向采购人员说明采购的品种、数量、价格、期限和供应商的情况等内容。

3. 采购任务的执行。采购部负责做好采购过程中采购数量和交货情况等信息的记录，采购计划总监对采购部执行计划的过程进行监督。

第 8 条 采购计划的变更管理。

1. 若计划执行过程中出现异常问题，采购部应对计划做出调整。

2. 对于已经审批的采购物资，请购部门如果需要变更物资的规格、数量或撤销采购申请，必须立即通知采购部，以便采购部及时根据实际情况变更采购计划。

第 9 条 采购计划的增补管理。

1. 各需求部门在发现采购物资不能满足业务需要时，应编制"增补需求计划申请表"。

2. 采购部需编制相关的说明文件，说明增补物资需求的原因以及已采购物资的使用状况，附在"增补需求计划申请表"后。

3. 申请表经需求部门经理审批签字后，递交采购部。

4. 如果增补需求的申请符合公司的相关规定，则采购计划人员应着手编制采购计划增补方案；如果增补需求的申请不规范或申请原因不充分，采购部有权驳回相关部门的申请。

5. 采购计划增补方案经采购总监、财务部、总经理分别审批通过后，便可作为增补采购计划的依据。

6. 增补采购计划制订完成后，采购部应将其发送至需求部门，作为采购增补实施的依据。

第 4 章 附 则

第 10 条 本制度由采购部制定与解释。

第 11 条 本制度报总经理办公室会审批批准后，自颁布之日起执行。

制度 大宗原材料采购计划管理办法

1　目　的

规范公司原材料采购计划的编制、申报、审批，提高原材料采购计划的准确率。以便有效地实施招投标和计算机管理，确保设备的正常运行和各类工程项目的顺利运行，规范领用程序，减少资金占用，特制定本办法。

2　适用范围

本办法适用于公司各分厂的原料、辅料采购计划的管理。

3　管理职责

3.1　使用部门

3.1.1　使用原料、辅料的专业工程师是计划工作的管理者，公司各分厂的主管部门负责审核。

3.1.2　参与本单位库存量的控制。

3.1.3　参与采购资金价格管理。

3.2　采购部门

3.2.1　负责确定各类计划的仓储方式（库存、代储代销、零库存）。

3.2.2　执行各类采购计划，负责计划价格的控制。

4　计划管理

4.1　计划分类

4.1.1　材料类别。

（1）原料：指公司各分厂所使用的铁水、铁合金、萤石、废钢、切头、冷条、钢渣等。

（2）耐火材料：指公司使用的镁碳砖、钢包砖、中包涂料、水口、塞棒、连铸保护渣等。

（3）辅助材料：包括钢材类、有色材、建材类、木材类、电线电缆类、二类机电、电器元件、交电、工具、小五金、水暖配件、标准件、阀门、输送带、橡胶管、三角带、化工、油漆、化学、玻璃器皿、密封材料、杂料、金属软管、劳保用品等。

（4）能源材料：指公司各分厂所使用的水、氧气、氩气、氮气、电、汽油、柴油。

（5）生产准备金：指公司各分厂满足生产正常运转所需预留的资金。

4.1.2　年计划。

（1）年计划范围。

a.每年都消耗且批量大的、短期不变的原材料。

b.通用、标准的原材料。

（2）年计划申报时间：每年 8 月 20 日～ 9 月 25 日。

（3）年计划执行情况。

a.原则上年计划均进行招投标。

b.年计划中要求分期、分批到的要写清楚。

（4）年计划的审批、编制、审核必须由作业区专业技术员、生产分厂主任工程师、主管厂长、生产技术部、股份公司领导签字，并加盖公章。

4.1.3 月计划。

（1）采购周期：严格按公司制定的采购周期表中的时间申报月计划。

（2）审批：严格按公司统一表格中设置的栏目签字、审核。

4.1.4 临时计划。

凡在年计划、月计划中未申报的计划均为临时计划，临时计划的采购周期为一年。

4.2 紧急计划管理

4.2.1 由于特殊原因如生产计划变更、突发性事故等，造成原材料采购计划变更或需要紧急采购物资，可先电话通知公司供应部，由生产分厂先到供应部门领用，但在两天内必须按计划申报程序补报原材料采购计划，报公司供应部计划管理人员。

4.2.2 需到厂家紧急采购的物资，生产分厂可根据以前物资使用情况，电话通知公司供应部计划管理人员物资需求的名称、规格型号、数量、技术要求、推荐的厂家等，由供应部组织协调紧急采购，但在电话通知两天内必须补报申请计划给供应部。

4.2.3 公司供应部根据采购物资的数量及价格，编制紧急物资采购资金需求计划，报公司主管领导审批。

4.3 计划申报要求

4.3.1 计划的填报必须按公司统一的表格申报，要求写清物资名称、规格型号、技术要求、单位、申请数量、交货日期等，以上各项必须填写齐全。

4.3.2 所报计划、原材料耗材与备品备件计划严格分离。

4.3.3 通用辅助材料应提前 20 天申报；耐火材料应至少提前 45 天申报；特殊要求的、非标准需专门定购的材料应提前 3 个月申报；特殊用途的合金、专用润滑油、脂类材料应提前 30 天申报。

4.3.4 在申报计划中，由于规格型号不清楚或规格型号错误等造成的损失及失误一律由申报单位负责。

4.4 计划编制

4.4.1 需求申请计划采用统一申报、逐级审查，各使用单位根据生产计划和消耗指标，编制需求申请计划，由本单位主管领导审批，并加盖公章后，报供应部签收。

4.4.2 临时生产。抢修的紧急计划可申报临时计划，申报临时计划上应注明"紧急件"字样，报公司供应部计划管理人员签收。

4.5 采购计划的变更、修改

4.5.1 已申报的计划需变更，要提出变更计划，格式、内容与需求申请计划一致，计划上要注明"变更"字样。

4.5.2 采购部门按用料单位变更计划后，应立即采取措施，材料未采购或分承包方同意变更，给予变更；若已采购或合同已签，分承包方不同意变更则不能变更，后果由材料计划申报单位自负。

范表 物料需求计划表

类别：　　　　　　　　　　　　　　　　　　　填写日期：　年　月　日

物料名称						
规　格						
物料编号						
各月份需求量	1 月					
	2 月					
	3 月					
	4 月					
	5 月					
	6 月					
	7 月					
	8 月					
	9 月					
	10 月					
	11 月					
	12 月					
合　计						
已有库存量						
安全库存量						
进料计划	1 月					
	2 月					
	3 月					
	4 月					
	5 月					
	6 月					
	7 月					
	8 月					
	9 月					
	10 月					
	11 月					
	12 月					
交货期(天)						

范表 订单采购计划表

序号	公司名称	采购计划日期	订单明细											核对人员	备注
			订单编号	品名	型号规格	生产单号	制造令号	使用部门	接单日期	预订量	库存量	预算金额	接单人员	经办人员		
		年　月　日										元				
		年　月　日										元				
		年　月　日										元				
		年　月　日										元				
		年　月　日										元				
		年　月　日										元				
		年　月　日										元				
		年　月　日										元				
		年　月　日										元				
		年　月　日										元				
		年　月　日										元				
		年　月　日										元				

制表：　　　　　审核：　　　　　主管签字：

范表 采购年度降价计划表

日期：　　　批准：　　　审核：　　　制成：

No.	年度降价目标	实施方案	担当	效果	1月	2月	3月	4月	5月	6月	7月	8月	9月	10月	11月	12月	达成率
1				目标													
				实际													
				评价													
2				目标													
				实际													
				评价													

范表 采购计划变更审批表

采购部门（盖章）：	
采购项目	
采购预算	
采购变更事由	1. 采购数量□
	2. 采购方式□
	3. 采购预算□
	4. 变更采购计划□
	5. 其他□　　请注明：
变更事由及方案	
相关部门	
采购办审核	
经办人：	年　　月　　日

范表 计划外采购申请表

申　请　人		申请部门		申请日期	
订　单　号					
计划变更类型		□增补计划　　□调整配置　　□其他			
计划外采购具体描述 （如不够填写可另加 附件详细说明）	采购原因				
	名称、代号、数量				
	备　　　注				
申请部门负责人意见	负责人签字：　　　　年　月　日（公章）				
财务部审核意见	负责人签字：　　　　年　月　日（公章）				
总经理审核意见	负责人签字：　　　　年　月　日（公章）				

范表 采购开发周期表

编号：					修订日期：		
部门：					编制日期：		
项 次	品 名	规格品采购周期	正常品采购周期	新产品采购周期	最少采购数量	备 注	
说明事项	1. 规格品：指供应厂商备有该项零配件及物料的备用品，此项规格品须事先恰询厂商，确认有备用品后可依据规格品采购周期进行采购。 2. 正常品：指供应厂商未备有该项零配件及物料的备用品，此项正常品须依正常品采购周期进行采购。 3. 新产品：指供应厂商未备有该项零配件及物料的规格品、正常品，此项新产品须依据新产品开发周期进行采购。						
编制：	审核：		批准：		表单编号：		

更多模板

季度采购计划表	物料存量管制卡
年度采购计划表	项目采购计划表
物料采购数量计划表	月度采购计划表

3.2　采购预算管理

采购预算是指采购部门在一定计划期间（年度、季度或月度）编制的材料采购的用款计划。合理的采购预算能为企业节省很多不必要的开支，同时控制没有名目的花销，这样就大大地降低了采购的风险。

● **采购预算的流程**

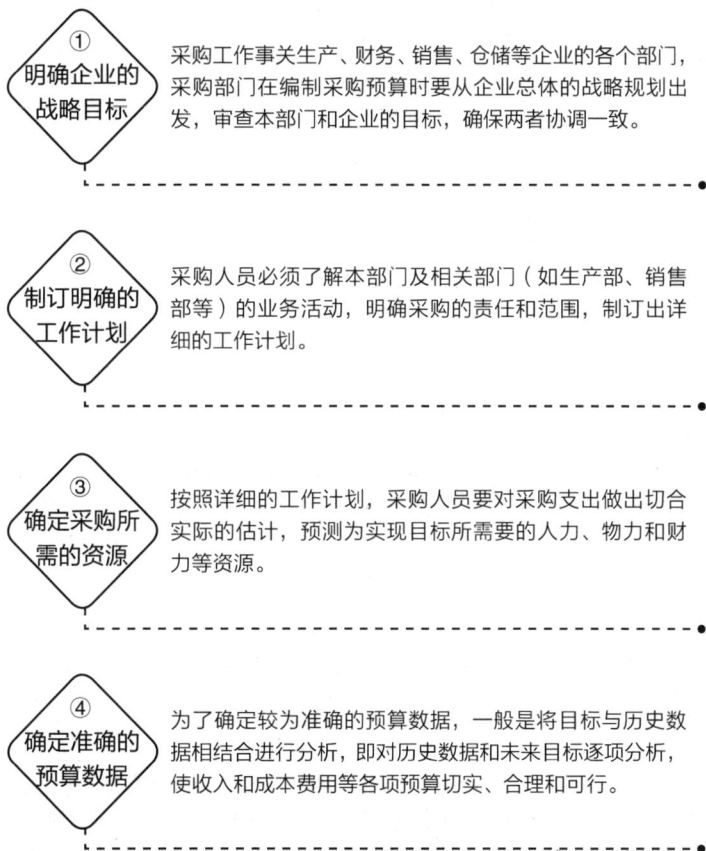

①
明确企业的
战略目标
采购工作事关生产、财务、销售、仓储等企业的各个部门，采购部门在编制采购预算时要从企业总体的战略规划出发，审查本部门和企业的目标，确保两者协调一致。

②
制订明确的
工作计划
采购人员必须了解本部门及相关部门（如生产部、销售部等）的业务活动，明确采购的责任和范围，制订出详细的工作计划。

③
确定采购所
需的资源
按照详细的工作计划，采购人员要对采购支出做出切合实际的估计，预测为实现目标所需要的人力、物力和财力等资源。

④
确定准确的
预算数据
为了确定较为准确的预算数据，一般是将目标与历史数据相结合进行分析，即对历史数据和未来目标逐项分析，使收入和成本费用等各项预算切实、合理和可行。

⑤
汇总编制总预算

财务部对各部门预算草案进行审核、归集、调整，汇总编制总预算。

⑥
修改完善采购预算

该过程包括确定预算偏差范围、计算偏差值和调整不当预算这3项内容。其一，预算与实际多少会有差异，因此，企业必须根据实际情况选定一个偏差范围。偏差范围的确定可以根据行业平均水平，也可以根据企业的经验数据。其二，定期比较采购实际支出和采购预算支出的差距，计算预算偏差值。其三，若预算偏差值达到或超过了容许的范围，需要分析原因，提出修改建议。

⑦
提交采购预算

编制好的采购预算应该提交给企业负责人批准，批准后方可执行。

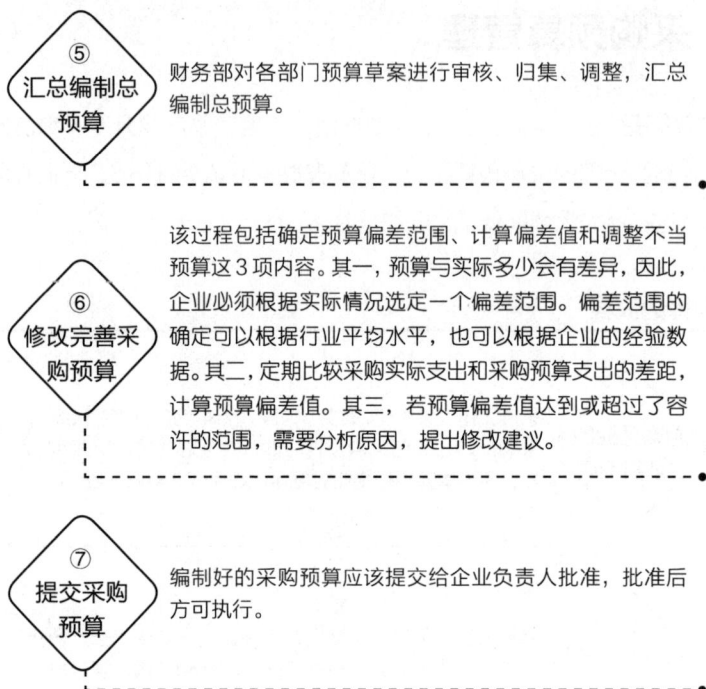

● 采购预算四大要素

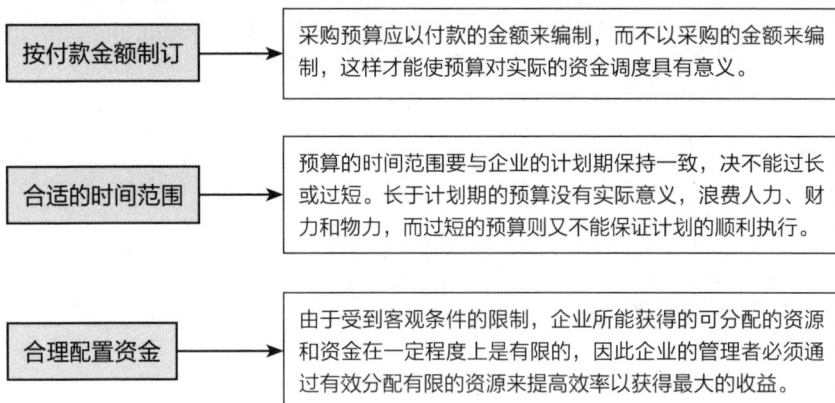

按付款金额制订

采购预算应以付款的金额来编制，而不以采购的金额来编制，这样才能使预算对实际的资金调度具有意义。

合适的时间范围

预算的时间范围要与企业的计划期保持一致，决不能过长或过短。长于计划期的预算没有实际意义，浪费人力、财力和物力，而过短的预算则又不能保证计划的顺利执行。

合理配置资金

由于受到客观条件的限制，企业所能获得的可分配的资源和资金在一定程度上是有限的，因此企业的管理者必须通过有效分配有限的资源来提高效率以获得最大的收益。

建立资金使用标准 → 预先设定资金的使用标准，能提高项目资金的使用效率，对采购过程中资金的使用情况随时进行检测和控制，从而有效控制资金的流向和流量，确保资金的使用额度在合理的范围内浮动。

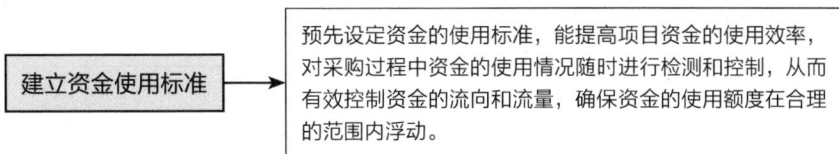

● 采购预算管理的注意事项

① 编制预算前要进行深入的市场调研，广泛收集相关信息，对采购价格、产品市场供求状况、费用限额等有所了解。然后对有关信息进行加工整理以便参考。这样预算指标富有弹性，能灵活应对市场的变化。

② 将预算指标建立在未定而又合理的假定因素上，以利于采购预算编制工作的顺利进行。

③ 每项预算应尽量具体化、数量化，每一项采购都要写出具体的数量和价格。这样做既有利于对预算编制的准确性进行审核，又有利于采购部门发现可节约开支的环节。

④ 鼓励有关部门积极参与和配合采购预算编制工作，因为采购预算涉及企业生产的整体预测，如果由采购部门单独编制，会缺乏实际的应用价值。因此，采购预算的编制需要其他部门的配合，这样有利于各部门的沟通，有利于提高采购预算的科学性和可行性。

拓展知识 制订采购预算的参考数据

预算编制中的一个难点是某些不确定因素，为此，一方面需要对历史数据进行充分分析，另一方面要对未来的判断设定合理的假定。需要参考的数据有：①存量管理卡及用料清单；②商定的库存水平和目前的交货周期；③相关期间的生产进度、生产效率；④主要原料和零部件的长期价格趋势；⑤物料标准成本的设定。

制度 采购预算管理办法

第 1 章 总 则

第 1 条 目的

为了提高资金的利用率,有效地降低采购成本,特制定本办法。

第 2 条 适用范围

本办法适用于本企业内部采购部门的日常采购活动。

第 3 条 职责划分

采购部负责组织编制年度、季度、月度采购预算,并严格监督与控制其执行情况。

第 2 章 采购预算的编制

第 4 条 形成采购需求

采购员参与生产计划的制订和变动调整工作,形成物资需求计划。

第 5 条 编制月度采购预算

采购员每月 1 日根据以下资料,结合采购预算结果、月底物资库存量、安全库存量和采购提前期等因素,编制月度采购预算。

1. 各需求部门递交的采购计划申请书。

2. 阅读材料、备件、固定资产需求计划。

3. 仓储部门递交的月度存货收发存报表。

4. 物资需求计划等。

第 6 条 提交月度采购预算

采购员根据历史交易价格和供应商提供的到货信息,在月度采购预算表上填制价格信息和预计到货日期后,提交正式的月度采购预算,经采购经理审核确认后,提交总经理审批。

第 7 条 预算审批控制

对于预算计划内外的采购,必须先经采购经理、总经理、董事长审批后,再送至财务部进行核准并划拨款项,然后由采购部进行具体实施。

第 3 章 采购预算的执行

第 8 条 采购预算执行方式的选择

采购部应根据采购物资的使用情况、需求情况、采购频率和价格稳定性等情况选择最佳采购方式。

第 9 条 采购预算执行的要求

在采购预算执行过程中,必须遵循以下 3 项要求,在保证采购质量的同时控制采购支出。

1. 采购人员必须对供应商的产品质量、性能报价、交货期限和售后服务等做出评价,以供选择时参考。

2. 采购时必须以合理的价格取得较高质量的物资。

3. 采购人员须按照使用部门的需要日期和数量联络供应商及时供应,降低公司的缺货成本。

第 10 条　采购预算执行

1. 对于经核定的分期采购预算，当期未动用的，不得保留；如确有需要，下期补办相关手续。

2. 对于未列入预算的紧急采购，由使用部门领用后，追加补办相关手续。

3. 采购预算由使用部门严格执行，其他部门予以监督。

第 4 章　采购预算的调整

第 11 条　采购预算需要调整的情况

当发生下列 5 种情况之一时，需要对采购预算进行调整。

1. 企业经营方向发生变更。

2. 企业内部发生重大政策调整。

3. 发生重大政治、经济事件或宏观政策的调整。

4. 市场经营形式发生重大变化，导致企业需要调整。

5. 受重大自然灾害的影响。

第 5 章　采购预算的评价

第 12 条　采购预算的调整要求

采购预算调整审批程序与采购预算编制的审批程序一致，不得更改。

第 13 条　编制采购预算工作总结

采购经理应在采购预算执行后对采购预算执行工作进行总结，并提交总经理审核。

第 14 条　采购预算执行情况分析评价

采购经理应该通过对采购预算工作总结的分析研究，结合对采购过程的监督和检查情况，并参考总经理和其他相关部门意见，对采购预算执行情况做出评价。

第 15 条　采购预算执行改进

采购部应根据采购经理反馈的评价结果制订相应的采购执行改进方案，并提交采购经理、总经理审批，经批准后执行改进。

制度 预算授权审批制度

第 1 章　总　则

第 1 条　目的。

按照"权责分明、相互制约、相互监督"的原则，企业在实施预算控制时必须明确预算审批机构、预算制定机构和预算执行机构，并按照岗位分工控制的原则，赋予上述机构及有关部门在预算控制中的相应职责和权限。基于此目的，特制定本制度。

第 2 条　责任单位。

1. 企业预算审批机构——股东大会。

2. 企业预算制定机构——董事会。

3. 企业预算管理机构——预算委员会。

4. 企业预算支持机构——财务部。

5. 企业预算执行机构——各部门/分公司/分支机构。

第 2 章　预算编制的授权审批

第 3 条　预算目标制订和形成。

1. 预算委员会根据企业发展战略和经营目标，拟定预算目标和政策，报董事会和股东大会进行审批。

2. 预算委员会将批准的预算目标下达到企业各部门和各分、子公司。

第 4 条　部门预算编制上报。

企业各部门按照下达的财务预算目标和政策，结合自身实际情况，编制本部门详细的预算方案，并按规定时间上报预算委员会。

第 5 条　审查平衡。

预算委员会对各部门上报的预算方案进行审查、汇总和平衡。在审查过程中，应当进行充分协调，对发现的问题提出调整意见，并反馈给各部门予以修改。

第 6 条　审议批准。

预算委员会在各部门修正调整的基础上重新汇总各部门预算方案，编制企业预算方案，上报董事会审核，股东大会审批，形成企业正式的年度预算方案。

第 3 章　预算执行中的授权审批

第 7 条　企业预算审批、分解与下达。

企业预算经过股东大会批准后，在各责任中心间进行分解、下达，各部门/分公司/分支机构为企业预算的责任单位。

第 8 条　各项业务预算的执行。

各责任单位按照预算责任分解情况分别承担业务预算、费用预算及资金预算等各类预算的执行职能。

第 9 条　财务支出的审批。

1. 预算内资金支出实行责任人限额审批；限额以上资金支出实行总裁审批。

2. 预算外支出需提交预算委员会审议，董事会和股东大会审批。

第 4 章　预算调整中的授权审批

第 10 条　预算调整申请。

企业各部门/分公司/分支机构在预算执行过程中出现以下情况时，可提出预算更改及修订申请。

1. 预算执行的差异率超出预算差异的可容忍范围，并分析合理，则需进行修订。

2. 发生不可预见的情况（特别是市场行情的意外变化），并对预算执行有重大影响，则需在发生当期及时修订预算。

第 11 条　申请审批。

1. 预算委员会汇总各单位提交的预算调整申请，编制预算变更对照表，并说明总变更数对企业目标的影响程度，提交董事会审议，最终由股东大会审批。

2. 预算委员会根据审批意见对预算调整方案进行平衡协调，形成新的预算调整方案。

3. 预算委员会将新的预算调整方案下达到各单位，各单位执行新预算。

第 5 章　预算分析与考核的授权审批

第 12 条　企业各部门／分公司／分支机构定期编制预算执行情况报告，上交预算委员会。

第 13 条　财务部对各单位提交的预算执行情况报告进行分析，然后编制总体预算执行情况分析报告。

第 14 条　预算委员会根据分析结果，编制各责任中心的奖惩方案，交董事会审批。

第 15 条　根据审批的奖惩方案，及时对各责任中心进行奖惩，以便调动部门及相关人员的积极性。

第 6 章　附　　则

第 16 条　预算委员会负责对本制度进行解释和修改。

第 17 条　本制度自颁布之日起执行。

制度 预算执行控制制度

第 1 章　总　　则

第 1 条　目的。

为确保部门的各项预算执行到位，维护部门预算管理的严肃性，杜绝预算执行过程中的违规行为，特制定本制度。

第 2 条　预算执行机构及职责。

1. 本部门是预算的执行机构和责任主体。

2. 实际经营活动必须严格执行分解后的各项预算标准。

3. 预算执行的直接责任人是各责任主体的负责人。

第 3 条　预算执行控制权限。

预算执行控制权限的划分具体如下：

1. 预算执行机构责任人对各项支出预算进行实质性审查，并在授权范围内独立决策。

2. 财务部对预算执行机构的各项支出进行有效性审核，并将相关结果反馈给执行机构责任人。

第 4 条　预算执行责任划分。

具体责任划分如下：

1. 财务科：现金预算、财务费用预算。

2. 办公室：管理费用，政府采购。

第 2 章　预算执行事项的申请和批复

第 5 条　预算事项的申请。

对于预算事项的申请，须编制预算事项申请书。申请书内容如下：

1. 预算事项的活动和金额。

2. 预算事项在预算书和工作计划报告书中的相应编号或类别名称。

3. 预算事项预计进行的时间以及提出申请的责任部门或责任人、经办部门或经办人等。

第 6 条　财务部、办公室在各自的权限范围内履行各类预算事项申请的核查和批准权。

第 3 章　预算执行结果控制

第 7 条　建立预算执行台账。

1. 各部门均建立预算执行统计台账，并由专人负责统计，及时登记，每日总结，并主动与财务对账，做到日清日结。

2. 台账要按照预算的具体项目详细记录预算数量、金额、实际发生数、差异数、累计预算数、累计实际发生数、累计差异以及差异说明等。

第 8 条　签订各级预算执行责任书，确保预算执行到位。

1. 责任书的体系。

（1）单位负责人与各科室主管签订部门的总体预算执行责任书。

（2）单位负责人与其直接下级预算单位的负责人签订各单位或部门的预算责任书。

（3）各基本预算单位的负责人与有关管理人员签订执行责任书。

2. 预算责任书的内容包括主要的预算指标、完成要求、奖惩措施，责任书附件包括经批准的预算文件、完成预算的具体措施等。

第 9 条　预算执行情况总结和反馈。

1. 单位建立信息反馈系统，对各部门执行预算的情况进行跟踪监控，不断调整执行偏差，确保预算目标的实现。

2. 在预算执行过程中各级预算单位应定期召开预算例会，对照预算指标及时总结预算执行情况、计算差异、分析原因、提出改进措施，同时确定下期的工作重点。预算例会按照召开的频度应当形成不同形式的预算反馈表。

3. 将本单位或本部门预算反馈表连同预算工作总结送交财务部。

4. 财务部每月按照部门编制预算执行表，比较实际与预算目标的差异，并进行差异分析，填写分析结论，作为预算委员会检查和考评预算执行情况的依据。

第 10 条　编制预算执行情况报告。

1. 各部门定期编制预算执行情况报告。编制频率为年度、半年度和季度。

2. 预算执行情况报告须遵循以下要求。

（1）各部门在进行分析时，应与上一年度同期进行对比分析。

（2）各部门在进行季度预算执行情况分析时，应进行下一季度预测。

（3）各部门在进行第二季度分析时，应对全年完成情况进行预测。

（4）第四季度需按月提交月度预算支出预测，分别在 9 月、10 月、11 月月底报送本月完成情况及下月的预算支出预测。

第 11 条 预算结余可以跨月度使用，但不能跨年度。

第 4 章 附 则

第 12 条 本制度由预算委员会负责制定、修订及解释工作。

第 13 条 本制度自颁布之日起执行。

‖‖

制度 预算执行责任制度

第 1 条 目的。

按照"权责分明、相互制约、相互监督"的原则，公司在实施预算控制时必须明确预算执行责任，并按照岗位分工控制的原则赋予有关部门在预算执行中的相应职责和权限。

第 2 条 预算执行机构及职责。

1. 集团所属各分、子公司及各部门是预算的执行机构和责任主体。

2. 实际经营活动必须严格执行分解后的各项预算标准。

3. 预算执行的直接责任人是各责任主体的负责人和各分、子公司负责人。

第 3 条 预算执行控制权限。

预算执行控制权限的划分具体如下所示。

1. 预算内行为。

（1）预算执行机构负责人对各项支出预算进行实质性审查，并在授权范围内独立决策。

（2）财务部对预算执行机构的各项支出进行有效性审核，并将相关结果反馈给执行机构负责人。

2. 预算外行为。

（1）总经理在授权范围内对预算外行为的合理性进行审定。

（2）预算委员会在授权范围内对预算外行为的合理性进行审定。

（3）董事会对未进行授权的重大预算外行为进行最终审批和决策。

第 4 条 预算执行责任划分。

具体责任划分如下所示。

1. 生产部。

主要预算责任对象为生产预算、直接材料预算、直接人工预算、制造费用预算、产品成本预算。

2. 销售部。

主要预算责任对象为毛利预算、销售费用预算。

3. 财务部。

主要预算责任对象为现金预算、财务费用预算。

4. 总经理、总经理办公室、各相关部门。

主要预算责任对象为管理费用预算。

5. 采购部。

主要预算责任对象为采购预算、资金周转、采购价格、期末库存预算。

第5条　建立预算执行台账。

1. 集团公司、下属分、子公司及各部门均需建立预算执行统计台账，并由专人负责统计，做到及时登记、每日总结并主动与财务对账，保证日清日结。

2. 台账中要按照预算的具体项目详细记录预算数量、金额、实际发生数、差异数、累计预算数、累计实际发生数、累计差异、差异说明等。

第6条　签订各级预算执行责任书，确保预算执行到位。

1. 责任书的体系。

（1）董事长与总经理签订集团的总体预算执行责任书。

（2）总经理与其直接下级预算单位的负责人签订各单位或部门的预算责任书。

（3）各基本预算单位的负责人与有关管理人员签订执行责任书。

2. 预算责任书的内容包括主要的预算指标、完成要求、奖惩措施，责任书附件包括经批准的预算文件、完成预算的具体措施等。

第7条　预算执行情况总结和反馈。

1. 公司建立信息反馈系统，对各分、子公司及各部门执行预算的情况进行跟踪监控，不断调整执行偏差，确保预算目标的实现。

2. 在预算执行过程中各级预算单位应定期召开预算例会，对照预算指标及时总结预算执行情况、计算差异、分析原因、提出改进措施，同时确定下期的工作重点。预算例会按照召开的频度应当形成不同形式的预算反馈表。

3. 将本单位或本部门预算反馈表连同预算工作总结送交财务部。

4. 财务部每月按照部门编制预算执行表比较实际与预算目标的差异，并进行差异分析，填写分析结论，以此作为预算委员会检查和考评预算执行情况的依据。

第8条　本制度经董事会审批后生效，修改、废止时亦同。

范表 月度物资采购预算表

编制时间：　　　　　　　编制人：　　　　　　　单位：　元

期初应付账款金额			
本月计划支付前期货款金额			
本月计划支付总金额			本月计划采购总金额
			本月计划支付当期采购金额
第一周	第二周	第三周	第四周
计划采购金额	计划采购金额	计划采购金额	计划采购金额
计划支付前期货款	计划支付前期货款	计划支付前期货款	计划支付前期货款
计划支付本期采购金额	计划支付本期采购金额	计划支付本期采购金额	计划支付本期采购金额
合　计	合　计	合　计	合　计
董事长		生产部总经理	
财务总监		采购总监	

范表 采购现金预算表

类别	预计期初资金占用	本期预增采购资金				预计耗用量	预计期末资金占用
		上旬	中旬	下旬	合计		
原材料							
包装物							
备损件							
其他物料							
合计							

范表 办公用品采购预算表

部门			采购负责人		物品用途		申请时间：　年　月　日
			联系方式		采购时间		
序号	办公用品名称	数量	单位	单价	总价	备注	
预算共计							

范表 采购预算变更申请表

填报部门：		单位：	万元	填报日期：	年　月　日
变更类别		□预算调整	□预算增加	□预算追减	
预算科目	细项说明	原核定预算	拟核定预算	拟变更内容	调整幅度
预算变更原因					
采购经理审核					
财务部经理审核					
财务总监审核					

范表 辅助材料采购预算表

编制部门：　　　　　　　　　　　预算期间：　　　　　　　　　　　　单位：元

物品名称及规格	单位	单价	生产需用量	本月末计划库存量	上月末库存量	预计采购量	预计采购金额	预计本期支付采购资金				
								预计支付前次货款	预计本期货款	上旬	中旬	下旬
合计												

审批人：　　　　　　　　　　　　　　　　　　　　　制表人：

范表 采购预算调整申请单

申请部门		申请项目	
申请日期		转出项目	
调整性质	调整□　追加□　新增□	调整金额	

申请理由：（基于市场、环境的变动需求提出调整申请，若理由合理且充分，预算调整就是必需的；若证据不充分，或逻辑不成立，不得调整预算）

1. 相对于年初做预算时外部因素是如何变化的？

2. 外部因素变动是如何影响相关业务的？影响程度如何？

3. 预算调整或增加是不是实现组织目标所必需的？是否有利于目标？

申请人：　　　　　　　　部门负责人：

财务（预算）经理意见：　　　　　　　　预算考核提议：
（基于市场或环境的变动需求、组织目标的影响） 　　　　　　　　　　　　　　签名：　　　　　　日期：　年　月　日
财务总监审核：　　　　　　　　　　预算考核审批：
（基于市场或环境的变动需求、组织目标的影响、公司财务承受能力及预算管理评估） 　　　　　　　　　　　　　　签名：　　　　　　日期：　年　月　日
总经理审批：   　　　　　　　　　　　　　　签名：　　　　　　日期：　年　月　日

范表 年度采购预算汇总表

编号：										日期：　年　月　日		
年度预算总额												
季度预算	第一季度			第二季度			第三季度			第四季度		备注
采购项目	1月	2月	3月	4月	5月	6月	7月	8月	9月	10月	11月	12月	累计
物资 A												
物资 B												
物资 C												
物资 D												
物资 E												
物资 F												
物资 G												
物资 H												
填表人：					采购经理：							

更多模板

预算调整与预算追加管理办法　　　　　直接材料预算表

采购预算考核通知单　　　　　　　　　采购预算与实际合同数据对比表

公司物资采购预算表

第❹章

采购价格与成本管理制度与范表

采购价格是影响企业采购总成本的重要因素，在开展采购活动时应以恰当合理为原则，不必追求低价，也不能接受过高的价格增加企业负担，应该结合各种因素得到科学合理的结果。

● 采购价格管理   P098

制度：采购价格管理制度   范表：询价供应商名录
制度：采购询价规定   范表：询价单
制度：采购比价奖罚规范   范表：采购询价记录表
制度：采购价格评审办法   范表：议价比价记录表
范表：价格审批单   范表：供应商产品直接比价表
范表：采购价格调查表   范表：价格变动原因报告表
范表：采购底价单   范表：比价单
范表：报价单

● 采购成本控制   P120

制度：采购成本管理制度   范表：采购成本预算表（季度）
制度：采购成本控制办法   范表：采购库存分析表
范表：采购支出登记台账   范表：塑胶制品成本分析表
范表：采购成本分析表   范表：冲压制品成本分析表

4.1 采购价格管理

企业在实际采购中，可能难以按照预算价格与供应商成交，为了不让采购成本增加，采购部应该围绕采购预算进行价格管理，用询价、议价等方式达到理想的效果。在进行价格管理时，采购人员要注意哪些技巧呢？

● 采购价格种类

价格种类	定 义
送达价	送达价指供应商的报价中包含负责将商品送达时，期间所发生的各项费用。在国际贸易中指到岸价加上运费（包括在出口厂商所在地至港口的运费）和货物抵达买方之前的一切运输保险费，以及其他进口关税、银行费用、利息以及报关费等
出厂价	出厂价指供应商的报价不包括运送费，只包含产品的成本和合理的利润，相对于送达价来说较低，这种情形通常出现在采购方拥有运输工具或供应商加计的运费偏高时
现金价	现金价指以现金或相等的方式支付货款，即"一手交钱，一手交货"。按零售行业的习惯，月初送货、月中付款或月底送货、下月中付款，即视同现金交易。现金价可使供应商免除交易风险，企业亦享受现金折扣，在日常交易中并不多见
期票价	期票价指企业以期票或延期付款的方式来采购商品。通常企业会加计延迟付款期间的利息于售价中，如果卖方希望取得现金周转，会将加计的利息超过银行现行利率，以使购货方舍期票价取现金价
净 价	净价指供应商实际收到的货款，不再支付任何交易过程中的费用，这点在供应商的报价单条款中通常会写明
毛 价	毛价指供应商的报价，可因某些因素加以折让。例如，供应商会因为企业采购金额较大，而给予企业某一百分率的折扣
现货价	现货价指每次交易时由供需双方重新议定价格，若有签订买卖合约，在完成交易后即告终止。在企业众多的采购项目中，采用现货交易的方式最频繁，买卖双方按交易当时的行情进行价格洽谈，不必承担预约后价格可能发生的巨幅波动风险

续上表

价格种类	定义
合约价	合约价指买卖双方按照事先议定的价格进行交易，合约价格涵盖的期间依契约而定，短的几个月，长的一两年。由于价格议定在先，经常造成与时价或现货价的差异，让买卖双方发生利害冲突。因此，合约价必须有客观的计价方式或定期修订，才能维持公平、长久的买卖关系
实　价	实价指企业实际支付的价格。特别是供应商为了达到促销的目的，经常提供各种优惠的条件给采购方，如数量折扣、免息延期付款、免费运送等，这些优惠都会使企业的实际采购价格降低

● 询价注意事项

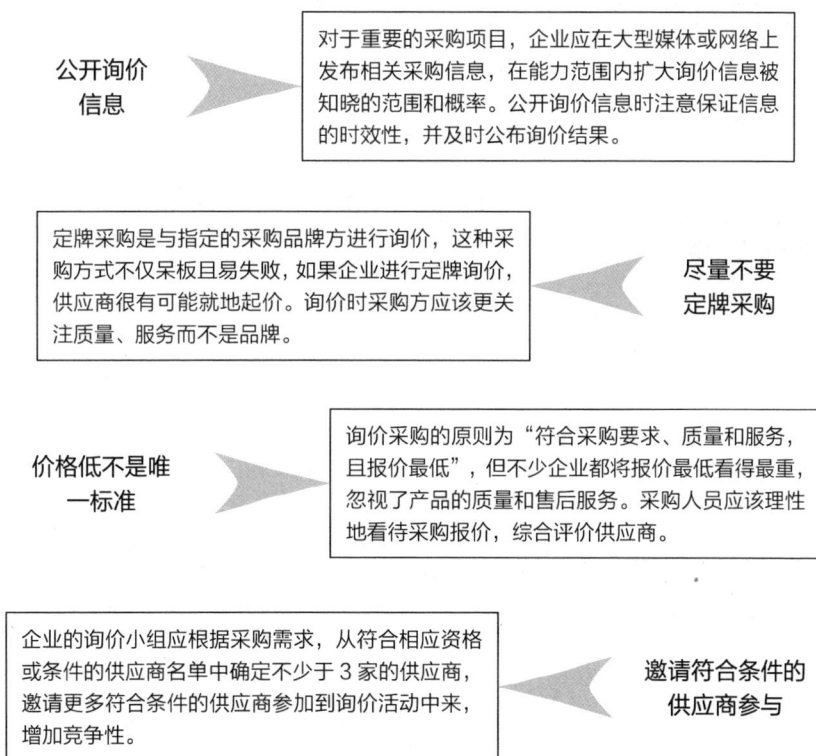

公开询价信息　　对于重要的采购项目，企业应在大型媒体或网络上发布相关采购信息，在能力范围内扩大询价信息被知晓的范围和概率。公开询价信息时注意保证信息的时效性，并及时公布询价结果。

尽量不要定牌采购　　定牌采购是与指定的采购品牌方进行询价，这种采购方式不仅呆板且易失败，如果企业进行定牌询价，供应商很有可能就地起价。询价时采购方应该更关注质量、服务而不是品牌。

价格低不是唯一标准　　询价采购的原则为"符合采购要求、质量和服务，且报价最低"，但不少企业都将报价最低看得最重，忽视了产品的质量和售后服务。采购人员应该理性地看待采购报价，综合评价供应商。

邀请符合条件的供应商参与　　企业的询价小组应根据采购需求，从符合相应资格或条件的供应商名单中确定不少于 3 家的供应商，邀请更多符合条件的供应商参加到询价活动中来，增加竞争性。

丰富询价
方式 ➤ 很多时候由于地域限制，导致其他城市的供应商无法参与进来，这时采购方就要丰富询价方式，发展更多便捷的询价方式，比如，网上询价、传真报价和电话询价等。

● **采购询价的技巧**

熟记品名和料号 ➤ 品名和料号就像采购材料的"身份证"，所以一定要正确无误，有些大型企业的料号多达 10 多个，其中还夹杂着数字和英文字母，采购时要避免出现混淆，否则会影响询价工作的开展。

采购需求量准确 ➤ 采购需求量的多少有时会直接影响采购定价，如果采购需求量大，供应商在报价时会给予一定折扣，采购人员一定要确定采购计划量，尽量综合汇总得到合理的采购量。但不能夸大需求量，这样在后期合作时，可以从采购量入手争取更多优惠。

给出最低采购价格 ➤ 为了不让企业处于被动中，也为了留有讨价还价的空间，企业可以先给出采购的最低计划价格，然后再与供应商往来商议，既让企业控制好采购成本，也使供应商有利可图，达成双赢的结果。

定价格区间 ➤ 在供应商较多的时候，采购人员可以划定价格区间以及采购要求，筛选掉报价过高，不符合要求的供应商，这样可更加快速又精准地找到合适的供应商。

直接核价 ➤ 凡是属于合约采购项目的，企业采购部门可依据合约价格直接核价，不需要另外组织供应商参与会议并进行询价。

拓展知识 供应商价格折扣方式

　　要想拿到供应商的折扣，有两种方式，一般供应商会给采购方一定的数量折扣和现金折扣。所谓数量折扣就是当采购方的购买量达到一定数量时，供应商给予一定的价格优惠，比如9.5折、9折等。不过有的供应商有最少订购量的要求，采购方的每次购买量必须多于这个数量。

　　现金折扣是供应商针对采购方在付款方面所采取的一种手段，事实上大部分供应商为了货款及时回笼都希望采购者获得现金折扣。有的时候采购愿意30天月结，供应商会给出合理的利润，如果客户现金充足愿意现款提货，供应商还会再让利一部分；而如果客户要求月结60天甚至更久，那么供应商的报价就会变得更高。一般来说，争取供应商在通常情况下给予的现金折扣是采购人员的责任，所以企业采购部要积极与各部门合作，打通物料进厂检验流程和钱款出厂流程。

制度 采购价格管理制度

　　1　总　则

　　1.1　目的

　　为规范集团范围内的采购行为和采购价格审核管理，建立健全集团采购运行机制，提高集团采购效益，维护集团的合法权益，特制定本制度。

　　1.2　适用范围

　　本规定适用于××有限公司及下属独资、合作、合资的子公司各项产品采购价格的分析、审核和确认，除另有规定外，均依照本制度执行。

　　1.3　管理职责

　　1.3.1　各公司采购部负责执行各项采购任务，开发、询价、议价，组织招标竞标及价格档案建立和申报。

　　1.3.2　集团供应链管理中心负责本规章制度的执行和检查，对执行情况负责。

　　2　价格数据库管理

　　2.1　各公司采购部负责建立基础数据

　　各公司采购部将现有常规产品信息（要求编码准确、名称规范、规格统一）、采购价格、供应商信息等资料汇总制成"采购价格档案"报集团供应链管理中心。

　　2.2　集团供应链管理中心负责审阅采购价格档案

　　集团供应链管理中心定期（每月）收集各公司采购价格、记录并更新采购价格档案，作为价格审核依据，报集团财务部归档。

　　2.3　采购价格原则上受保护

　　采购价格不可随意泄露给无关人员，包括供应商，避免议价受阻。归档的采购价格各公司采购部只有查阅权无修改权。

3　价格审核与审批

3.1　新价格审核审批

3.1.1　询价采购须提供至少 3 家供应商（至少有一家是新供应商）报价，单次采购额大于 50 万元或批量采购金额大于 100 万元/月的，采用招标方式进行采购，除非已签订长期或重复采购合同。

3.1.2　招标采购须依照"招标管理办法"执行，须提供 3（含）家以上标书、"综合评审意见表"及合格供方审批文件。

3.1.3　定向采购须提供该公司资格预审文件，采购产品唯一性供货渠道原因说明，报各公司总经理审批；单项或批量采购价格达到 100 万元（含）以上的定向采购项目，还须经过价格评价小组会签，集团分管副总审批；价格评价小组为临时性组织，成员原则上由各公司采购部经理、各公司副总/总经理、集团供应链管理中心采购管理主管及经理组成。

3.1.4　紧急采购价格审核须有相关紧急采购需求审批表，紧急采购期间价格上涨或者无比价议价原因说明，经各公司总经理审核后报集团供应链管理中心审批。

3.1.5　采购时应尽可能选择向制造商直接采购，或通过与制造商直接议价后，从制造商指定的代理商进行采购。

3.2　重复采购审核审批

3.2.1　集团供应链管理中心依据"采购价格档案"对每批次采购价格进行审批，原则上采购价格不能超过档案中的采购价格水平，否则按照新价格流程审批。

3.2.2　集团供应链管理中心审核采购价格不合格，有权对其进行否决，退回各公司采购部负责人重新议价，再次审核直至通过。

3.2.3　采购价格审批完成后，与供应商形成价格合同，合同有效期内价格不得调整和变更。

4　价格控制与管理

4.1　价格评估

4.1.1　各公司采购部负责人应充分进行市场调查，收集供应价格资讯、可替代品及同质同规格不同厂家价格资讯等，每月报集团供应链管理中心。

4.1.2　集团供应链管理中心根据定期收集的供应价格资讯，分析、评价现有的价格水平，并对归档的采购价格档案进行评价和更新。

4.1.3　采购价格分析与评价每半年/一年进行一次，由集团供应链管理中心组织价格评价小组实施。

4.2　涨价管理

4.2.1　当采购价格上涨时，各公司采购部负责人应充分了解涨价原因，进行价格信息搜集，查询替代品或新供应商资料，进行二次询价议价。

4.2.2　如临近涨价通知日期采购部仍未达到目标需紧急采购时，采购部须提供涨价原因说明文件及不少于 3 家供方报价和议价记录。

4.2.3　采购价格涨跌的审核，应参照新价格的审核流程执行。

4.3　价格控制策略

4.3.1　原则上询价采购的产品价格有效期不超过 6 个月，招标采购和定向采购的产品价格有效期不超过 12 个月。

4.3.2　当批次采购数量或频率增加超过 30% 时，各公司采购部负责人应与供应商进行重新议价，如议价结果不理想，则需寻找新供应商重新进行询价比价。

4.3.3　为确保供应商持续提供优质服务及合理价格，月度采购额大于 20 万元的采购，每年度须引进一家新供方参与询价。

4.3.4　旧产品价格到期或因产品市场行情变化较大，导致价格需重新核定，需重新按新价格流程审批，且提供"价格变动分析表"。

5　监督检查

集团供应链管理中心采购管理处应当加强对集团采购活动的监督检查。

5.1　对采购产品与供应商报价进行检查

集团供应链管理中心利用各种价格信息渠道和方式，了解和掌握各产品的市场行情，每季度对采购产品与供应商报价进行一次检查。

5.2　定期抽查采购计划实施情况

集团供应链管理中心定期抽查采购计划实施的执行情况及采购价格资料的上报情况。

5.3　实时关注采购合同履行情况

集团供应链管理中心实时关注采购合同的履行情况（含供应商关系处理情况）、采购工作效率、资金节约率情况。

5.4　对于违反价格管理规定给予绩效考核

对于违反价格管理制度，以及因未按价格管理制度执行而导致公司遭受损失的公司及个人，供应链管理中心视情节轻重在绩效考核中予以体现，严重时上报公司追究当事人法律责任。

6　附　　则

本制度由集团供应链管理中心负责编制、修订与解释，由集团行政部审核与发布，自颁布之日起生效。

制度　采购询价规定

1　目　　的

为规范公司采购工作，使采购工作顺利进行，有效控制采购成本价格，提高采购管理水平，特制定本规定。

2　适用范围

本规定适用于 20 000 元以上的物资采购活动。

3　权　　责

3.1　相关部门提出采购需求并提供相关使用用途、性能、规格、数量等标准的说明资料。

3.2 采购员负责落实采购的具体询价活动。

3.3 采购部主管负责询价结果的审核。

3.4 价格审核组（使用单位、采购负责人、采购主管、技术总工程师、董事长等）负责价格的核定。

3.5 董事长（总经理）最终批准价格并确定采购工作。

4 采购询价的工作要求及步骤

4.1 采购询价过程中，采购人员应明确以下相关内容。

①采购物资的名称、数量、规格型号。

②采购物资的质量要求。

③采购报价基础要求、付款条件、交期要求。

④采购物资包装要求、运送方式、交货方式与地点。

⑤采购人员与相关人员的姓名及联络方式、报价到期日、售后服务与保质期限要求。

4.2 采购询价的程序。

①相关部门提出采购需求及标准，并经部门主管批准后交至采购部。

②采购人员进行询价准备，收集相关资料，通过查阅供应商信息库和市场调查等方式掌握更多供应市场行情动态。

③采购人员根据市场调查与分析结果，选择符合条件的询价供应商名单。

④采购人员应在规定的询价截止日期前收集所有供应商报价。

⑤采购人员在截止报价后，汇总并整理所有报价，经过对比分析，编制"采购询价报告单"。

⑥由采购部主管递交价格审核组人手一份"采购询价报告单"，对其进行对比核定，规定时间内汇总每个人的对比核定价格意见，确定候选供应商。

⑦确定好候选供应商后，由董事长（总经理）对价格进行批准。

⑧董事长（总经理）审批的"采购询价报告单"由采购部负责归档，以备采购同类产品依据。

4.3 采购询价作业要求。

①对于非初次采购的物资，采购人员应在供应商库中查询原采购询价过的供应商，并直接列入"询价供应商名单"。

②采购询价过程中，属于需附图纸或规范的物资，采购人员询价时应附图纸或规范至询价供应商。

③采购询价中，采购人员应明确报价期限，确保采购作业的时效性与公平性，对于逾期报价的供应商一律不予受理。

4.4 "设备类"物资的询价过程中应至少注明（并写进正式合同条款）下列4项内容。

①供应商必须提供设备运转多少年以上的质量底线承诺，保修期间所需的各项备品备件应由供应商无偿提供。

②供应商必须列举保质期满后保养所需的"备品备件明细单"，包括品名、规格、单价、更换周期等，并注明备品备件价格的有效年限。

③供应商必须提供设备的装运条件及其体积与重量。

④设备安装、试运行条件。

制度 采购比价奖罚规范

为进一步理顺公司采购价格管理流程,降低公司的采购成本,提高公司各工厂的竞争力,特对采购询价、比价管理及人员奖惩做出以下规定。

一、比价运作程序

1. 采购前由采购人员询价,询价时要以同等技术标准填写比价单,要详细注明 3 家以上供方比价情况,包括供货时间、物资名称、规格、品牌、标准及供方名称、采购数量、单价、付款方式、运费金额及负担方式等。

2. 金属类物资原则上必须按重量单位采购,要明确规格、材质,如确实以米、个、支、根等计量单位采购金属物资,比价单上要标注实际重量,以便与入库过磅重量相比较。采购带有包装物的物资如包装物需返还供货方的,须在比价单中明确注明包装物由供方回收并通知车间。

3. 采购员提报在比价单上的客户必须是有效客户,严禁虚报。采购员在采购过程中可以通过其他渠道参考所购物资的价格,但对于没有把握的客户,严禁填写在比价单上。

4. 供货方只有一家的比价单须在采购说明中写明理由,对所采购的物资应货比三家,进行综合评价,杜绝采购中的“个人”行为。

5. 因技术或其他部门指定只有一家的[1],请在“采购说明”一栏中详细说明情况,凡外购物资外加包装费的,必须在比价单上标出费用金额。

6. 技术部门或其他部门指定采购的,只能指定品牌不得指定厂家;可指定多个品牌,多个厂家,不至于给采购部门的工作设置太多的权限。

7. 审计部在同等质量、同等技术要求下,如发现其他厂家供货价格低于比价单上最低价格的,可以另选厂家,并与所更换的客户及时签订合作承诺书。因审计部更换客户导致出现质量问题,由价格专员承担一定的责任。

8. 凡实施比价的物资在市场价格不变的情况下,其比价周期为 3 个月[2],超出比价周期的[3]重新采购,需将比价单传审计部备案。

9. 对于承接我公司业务的客户,采购员严禁向其他客户透漏客户的所有信息。

10. 采购物资需同时支付承兑汇票[4]与电汇[5]的,应同时提报承兑汇票价格与现款价格,不得只提报承兑汇票价格。

11. 对于大型物资及设备的采购,采购部门应在使用前 3 天将比价单传到审计部。

---

[1] 属按合同定点采购的,要提供合同复印件,无合同复印件的必须事先由集团总经理批准。

[2] 钢材及化工类价格波动较大的物资必须随时采购、随时比价。

[3] 单独订货期限超过 3 个月的物资以签订合同为准。

[4] 承兑汇票指办理过承兑手续的汇票。即在交易活动中,供应商为了向采购方索取货款而签发汇票,并经付款人在票面上注明承认到期付款的“承兑”字样及签章。付款人承兑以后成为汇票的承兑人。

[5] 电汇指通过电报办理汇兑,采购方将一定款项交存汇款银行,汇款银行通过电报或电话传给目的地的分行或代理行（汇入行）,指示汇入行向供应商支付一定金额。现逐渐由电子汇款取代。

12.采购部门必须按照比价单确定的供货单位安排采购，未经批准不得随意调户。在审计部门未确定供货单位及价格前，采购部门不得提前定价采购，否则因更换客户或价格变动所造成的一切后果均由经办人负责。

13.因维修或急用的物资，当日当批总额不超过1 000元的可以不履行比价手续，必须由本部门的分管领导批准。采购员处理发票时将"价格明细表"送至审计部，由审计部核对价格并备案。

14.审计部接到比价单时，急用物资的比价单在接收后4小时内完成比价，其他物资在不耽误使用的前提下最迟在1个工作日内比价完毕。

15.审计部每月8号之前将比价情况及事后监督情况提报给集团领导，有必要通报各业务总经理的，要提报给各业务总经理。

16.对选定的供应商，采购部门应与之签订"框架合同"，在该协议中具体规定双方的权利与义务、互惠条件，定期评价，合理流动。

二、奖罚规定

（一）采购员扣罚细则

1.凡发现有下列问题之一者，每次扣罚责任人500元，严重者下岗处理。

（1）采购的物资质量差，严重影响产品质量的（试用物资除外）。

（2）未经批准私自采购的。

（3）擅自确定供应商的。

2.比价单填写不规范、开票单位与比价单不一致、价格错误、交期错误、付款方式错误、税率错误、数量错误等，根据损失的大小扣罚责任人100～200元。

3.严禁虚报客户（指客户没有能力供货、供货时间延误公司生产且确保不了质量等），经查实发现一次扣罚责任人200元，部门负责人200元。

4.当供应商供货质量异常，不能及时督促及调整而导致对产品质量或工期造成影响的，视影响程度的大小与事后跟催的情况综合考虑，酌情处罚责任人。

5.若因采购周期延误影响生产的，视具体情况扣罚责任人50～200元，因未及时传送比价单而造成的延期按两倍处罚，部门负责人承担20%的责任。

6.到审计部比价的物资必须是未采购的，如有特殊原因或急用已事先采购的要在比价单中标注明白，否则事后监督发现价格有差异的，按差额考核至责任人及部门负责人。

7.如有特殊情况，报分管领导批准后可以先购买后补办比价手续，但必须在物资入库后2个工作日内完成，并标注"补比价单"。超过规定时间的每份扣罚50元，出现大范围补比价单的一次扣罚200元。

8.采购员不得与供应商会餐、娱乐，不得接受供应商提供的其他款待，一经发现，视情况处以200～500元的罚款。

9.采购员不得接受供应商的礼品、现金、购物卡等好处，不得向供应商借款等，一经发现对受贿人处以2 000元以上的罚款，情节严重的，给予无薪开除处理，并送交公安机关处理。

10.有比价周期规定的，在有效期内，凡采购数量高于比价单填写数量20%以上且采购金额在 2 000 元（含）以上的，须重新比价。违反规定的，每笔业务扣罚采购员 50 元。

11. 价格专员未按规定时间进行询价、比价，延误生产或比价后的物资存在严重质量缺陷给公司造成损失的，扣罚相关责任人 100 元，情节严重的按损失额的 10% ~ 20% 进行处罚。

12. 技术人员根据销售订单分解采购物资具体明细及使用量，若超出实际使用量的 5% 以上，按照超出量的总价值的 50% 处罚。

13. 不执行审计部确定的价格的，严肃处理经办人以及各个环节的责任人，按照降价后的价格与原价差额的 3 倍处罚。

14. 不签订采购合同、质量保证协议，每份扣罚责任人 100 元，分管领导承担 30% 的责任。

15. 擅自使用供方合同版本，或签订合同时擅自修改合同条款未经公司法律事务处审核盖章，每项扣罚责任人 100 元，分管领导承担 30% 的责任。

16. 对弄虚作假、串标、泄露标的或有其他严重违规，给公司造成损失的，按损失额的 10% ~ 30% 进行处罚；情节严重的给予开除处理。

（二）奖励细则（以下凡涉及的奖励项目，均在确保产品质量与工作质量的前提下实施）

1. 在保证质量的前提下，主动将价格谈到比前两次采购价更低，根据情况及采购量奖 20 ~ 50 元 / 次，若连续谈价下调，可多次奖励。

2. 市场价格确定涨价时，采购人员可保持原价或将价格谈到涨价范围之下的，根据情况奖 20 ~ 50 元 / 次。

3. 上级指定人员对订单或大型物料进行谈价的，按采购金额及差价情况奖 100 ~ 200 元 / 次。

4. 货到付款谈到月结或更长，按此供应商每年采购金额的 0.5‰ ~ 2‰ 奖励。

5. 一年内新找的合格供应商有 50% 以上且能月结的一次性奖励 50 元。

6. 外包商付款方式有明显改进，如前期付款额度减小，付款周期增长的奖 20 ~ 50 元 / 次。

7. 在同等质量的前提下，采购人员、技术人员及生产人员能够配合审计部共同寻找新的供应商或者共同将采购价格压到最低。采购金额高于 3 000 元的，按降价金额的 10% 提取；低于 3 000 元的，按降价金额的 5% 提取。

三、价格管理部门——审计部工资结构

审计部人员工资实施提成模式，每月只发放固定工资，根据当月采购物资降价总额、工程决算审计价格差价总额的 60% 进行提取，作为绩效工资。以每月人均实发工资 8 000 元封顶，后续再根据实际情况进行调整，放开工资封顶。具体降价总额计算方式如下：

1. 采购降价：以采购部、综合部、外协、运费所提报的比价单的单价为准，审计部在此基础上审核下降的金额为提成计提的依据。

2. 基建、工程类降价：以各业务中心、各公司经财务审核后的决算为准，审计部在此基础上审核下降的金额为提成计提的依据。

四、基建工程由集团综合部负责招标

基建专员负责施工进度及施工质量的把控，工程完成后，工程所属公司财务部会同基建专员及相关人员出具决算报告，再由审计部对决算报告进行审计。

五、本规定自董事长签发之日起实施

制度 采购价格评审办法

一、目　　的

对各类采购物品价格进行监督审查，确保采购过程遵守采购管理制度、采购流程规范，在采购货物满足采购需求的条件下，严格控制采购过程，降低采购成本。

二、范　　围

适用于公司产品所用物资的采购。

三、职　　责

1. 总经理负责对采购价格监督和评审管理制度的审批，及对采购物资价格的最终审批。

2. 生产副总经理。

（1）负责制定采购价格监督和评审管理制度。

（2）建立及组织价格审核小组，对提交的价格审核单据进行审核；需要时，重要或大宗采购物资的价格审核应报公司总经理批准后执行；负责对物资比价控制、采购管理流程实行检查与监督。

3. 采购部。

（1）负责编制"生产采购计划"和"工程采购计划"。

（2）根据"生产采购计划"和"工程采购计划"对物料进行采购，实行比质比价、货比三家的原则，合理选择供应商，提交物资采购价格审批表。

（3）编制采购合同、采购价格评审表，并将采购价格评审表及时进行报审、传递、存档。

（4）汇总所有物料价格，编制价格清单，每半年发给生产副总经理和总经理。

4. 价格审批小组。

（1）负责对公司所有物料、外购设备的价格进行审定和监督。

（2）相关价格评审小组成员。

①组长：总经理。

②组员：研发部、市场部、财务部、采购部、工程部。

（3）评审组组员的职责。

①研发部负责评审所有产品中涉及物料的价格。

②市场部、工程部负责评审外购设备中物料的价格。

③财务部监督整个评审过程。

四、价格审核管理程序

1. 采购比价、价格报审原则。

（1）在满足产品质量要求和货比三家、比质比价的原则下，通过性能与价格的综合比较，选择适宜的物资或服务，满足产品或服务的使用要求，实现公司采购成本最低化。

（2）涉及金额比较大的物料采购，必须与对方最高管理人员直接商谈价格，取得最大优惠。

（3）能够集中批量采购的，要集中采购。

（4）产品中用量较大的物料，需要事前和供应商商定阶梯价格。

2. 价格申报、审核权限。

（1）采购部依照采购计划，通过各种渠道掌握市场价格信息，对采购物资进行货比三家、比质比价和供应商选择。

①低于 500 元的工程辅料、电阻、电容、接插件等价格比较低的物料，采购员自审后，填写价格评审单，上报部门经理和生产副总经理进行审批。

②所有芯片和超过 500 元的工程辅料，采购部选择三家报价，填写价格评审单，在 OA[1] 上组织评审会，经价格评审小组集体审定后，总经理批准后执行。

（2）总经理、生产副总经理及价格评审小组成员在审核过程中，应按照审核原则进行评审，如对价格审批单中物料的单价有异议，可让采购部重新寻找两家供应商，再次进行价格评审。

（3）采购部如对评审结果如有不同意见，应与审核人进行沟通，沟通未果的情况下可由公司总经理裁决。

3. 价格评审期限。

（1）外购产品的价格审批单半年有效，原则上不得再进行单价修改。但若材料费按市场价格波动达到 10% 则再进行降价或涨价。外购产品的价格审批单则按一季度评审一次。

（2）芯片价格。

①每年年初和供应商签订年采购量的芯片，其价格审批单一年有效，原则上不得再进行单价修改。

②一季度循环采购的芯片价格审批单一季度内有效。一季度内无采购计划的，每采购一次提交一次价格审批表。

4. 价格评审小组可对采购部的采购价格进行征询和调查，责任部门也可就采购物资的价格合理性向评审小组进行反馈、咨询和协商。

5. 物资采购价格、供应商等信息属公司的商业机密，任何相关部门和个人未经许可，不得向其他公司和人员泄露本公司采购价格和重要供应商信息，如有发生且造成公司经济损失的，视同泄露公司商业秘密，按公司有关制度处置。

五、价格审核单填写要求

1. 物料价格审核。

（1）采购人员根据采购计划，在货比三家、比质比价的情况下，填写价格评审。本着比价采购原则，申报的采购物资应在年度内至少提供一次有效的、3 家以上供应商的采购报价；新选或是市场价格波动较大的采购物资，采购部应提供 5 家供应商报价及其他比价采购的证实性文件（每次与供应商的沟通记录）作为价格审核的依据。

（2）外协、委外加工件应明确外协加工件的外协性质（如锻件、铸件、外协加工等），

---

[1] OA，*Office Automation*，即办公自动化，是将现代化办公和计算机技术结合起来的一种新型办公方式。现下很多企业都有 OA 采购管理系统，无论是供应商评审、物料申领、投标申请、清单确认都能一站式解决。

包工或是包工包料，并且提供与价格审核有关的外协件单价定额等参数；已审核过且外协加工的性质、技术要求、价格等没有发生变化的，经副总经理同意后，可简化相关内容。

（3）价格评审表经副总经理或总经理审批后，采购部才可签订正式合同实施采购。

（4）如属紧急采购的零时增补物料或其他特殊材料，采购部应事先向生产副总经理、评审小组成员及总经理进行通报并征得认可后，方可优先采购，后补办价格申报、审批手续。

2. 价格审核单据的传递。

（1）采购部根据采购价格监督和评审管理制度，填写采购价格审批单，根据采购物料的不同向生产副总经理和价格评审小组申报。

（2）审核完毕，由经办人自留一份作为部门内部存档。

六、奖励措施

对在工作中表现良好、品行端正的且所采购物料的价格比往年下降率达到 1.5% ~ 2%，公司应奖励 1 000 ~ 3 000 元（此奖不包含年终奖，年终奖根据公司的具体情况进行体现）。

范表 价格审批单

审批单号：							
供应商名称							
零件 / 材料名称		图号 / 零件号		版本号		计量单位	
现行最低价格或预算价（含税价）		供应商最后一次报价（含税价）			协商价格（含税价）		
是否到厂价：□是　　□否				有效期自_____至_____			
价格说明：							
			申请： 采购员 / 工程师：		日期：		
审核：　　　　　日期：				采购部经理：			
注：1. 一份审批单只能填报一种外协外购件或原材料。 　　2. 所填内容不能涂改，否则视为无效。							

范表 采购价格调查表

编号：				日期：　年　月　日				
物资名称	品　牌	规　格	单位	市场价格				
				1 月	2 月	3 月	4 月	……
审批：			调查：					

范表 采购底价单

单　　号		名　　称	
申购单位		议价日期	
预算金额	¥　　亿　　仟　　佰　　拾　　万　　仟　　佰　　拾　　元整		
核定底价	¥　　亿　　仟　　佰　　拾　　万　　仟　　佰　　拾　　元整		
采购承办单位：		总经理及授权人： （金额 5 万元以下由总经理核定）	

范表 报价单

工程名称:									
序号		项目名称及规格	单位	供应商	数量(吨)	单价(元)			合计(元)	备注
						材料	加工	小计		
一	1									
	2									
	3									
	4									
	5									
	6									
	……									
		小 计								
二		管理费	"一"×5%							
三		利 润	"一 + 二"×5%							
四		税 金	"一 + 二 + 三"×3.48%							
合 计										

注:本报价单不包含防火漆、土建部分、临时设施、水电费等。

范表 询价供应商名录

更新日期：　　　　　　　　　　　　　　　　　　　　　　　　　更新人：

序号	供应商代码	供应商名称	供应商信用等级	供应商交期	供应商账期	开户行	账户名	账号	业务联系人	联系电话	备注
1											
2											
3											
4											
5											
6											
7											
8											
9											
10											
11											
12											
……											

范表 询价单

	_____单位：
我单位拟采购以下商品，特向贵单位询价：	

序号	商品名称	规格型号	单位	单价(元)	采购数量	供货时间	合计(元)

合计	

其他要求：

特殊说明：

本报价有效期_____天，请贵单位于____年____月____日前惠赐报价。致谢！

以上报价请回复我单位：　　　　　　　　　　　　联系电话：

报价单位：（公章）　　　　　　　　　　　　　　联系电话：

询价人签名：　　　　　　　　　　　　　　　　　报价日期：

范表 采购询价记录表

采购项目	名 称			数 量	
	型号/规格/配置				
报价情况	供应商	原报价	议价后	付款方式	交 期
评定结论	评议结论： 经办人：　　　　　　批准人：　　　　　　日期：				

范表 议价比价记录表

物料名称		数量		请购时间		承诺到货 时间	
用途说明							
基本要求							
供方一		联系人		电话		传真	
主要性能 指标							
服务项目							
价格	供方报价			协议价格			
付款条件							
供方二		联系人		电话		传真	
主要性能 指标							
服务项目							
价格	供方报价			协议价格			
付款条件							
供方三		联系人		电话		传真	
主要性能 指标							
服务项目							
价格	供方报价			协议价格			
付款条件							
综合评估							
最终结论							

总经理：   采购部长：   采购员：

范表 供应商产品直接比价表

图纸编号：		产品名称：			填表日期：			
供应商名称 / 项目								
单　位								
报价时间								
计算原材料单价								
成品重量								
税　别								
报审价格								
……								
意见（采用）								
批准：		审核：			拟制：			
注：在"意见"栏打"√"选出能够采用的供应商。								

范表 价格变动原因报告表

请购部门			请购单编号	
品名		规格		数量

价格记录	供应商	原单价	现单价

价格变动原因	

备　　注	

采购经理审核意见：	总经理审核意见：
签名： 日期：	签名： 日期：

范表 **比价单**

编号：		比价员：				年　月　日
采购申请单号		询价单号		采购物品名称		
供应厂商		电　话	厂商报价（单价／元）			
			出厂价	批发价	零售价	
		平均价				
比价结果：						
		评价人签字：　　　　　　　　日期：				
注：本单一式两联，一联比价员自留，以备参考。一联报财务部门，对照实际采购价格分析并签署。						

更多模板

产品价格目录表　　　　　　　　　　质保期满后收费项目一览表

报价一览表　　　　　　　　　　　　采购部报价管理办法

采购项目简要说明一览表

4.2 采购成本控制

很多采购人员可能未必清楚，成本中的 70% 几乎都是采购成本，很多生产制造型企业都面临着巨大的成本压力，因此，采购成本控制是所有企业都要考虑的问题，包括与采购原材料部件相关的费用控制，如采购订单费用、采购计划制订人员的管理费用和采购人员管理费用等。

● 目标成本法操作步骤

预测市场价格
影响市场价格的因素众多，导致市场价格具有波动性和不确定性，生产前与生产后的销售价格可能会有很大变化，所以采购人员要参考历史价格和环境因素，预测一个生产周期后的产品上市价格，这样便能大致预测利润与成本，这是控制成本的第一步。

产品的生产加工过程会经历很多的环节，不同的环节有不同的支出，如设备使用支出、人工支出、辅助材料和直接材料的耗用等，这些都会计入产品的生产成本，采购人员不得不考虑进去。
生产过程的支出

留出利润空间
企业生产最终的目的就是盈利，只有满足足够的利润空间才有操作的可能，在开始采购前，要先留出一定的利润空间，然后预设出企业想要达到的利润目标。

有了预设的市场销售价格和利润目标，再减去产品制造过程中的各种支出，采购人员就能大致得到原材料采购成本的控制范围，在此范围控制采购价格，采购人员心里更加有谱，选择也不再盲目，对实施采购很有帮助。
采购成本的控制范围

● **集中采购的优势**

采购单价优惠大

> 由于集中采买的数量会比单独采买的数量多很多，所以与供应商谈判时有很大的优势，一般能拿到对方的优惠，这样采购单价就会便宜很多。同时，采购准备的时间和费用会减少，工作效率也能提高。

减少杂费

> 集中采购可共同利用搬运工具和仓库等，进而减少一些杂费。

减少间接费用

> 采购间接费用是除物料单价外的其他费用，包括订金、运输费、搬运费和质检费等，采购的数量越多，平摊到每一件物料的费用就减少了，集中采购的数量优势便凸显出来了。

集中资源

> 共同利用人力成本低的地区，或开工率不足的机器来制造产品，以进一步降低采购价格。

● **降低采购成本的几种方法**

方　　法	具体介绍
优化包装	初始包装，用较少的材料满足最基本的保护
	二道包装，用较少的材料满足最接近要求的外观
优化运输	通过物料的尺寸、重量、外形和包装的限制条件等，计算出合理的运输排列方式，充分利用运输空间，在相同运输费用的情况下尽量多运输物料或产品，减少运输次数

续上表

方　　法	具体介绍
促进供应商竞争	采用招标采购方式邀请多家供应商参与竞标，让企业可以掌握主导权，当参与竞标的供应商较少时（比如一家或两家），可适当放宽采购标准，让更多的供应商有资格参加竞标
	采用竞争性谈判方式进行采购时，可在同一时间段邀约两家或两家以上的供应商，并计划好与各供应商的谈判时间，最好能让供应商知道自己有竞争者，营造一种竞争环境
	企业在平衡各供应商的优劣地位时，可突出优势不明显的供应商的优势，或指出优势很明显的供应商的劣势，这样处于劣势的供应商更有合作的信心，而处于优势的供应商不至于太有把握
延长付款时间	采购企业可通过延长货款的支付时间来获取资金用作其他投资的机会和可能性，这也是变相降低采购成本的方法

拓展知识 采购成本的认知误区

采购成本一般包括购买价款、相关税费、运输费、装卸费、保险费以及其他相关物流费用，由于一些采购人员容易被表面现象蒙蔽，导致其在采购成本认识上存在一些误区，分别有 3 个误区。

①认为成本就是价格，所以采购价格越低越好。其实不然，采购价格只是采购成本中的一部分，还有其他费用会影响采购成本的高低，如相关税费、运输费、装卸费、保险费等。且采购价格过低，不能保证采购材料的质量，后期的隐患非常大。

②采购成本管理就是谈判、压价。采购成本管理的内容有很多，包括采购价值分析、供应价格分析、整体采购成本控制和寻找降低采购成本的方法等，而谈判和压价只是降低采购成本的方法之一。

③忽略采购人员付出成本。一些企业由于专业技术人员缺乏，所以必须花费一定时间与精力去查询相关信息，聘请专业人士参谋采购的初步方案，甚至还要与潜在供应商进行接触。在不能确定供应商的具体情况时，采购人员还可能会组织相关人员外出考察，考察成本与人才成本也是采购成本中的一项重要内容。

制度 采购成本管理制度

第1章 总 则

第1条 目的。

为加强采购成本管理，降低采购成本消耗，提高公司的市场竞争力，现根据国家有关成本费用的管理规定，结合本公司实际情况，特制定本制度。

第2条 范围。

采购部采购成本控制相关事项均须参照本制度办理。

第3条 采购成本的构成。

采购成本包括维持成本、订购成本及缺料成本，不包括物资的价格，具体如下所示。

1. 维持成本：为维持物资的原有状态而发生的成本，包括资金成本、搬运成本、仓储成本、折旧及陈腐成本、保险费用、管理费用等。

2. 订购成本：为实现一次采购而进行的各种活动的费用，包括请购手续成本、采购成本、进货验收成本、进库成本等。

3. 缺料成本：由于物资供应中断而造成的损失，包括安全库存成本、延期交货成本、试销成本、失去客户的成本等。

第4条 采购成本控制的管理职责。

1. 成本控制部部长具体负责指导、监督采购成本控制工作。

2. 采购部成本控制专员负责采购成本具体控制工作。

3. 采购部其他人员及其他部门需配合执行采购成本控制规定。

第5条 采购成本控制要点。

公司采购成本控制包含对采购申请、计划、询价、谈判、合同签订、采购订单、物资入库、货款结算等采购作业全过程的控制。采购部应结合公司的具体情况明确采购成本控制关键点，具体如下所述。

1. 确定最优的采购价格。

2. 确定合理的采购订货量。

3. 采购付款控制。

第2章 采购计划控制

第6条 常备用料的采购计划由采购部计划管理人员根据采购申请、库存情况及用料需求计划制订，经采购部经理审核后报成本控制部部长审批。

第7条 其他用料的采购计划由采购部计划管理人员根据各部门的采购申请制订，经采购部经理审核后报成本控制部审批。

第8条 采购计划应同时报送财务部门审核，以利于公司资金的安排。

第9条 采购部在实施采购的过程中，必须严格执行采购计划。若采购计划变更，必须由总经理签字确认后方可执行。

第 10 条　未列入采购计划内的物资一般不能进行采购。如确属急需物资，应填写"紧急采购申请表"，经公司总经理审批、采购部核准后方能列入采购范围。

第 3 章　采购价格控制

第 11 条　采购部实施物资采购时需填制"采购申请表"，"采购申请表"中的价格要严格执行财务部核定的物资采购最高限价。

第 12 条　采购方式包括招标采购、供应商长期定点采购、比价采购等。采购部应将各种采购方式进行对比，找出成本最低的采购形式组合，降低采购成本。

第 13 条　采购部在确定采购价格时，可遵循以下 4 个步骤。

1. 询价。

利用网络、行业协会、市场采价等多种渠道，快速获取市场最高价、最低价、一般价格这 3 类信息，从而保障采购询价效率。

2. 比价。

分析各供应商提供的物资规格、品质、性能等信息，建立比价体系。

3. 估价。

成立估价小组（由采购管理人员、营运人员、财务人员组成），自行估算出较为准确的底价。

4. 议价。

采购部根据估算的底价、市场行情、采购量大小和付款期的长短等因素与供应商议定出合理的价格。

第 14 条　如果实际物资采购价格低于最高限价，公司将给予经办人一定比例的奖励；如果实际采购价格高于最高限价，则必须获得财务部核价人员的确认和总经理的批准，同时给予经办人一定比例的罚款。

第 4 章　采购订货量控制

第 15 条　仓储部库管员应每日填写物资库存日报表，反映现有存货物资的名称、单价、储存位置、储存区域及分布状况等信息，并及时将此信息报送给采购部。

第 16 条　采购部应要求供应商或第三方物流的库房保管人员通过传真、电子邮件等方式，及时提供已订购物资的未达存货日报表。

第 17 条　采购部根据各部门采购申请制订采购计划时，应在充分研究同期的采购历史记录、下期的销售计划的基础上，协助物资计划人员确定最佳安全库存。

第 18 条　采购部协助仓储部根据物资采购耗时的不同及货源的紧缺程度等，借助历史经验估计、数学模型测算等方法确定安全库存量。

第 19 条　采购部人员在制订采购计划时，应在充分分析现有存货量（包括供应商或第三方物流的未达存货）、货源情况、订货所需时间、物资需求量、货物运输到达时间等因素的基础上，结合各种货物的安全存货量确定最佳订货量及订货点。

第 5 章　采购入库及付款控制

第 20 条　相关人员办理采购物资入库时，必须同时满足以下两个条件，否则仓储部一律不予受理。

1. 到库物资符合采购订单要求。

2. 到库物资经质量管理部检验合格。

第 21 条 采购物资登记入账时，价格、质量、数量、规格型号须完全符合采购订单的要求。

第 22 条 支付物资采购费用时，必须同时满足以下 3 个条件，否则财务部一律不予付款。

1. 已经列入当期货币资金支出预算。

2. 双方往来账目核对无误。

3. "付款申请单"已由财务部经理签字批准。

第 6 章 附   则

第 23 条 本制度由成本控制部负责制定、修订和解释。

制度 采购成本控制办法

一、建立、完善采购制度

1. 建立严格、完善的采购计划管理制度，规范企业的采购活动，提高效率，杜绝部门之间扯皮。采购制度应规定物料采购的申请、授权人的批准、物料采购的流程。

2. 建立供应商档案，实行合格供应商审批准入机制。

3. 建立价格档案。

二、降低材料成本的方法和手段

1. 通过付款条款的选择降低采购成本。如果企业资金充裕，或者银行利率较低，可采用现金交易或货到付款的方式，这样往往能带来较大的价格折扣。

2. 把握价格变动的时机。价格会经常随着季节、市场供求情况而变动，因此采购人员应注意价格变动的规律，把握好采购时机。

3. 以竞争招标的方式来牵制供应商。对于大宗物料采购，一个有效的方法是实行竞争招标，往往能通过供应商的相互比价，最终得到一个底线的价格。此外，对同一种材料，应多找几个供应商，通过对不同供应商的选择和比较使其互相牵制，从而使公司在谈判中处于有利的地位。

4. 向制造商直接采购。向制造商直接订购，可以减少中间环节，降低采购成本，同时制造商的技术服务、售后服务会更好。尤其是在公司设备配件采购上能节约 100% 的资金。

5. 选择信誉佳的供应商并与其签订长期合同。与诚实、讲信誉的供应商合作不仅能保证供货的质量、及时的交货期，还可得到付款及价格的关照，特别是与其签订长期的合同，往往能得到更多的优惠。

6. 充分进行采购市场的调查和资讯收集。一个企业的采购管理要达到一定水平，应充分注意对采购市场的调查和资讯的收集、整理，只有这样，才能充分了解市场的状况和价格的走势，使自己处于有利地位。

7. 掌握好采购批次和库存量的关系，在资金运转不利的情况下单批大量采购也是对公司成本的耗费。

8. 采购质量的分析和控制，有些农产品原料虽然外观品相不好，价格也低，但切碎后不影响使用时的风味，因选择采购；有些物资如设备配件，即便价格略高，但其使用寿命明显增长也应选择采购，不但节约了采购成本，同时节约了设备的维修成本。

9. 加强采购人员的管理，提高采购人员的素质。一名合格的采购员必须是德才兼备，技能与经验共存，具有较强的市场信息采集与处理能力，才能更好地履行采购作业。杜绝采购人员拿回扣现象，激励、调动采购人员的积极性，谋求个人利益和企业利益的一致，最终实现企业的期望目标。

10. 加强库房管理节约成本。

（1）严格执行到货验收制度，防止不合格品入库。

（2）对物料的摆放和储存环境要求符合安全规范，防止鼠害、水泡、火烧、生物腐败等造成的材料损失。

（3）注重发料过程，按需发料，发料后对还剩半箱或半袋的材料及时封口，防止水分流失造成的材料不达标。

三、实行战略成本管理来指导采购成本控制

1. 估算供应商的产品或服务成本，在谈价的过程中做到知己知彼。

2. 对竞争对手进行分析，分析其原料的使用质量级别和采购渠道。

范表 采购支出登记台账

申报部门：　　　　　　　　　　　　　　　　填表日期：　年　月　日

物资名称	采购价		人工费		运杂费		仓储费	
	单位成本	总成本	单位成本	总成本	单位成本	总成本	单位成本	总成本
合　计								

制表：　　　　　　　　　　　　审核：

范表 采购成本分析表

厂商名称：								年　月　日
产品名称		零件名称		零件料号		估价数量		备注

主材料费	No.	名称	规格	厂牌	单价	用量	损耗率	材料费

加工费	No.	工程内容	使用设备	日产量	设备折旧	模具折旧	单价	加工费

后加工费	No.	加工名称	使用设备	日产量	加工单价	说　明		

材料费合计		加工费合计		后加工费合计	
营销费用		税　金		利　润	
总　价					

备注：

范表 采购成本预算表（季度）

填报单位：　　　　　　填报日期：　年　月　日　　　　　　____月份至____月份

项　　目		____月份		____月份		____月份		合　　计	
名称	规格	采购量	成本额	采购量	成本额	采购量	成本额	采购量	成本额
重点采购材料									
原材料									
辅助材料									
其他物料									
合　　计									
预计现金支出		____月份		____月份		____月份		合　　计	

范表　采购库存分析表

编号	物资名称	第一季度		第二季度		第三季度		第四季度	
		库存周转	占用资金	库存周转	占用资金	库存周转	占用资金	库存周转	占用资金

范表 塑胶制品成本分析表

材料名称						供方名称					
料　号			基　料		单　位						
	名称	重量/工序数	单位	单价	金额		类别	基数	比例	金额	备注
材料成本						费用分摊					
制造成本											
物流成本											
直接成本总计						费用分摊总计					
预采购成本	不含税成本		利润率			利润		备注：			
	不含税价格			含税产品价格							
价格对比	供方名称		原执行价格		达成	备注					

制表：　　　　　　　　　　日期：

范表 冲压制品成本分析表

工装名称：　　　品名：　　　模具供应商：　　　日期：								
模具规格								
模具尺寸				模穴数				
气顶系统				配套设备				
外观面处理								
（A）材料费用					（B）加工费用			
项目	材质	重量(kg)	单价	材料费	程序	时／千克	单价	加工费
（A）材料费用总计：					（B）加工费用总计：			
（C）设计费用					（D）备用零件			
项目	费用				零件名称	数量	费用	备注

续上表

（C）设计费用总计：				（D）备用零件总计：		
（E）试模费用				（F）管销费用		
项目	小时	成本估价	费用	项　目	费用	备注
（E）试模费用总计：				（F）管销费用总计：		
（G）利润				（H）营业税		
模具费用总计：						

更多模板

采购成本比较表　　　　　　　　　成本差异汇总表

采购成本汇总表　　　　　　　　　采购成本审批单

采购物资价格申报表

第❺章

采购谈判与订单管理制度与范表

在采购的不同阶段，采购人员都需要与供应商进行沟通交流，尤其是前期询价阶段以及合同签订的时候，更需要采购人员守住己方的立场和利润。所以除了采购专业技能，采购人员还应掌握基本的谈判技能，在合同签订后还要时刻追踪订单完成情况，为后续的产品生产保驾护航。

5.1 采购谈判管理

采购谈判是指企业作为采购买方与卖方厂商对购销业务有关事项，如商品的品种、规格、技术标准、质量保证、订购数量、包装要求、售后服务、价格、交货日期与地点、运输方式、付款条件等进行反复磋商，谋求达成协议，建立双方都满意的购销关系。采购谈判的程序可分为计划和准备阶段、开局阶段、正式洽谈阶段和成交阶段。

● 采购谈判的重点

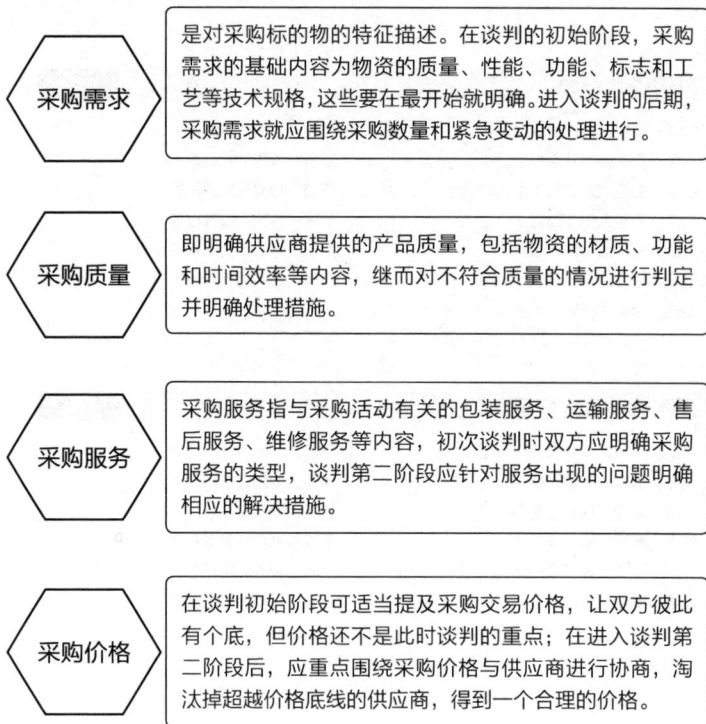

采购需求	是对采购标的物的特征描述。在谈判的初始阶段，采购需求的基础内容为物资的质量、性能、功能、标志和工艺等技术规格，这些要在最开始就明确。进入谈判的后期，采购需求就应围绕采购数量和紧急变动的处理进行。
采购质量	即明确供应商提供的产品质量，包括物资的材质、功能和时间效率等内容，继而对不符合质量的情况进行判定并明确处理措施。
采购服务	采购服务指与采购活动有关的包装服务、运输服务、售后服务、维修服务等内容，初次谈判时双方应明确采购服务的类型，谈判第二阶段应针对服务出现的问题明确相应的解决措施。
采购价格	在谈判初始阶段可适当提及采购交易价格，让双方彼此有个底，但价格还不是此时谈判的重点；在进入谈判第二阶段后，应重点围绕采购价格与供应商进行协商，淘汰掉超越价格底线的供应商，得到一个合理的价格。

● **把握谈判时机**

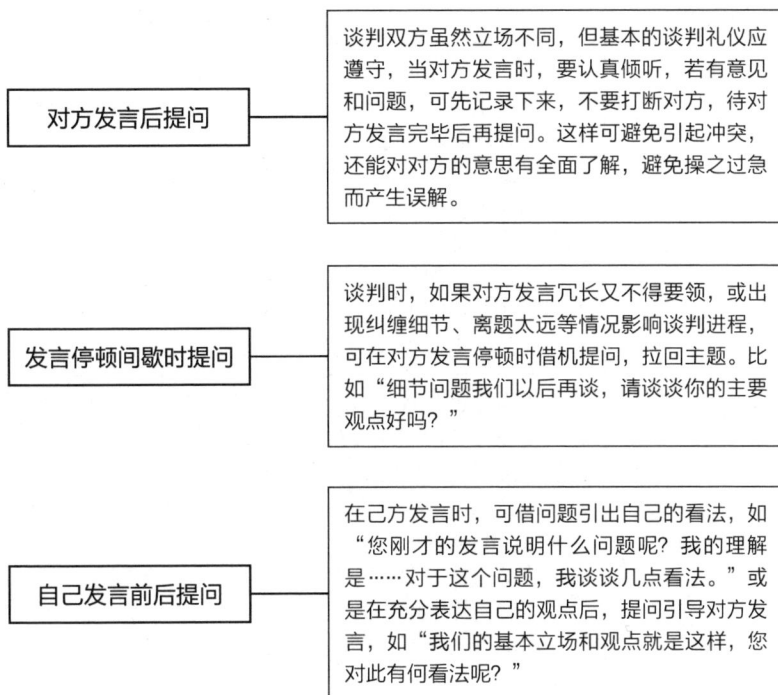

对方发言后提问	谈判双方虽然立场不同，但基本的谈判礼仪应遵守，当对方发言时，要认真倾听，若有意见和问题，可先记录下来，不要打断对方，待对方发言完毕后再提问。这样可避免引起冲突，还能对对方的意思有全面了解，避免操之过急而产生误解。
发言停顿间歇时提问	谈判时，如果对方发言冗长又不得要领，或出现纠缠细节、离题太远等情况影响谈判进程，可在对方发言停顿时借机提问，拉回主题。比如"细节问题我们以后再谈，请谈谈你的主要观点好吗？"
自己发言前后提问	在己方发言时，可借问题引出自己的看法，如"您刚才的发言说明什么问题呢？我的理解是……对于这个问题，我谈谈几点看法。"或是在充分表达自己的观点后，提问引导对方发言，如"我们的基本立场和观点就是这样，您对此有何看法呢？"

● **谈判方式有哪些**

方　　式	具体介绍
网上谈判	借助互联网进行协商或沟通的谈判方式。优势是沟通成本低廉，可文字、可语音、可视频，接收信息丰富，随时随地都能开展，提高了谈判效率。采购人员要注意加强资料的存档保管工作
面对面谈判	这是最常见也是最原始的谈判方式，双方直接面对面地就谈判内容进行沟通、磋商和洽谈。 　优势是可直面对方的情绪和态度，可随机应变。谈判流程规范，内容更加深入，利于建立长久的贸易伙伴关系，谈判成功的概率比较高。缺点是耗时长、费用高、有地点限制。 　适用范围：比较正规、大型或重要的采购谈判，以及谈判各方距离较近的情况

续上表

方　式	具体介绍
电话谈判	谈判双方不会面，通过电话进行交流协商。电话谈判时要注意争取主动，做好准备工作，记录谈判内容，做好录音工作防止对方承诺反悔 　优势是方便，无论身处何地都能开展，且联系广泛。缺点是谈话易被打断，成交也没那么容易，谈判的流程和内容不确定，容易遗漏重要事项 　适用范围：想与对方快速联系、尽快成交的；在拒绝谈判对手时或想中断谈判时；故意表示己方谈判态度强硬和立场坚定时；对待难以沟通的谈判对手时
函电谈判	一般指通过邮政、电子邮件、传真等方式进行磋商，寻求达成交易的书面谈判方式。利用函电谈判要注意写作结构，一般包括标题、编号、收文单位、正文、附件和发文单位、日期及盖章等。在处理谈判函电时要做到有计划、分步骤、不积压、不遗漏 　优势是方便、准确、正式、省时，且成本较低。缺点是由于文字的理解不同可能产生歧义，所以尽量要表达准确 　适用范围：该方式在国际贸易商务谈判中使用最普遍、最频繁

拓展知识 **谈判陷入僵局怎么处理**

如果企业与供应商在谈判过程中不慎陷入僵局，可通过以下一些方式来打破僵局。

①改变谈判的节奏，把洽谈节奏放慢，采用迂回战术获得更多信息，便可从中寻找洽谈障碍的解决方法。

②更换谈判小组人员以打破僵局，在这时，选择代理人的条件要合适，代理人在进行谈判时要善于使用"权利有限"这一武器。

③暂时休会，休会的目的是通过暂停间隙让谈判双方能够冷静下来，重新思考。另外，长时间谈判对双方员工的体力消耗很大，需要好好休息。

④利用第三方调解，这样双方能更理智地思考和接受有关条款。

制度 采购谈判议价管理制度

第 1 章　总　则

第 1 条　目的。

为加强公司采购谈判议价管理，规范采购谈判议价的相关事项，节约采购费用，降低采购成本，特制定本制度。

第 2 条　适用范围。

本制度适用于公司采购过程中所有需要进行谈判议价的采购项目。

第 3 条　在采购谈判议价的整个过程中，相关人员的职责分工具体如下：

1. 公司采购部是采购谈判议价的归口管理部门和具体执行部门，其他部门负责协助。

2. 采购谈判小组负责执行采购谈判议价工作。

3. 总经理、采购总监必要时参与、协助采购谈判议价活动。

第 2 章　谈判议价准备

第 4 条　在财务部审批通过采购资金预算后，采购部可着手准备采购项目的谈判议价。

第 5 条　采购部负责谈判议价的人员应根据采购项目的特点设计谈判计划和方案，经采购经理与采购总监审批同意后执行。

第 6 条　采购部应按审批同意的谈判计划和方案安排谈判议价工作，成立采购谈判小组，相关计划与资料应提前发放到参与谈判的人员手中，由其进行准备。

第 7 条　公司参与采购谈判议价的人员包括采购经理、采购合同主管和专员、请购部门代表等。

第 8 条　采购项目谈判小组的组长一般由采购经理担任，但当谈判议价项目的金额超过规定权限时，则由采购总监担任。

第 9 条　采购部在邀请参与谈判的供应商时，应从公司"合格供应商列表"中选取，并必须选取 3 家以上。

第 10 条　采购部应按既定的采购计划和采购谈判议价方案，列明所采购产品的名称、数量、技术规格及预算等相关资料，供谈判小组成员熟悉。

第 11 条　在谈判之前，谈判小组组长应掌握成员对所采购产品的性能、参数、型号及市场价格的了解情况，并可视情况召开谈判预备会议，确定谈判的有关事宜。

第 3 章　谈判议价规定

第 12 条　谈判小组成员代表公司形象，在谈判过程中应遵守公司员工行为规范。

第 13 条　谈判议价中，谈判小组成员应与供应商方面有决定权的人员进行谈判，以免浪费时间，同时避免透露本公司的立场。

第 14 条　采购谈判应在公司会议室中进行，以提高工作效率，不得在饭店、KTV 等娱乐场所进行。

第 15 条　采购谈判负责人在谈判议价过程中须掌控全局，避免草率地做出决定。

第 16 条　在议价过程中，谈判人员应灵活使用各种议价、还价技巧，将采购价格降低至对本公司有利的位置，减少采购成本。

第17条　采购谈判人员应注意商务礼仪，不得使用侮辱性的动作和语言，同时注意掌握谈判进度和谈判氛围，必要时可以转移话题、缓和气氛，防止谈判破裂。

第18条　谈判过程应当保密，无关人员未经许可不得进入谈判会场。参与谈判的人员和工作人员不得泄露与谈判有关的内容。谈判结果未经最后审定不得予以公布。

第19条　在采购谈判期间，公司参与谈判的任何人员都不得接受对方的宴请、送礼、贿赂等，否则按公司相关规定处理。

第20条　参与谈判的任何人员不得以任何方式泄露公司的谈判底线，否则对公司所造成的损失由当事人承担。

第4章　谈判资料管理

第21条　公司的谈判资料包括谈判计划、方案，供应商的报价，谈判过程中各方提出的各种意见、达成的协议等。

第22条　采购谈判的记录人员须详细记录谈判过程中各方的要求，作为谈判的原始资料进行保存。

第23条　谈判资料由指定人员进行保存与管理，作为公司的机密资料，未经授权不得阅览。

第24条　所有接触公司谈判资料的人员在公司要求的时间内不得泄露其中的内容，否则以泄露公司机密行为论处。

第25条　谈判资料的其他管理要求可参照公司文档资料的相关管理规定执行。

第5章　附　则

第26条　本制度由采购部制定，其修改、解释权归采购部所有。

第27条　本制度经总经理审批通过后，自颁布之日起实施。

制度 采购谈判管理规范

一、采购谈判参与人员

采购谈判的主要参与人员包括材料设备部经理、采购主管、采购专员及相关物资的使用人员。

二、采购谈判的原则

1. 互利互惠原则

在谈判过程中，不仅要从企业自身的利益出发考虑谈判的方式与技巧，也要通过换位思考的方式，从对方的利益角度考虑谈判目标的实现，努力实现合同谈判过程中的互利互惠原则，以不损害谈判双方的友好合作关系为前提。

2. 时间原则

时间就是优势，在谈判前与谈判中要通过时间技巧掌握谈判的主动权，力求速战速决。

3. 信息原则

信息的掌握情况在很大程度上决定着谈判的成功与否。在谈判前要通过各种渠道占有各类与谈判有关的信息，在谈判过程中通过对谈判信息的总结、提升，将其转化为谈判优势。

4. 诚信原则

诚信就是谈判成功的基础，是与供应商保持长期良好合作关系的前提。在谈判中严禁使用涉嫌欺诈的方式与手段。

三、谈判目标

对各项谈判内容 [1] 划定目标及对应的层次 [2]，留出谈判空间。

四、谈判项目

1. 材料设备的质量保证

满足企业需要，附有产品合格说明书、检验合格证书及物料的有效使用年限。

2. 包装

内包装与外包装，根据谈判价格确定具体的包装形式，确保采购材料设备无折损。

3. 价格

明确合理的采购价格可以给供应商带来销售量的增加、销售费用的减少、库存的降低等利好因素。

4. 订购量

根据企业施工实际进度与企业仓储能力确定订购量。

5. 折扣

折扣有数量折扣、付现金折扣、无退料折扣、季节性折扣以及新品折扣等几种。

6. 付款条件

综合分析一次性付款、月结付款等付款方式带来的替代效应，选择最有利的付款方式。

7. 交货期

交货期的确定以不影响企业的正常生产为前提，结合企业货物存放的成本，尽量选择分批供货。

8. 售后服务事项

售后服务事项包括维修保证、品质保证、退换货等内容。

五、谈判准备

1. 信息收集

收集信息的种类如下所示。

（1）谈判模式及价格的历史资料，了解供应商谈判技巧的趋势、供应商处理上次谈判

---

[1] 谈判内容主要有七大项，分别是价格、支付方式、交货条件、运输费用、产品规格、质量标准和服务标准。

[2] 谈判目标的层次分为 4 种——最优目标、可接受目标、最低限度、目标，依次下来企业可获得的利润越低，采购人员应做好应变处理。

的方式等。

（2）材料设备购买的历史资料，价格的上涨有时意味着材料设备的下降，也可作为谈判的筹码。

（3）宏观环境资料，了解政府法令、企业政策等，增强谈判能力。

（4）供应商情报资料，了解价格趋势、重要发明、市场占有率等供应商产品市场信息，做到知己知彼。

（5）主要合同条款的起草，起草一份企业熟悉的采购合同，列举出主要的合同条款。

2.议价分析

（1）采购人员在财务部相关人员的帮助下，对物料成本进行专业分析，设置议价底线。

（2）进行比价分析。

①价格分析，对相同成分或规格的产品的售价或服务进行比较，至少要选取3家以上。

②成本分析，将总成本分为人工、原料、外包、费用、利润等，作为讨价还价的筹码。

（3）确定实际与合理的价格。

六、采购谈判的优劣势分析

1.关注企业作为买方的实力

（1）采购数量的多少。

（2）主要原料。

（3）标准化或没有差异化的产品。

（4）利润的大小。

（5）商情的把握程度。

2.供应商作为卖方的实力

（1）是否独家供应或独占市场。

（2）复杂性或差异化很大的产品。

（3）产品转换成本大小。

3.替代品分析

（1）可替代产品的可选种类。

（2）替代产品的差异性。

4.竞争者分析

（1）所处行业的成长性。

（2）竞争的激烈程度。

（3）行业的资本密集程度。

5.新供应商的开发

（1）资金需求的多少。

（2）供应材料设备的差异性。

（3）采购渠道的建立成本。

七、采购谈判的议程

1. 谈判时间

时间：××年×月×日至××年×月×日。

每日：上午 8:30 ～ 11:30；下午 14:00 ～ 17:00。

2. 谈判地点

地点：××市××酒店××会议室。

八、采购谈判过程

1. 第一阶段：开局

（1）建立良好的谈判氛围。

（2）交换相关谈判的内容意见。

（3）双方进行开场陈述。

2. 第二阶段：报价

（1）把握报价原则：可以采取书面报价或口头报价的方式。

（2）确定合理的报价范围。

…………

制度 公司采购谈判小组组建规范

第 1 章　总　　则

第 1 条　目的。

为了组建高效的采购谈判小组，保证采购谈判顺利进行，特制定本规范。

第 2 条　适用范围。

采购谈判小组组建工作均按照本规范执行。

第 2 章　采购谈判小组组建程序

第 3 条　谈判人员应具备的条件。

一名合格的谈判人员必须具备良好的形象气质、良好的职业道德、健全的心理素质、合理的学识结构和较高的能力素养。

1. 良好的形象气质主要包括形象修饰、表情和举止这 3 个方面。

2. 良好的职业道德是谈判人员必须具备的条件。谈判人员必须遵纪守法、廉洁奉公、忠于国家和企业，具有强烈的事业心、进取心和责任感。

3. 谈判人员要有较强的自信心、情绪控制能力、坚韧顽强的意志力和良好的协调能力。

4.谈判人员应熟悉国家相关政策法规，熟悉采购物资的相关知识，熟悉与交易相关的商务、金融等知识，熟悉文化心理以及沟通知识等。

5.谈判人员应具备观察认知能力、团队沟通能力、判断能力、运筹计划能力、语言表达能力、应变能力、交际能力和创造性思维能力。

第4条　谈判人员配备。

谈判小组应具有合理的结构。

1.谈判小组成员的配备应讲究成员的知识结构全面。谈判小组一般要配备掌握以下5类知识的人员。

（1）首席代表，在谈判中拥有领导权和决策权。

（2）熟悉生产技术、物资标准和科技发展动态的技术人员。

（3）熟悉商业贸易、市场行情、价格形势、财务情况的商务人员。

（4）精通经济贸易的各种法律条款的法务人员。

（5）具备熟练的文字记录能力并具有专业基础知识的记录人员。

2.谈判小组成员在性格上应具有互补性。

3.谈判小组应以中年人为主，辅以青年人和老年人。

4.谈判小组成员应分别承担首席代表、"白脸""红脸""强硬派"和"清道夫"5种角色分工，各自的责任如下所示。

（1）首席代表由最具专业水平的采购经理或采购总监担任，职责是：

①指挥谈判。

②裁决与专业知识有关的事宜。

③精心安排小组中的其他人员的工作。

（2）"白脸"由被对方大多数人员接受的人员担任，职责是：

①对对方的观点表示同情或理解。

②做出试图让步的姿态。

③给对方安全感的假象，使他们放松警惕。

（3）"红脸"由让对方感到如果没有他（她）会比较容易达成一致的人员担任，职责是：

①必要时提出终止谈判。

②削弱对方提出的任何观点和论据。

③尽力暴露对方的弱点。

（4）"强硬派"在每件事情上都采取强硬态度，使问题复杂化的人员，职责是：

①用延时战术来阻碍谈判过程。

②允许他人撤回已提出的未确定的报价。

③观察并记录谈判的进程。

④使谈判小组的讨论集中在谈判目标上。

（5）"清道夫"将所有的观点集中，整体提出这些观点的人员，职责是：

①设法使谈判走出僵局。

②防止讨论偏离主题太远。

③指出对方论据中自相矛盾的地方。

第 5 条　谈判小组分工协作。

采购谈判小组应根据不同情况确定主谈人和辅谈人，明确洽谈具体条款的分工与协作。

第 6 条　谈判小组名单确认。

1. 企业制订采购计划后，采购部根据实际采购需求确定是否需要实施采购谈判及采购谈判规模等事宜。

2. 采购谈判小组成员的名单经过采购经理、采购总监、总经理审批后予以公布。

（1）一般性采购谈判，即采购价值在_____元以下的采购谈判，由采购经理审批。

（2）重要采购谈判，即采购价值在_____元至_____元的采购谈判，由采购总监审批。

（3）战略性采购谈判，即采购价值在_____元以上且采购物资关系到企业重要经营的采购谈判，由总经理审批。

第 3 章　附　　则

第 7 条　本规范由采购部制定，解释权、修改权亦归采购部所有。

第 8 条　本规范自公布之日起执行。

制度　采购合同管理方法

第 1 章　总　　则

第 1 条　为规范工厂对采购合同的管理事宜，做好采购合同的编制、签订、执行、修改等工作，使其符合采购管理的要求及工厂的利益，特制定本制度。

第 2 条　本制度适用于对采购合同管理的相关事宜。

第 2 章　采购合同的编写

第 3 条　采购部是采购合同的对口管理单位，负责采购合同的编制、签订、执行、控制等管理事项。

第 4 条　采购合同的编写程序。

1. 调查供应商。在编写合同前，采购部应组织专人对初选供应商名单中的供应商展开调查，主要调查的内容包括供应商的经营范围、银行资金、履约能力、技术水平、管理水平、产品质量、法人资格、信用等级等方面，以确定可进行谈判的供应商。

2. 进行谈判。采购部应与合适的供应商展开谈判，谈判内容包括采购物料的价格、数量、质量、供货方式、货款支付等方面的谈判，并根据谈判所形成的方案选择对工厂最有利的供应商。

3. 拟定草案并评审。采购部应根据谈判所形成的方案拟定采购合同草案，并交各部门进行评审，同时报送法律顾问审核及总经理进行审批。

4. 拟写正式的采购合同。采购部应根据各相关部门、法律顾问及总经理的意见对采购合同草案进行修订，并据此形成正式的采购合同。

第 5 条　正式的采购合同必须包括以下几个方面的内容。

1. 合同签订双方的姓名、住所和联系方式。

2. 标的的全称与价格或报酬。

3. 标的的数量与规格型号。

4. 标的的品质和技术要求。

5. 标的的履约方式、期限、地点。

6. 标的的验收标准和方式。

7. 付款方式和期限。

8. 售后服务和其他优惠条件。

9. 违约责任和解决争议的方法。

第 6 条　采购合同的条款内容必须齐备、明确、具体，表达必须严谨。

第 3 章　采购合同的签订

第 7 条　工厂采购合同原则上由总经理进行签订，但金额在 5 000 元以下的经总经理授权委托后可由采购部经理代表工厂进行合同的签订。

第 8 条　与工厂签订采购合同的供应商必须具有法人资格，并以其自己的名义签订采购合同，如果委托别人代签，采购部应审验其委托证明。

第 9 条　工厂与供应商签订的合同必须采用书面形式，其他任何形式的合同视为无效合同。

第 10 条　对于金额在 10 万元以下的采购合同，可以采用传真的方式进行签订，即工厂将合同拟订好后传送给供应商，供应商进行盖章签字后回传，工厂盖章签字后发给供应商回执，视为合同成立。

第 11 条　签订后的合同由财务部保管采购合同的原件并复印 3 份，分别交行政部、采购部及法律顾问处进行保管。

第 4 章　采购合同的执行与控制

第 12 条　合同签订后即具有了法律约束力，采购部应及时向供应商发送订货单，使供应商及时准备工厂所需的物料。

第 13 条　采购部应配合质量管理部做好采购物料的进厂验收工作，当所采购的物料不符合合同所约定的质量要求时，采购部积极联系供应商进行处理。

第 14 条　采购的所有物料都必须附带由供应商提供的验收报告，验收报告中应有供应商相关负责人的签字及公司章。

第 15 条　采购部应建立合同履约的管理台账，对双方的履约进程逐次、详细地进行书面登记，并保存好能够证明合同履约的原始凭证。

第 16 条　对于供应商需要按照样品或图纸加工的物料，如果存在加工过程周期长、变数多、监控过程比较复杂的现象，要求供应商提供进度安排，采购部根据进度安排与供应商进行联络，进行积极的协商，确保物料能够及时运送到工。如果供应商提供的物料将延缓工厂的生产，采购部应减少在供应商处的采购数量并与其他供应商联系，增加采购数量。

第 17 条　在合同的执行过程中采购部要处理好与供应商的关系，将供应商视为工厂的战略发展伙伴，便于在生产旺季加大物料采购时能够及时供应，在生产淡季时能够缩减或取消物料采购的数量。

第 18 条　采购部应本着经济型的原则做好物料的采购进度控制工作，既保证仓库中的采购物料库存最低，同时还能保证采购物料满足生产的需求。

第 5 章　采购合同的修改与终止

第 19 条　在合同执行过程中，因供应商的原因造成无法按量供应的采购物料，采购部经调查核实，可与供应商签订新的采购物料协议，作为采购合同的附件进行执行。

第 20 条　在合同执行过程中，若外部市场环境发生变化（例如原材料价格或工资出现上涨，供应商无法按合同规定的价格交货）采购部可与供应商进行协商，签订新的供货价格的条款，作为采购合同的附件执行。

第 21 条　在合同执行过程中，若因不可抗力导致供应商无法按时交货，采购部经过核实后，可与供应商进行协商签订双方的延期交货规定，作为采购合同的附件执行。

第 22 条　有下列情形之一者，视为合同终止。

1. 因不可抗力导致合同无法继续执行，双方同意取消合同。

2. 因市场环境或需求的变化一方提出取消合同，由双方协商解决赔偿事宜。

3. 出现违背合同条款的状况。

4. 逾期没有履行合同约定的。

5. 发生符合合同条款中合约解除的事项。

第 6 章　合同纠纷的处理与合同管理

第 23 条　当工厂与供应商所签订的合同出现纠纷时，其一般采取如下处理方法。

1. 与供应商协商解决。

2. 请第三方协调解决。

3. 由仲裁机构进行仲裁。

4. 通过法律途径解决。

第 24 条　采购合同的签订人员与资料管理人员要遵守合同的管理纪律，有下列情形之一者，工厂将根据情节的轻重进行相应的处理。

1. 泄露合同内容。

2. 私自更改合同内容。

3. 丢失合同。

4. 在合同签订或资料保管中损害工厂利益。

第 25 条　参与采购合同履行与监督的人员违反工厂的相关规定，给工厂造成经济损失和其他损失的，工厂将根据性质与情节轻重对责任人进行行政和经济处罚，情节严重者将依法追究其法律责任。

第 7 章　附　则

第 26 条　本制度未尽事宜，依照国家相关的法律、法规和政策执行。

第 27 条　本制度白总经理办公会议审议后执行。

制度 采购合同评审规定

一、目　的

为了规范采购合同签订的操作，保证交易的可靠有效，最大限度维护公司利益，特制定本规定。

二、适用范围

本规定适用于本公司生产原材料、外协加工、设备、模具、工装、办公用品等的采购作业。

三、权责规定 [1]

1. 采购经办人负责合同条款的商讨及草拟。

2. 与采购行为有直接关系的各部门领导参与合同条款的公审。

3. 总经理或其授权人负责合同签订的批准。

4. 财务部负责合同原件的保管。

5. 采购经办人负责合同条款的履行跟踪。

四、规定内容

1. 审批金额。

与供应商发生交易之前应遵循以下原则：

1.1　交易金额在人民币 1 000 元以下的由采购经办人决定是否须签订合同。

1.2　交易金额在人民币 1 000 元～10 000 元之间的由采购部门主管决定是否须签订合同。

1.3　交易金额在人民币 10 000 元以上必须签订合同。

1.4　特别情况或紧急需求时，经总经理或其授权人许可可不须签订合同或事后补签合同。

---

[1] 为了对合同中的条款、要求、交易方式进行审核，确保满足公司的利益，很多企业会成立专门的评审小组，成员包括合同经办人、部门第一负责人、采购部经理及财务经理。必要时还应安排一个法律顾问，从法律方面评估合同的可行性。

2. 长期合同。

2.1　对于长期、稳定的供应商，可采取签订一份年度合同，此后以每一采购订单作为合同附件的方式进行交易。

2.2　各采购经办人与供应商谈妥合同条款后，应拟定合同，以合同评审表提请审核、批准。

2.3　签署后的合同应交一份原件至财务部统一保管。

<h2>五、合同条款</h2>

1. 订购内容。

1.1　订购内容需注明物料名称、规格、单位、数量、单价、金额。

1.2　交货地点、方式：＿＿＿＿＿＿＿＿＿＿。要求供应商送货至本公司指定地点。

1.3　到货期：＿＿＿＿＿＿＿＿＿＿。根据生产需要确定，对品质稳定或补货困难的物料应预留相应时间，以免延误生产。

1.4　包装要求：＿＿＿＿＿＿＿＿＿＿。以保护产品、方便点收交接为原则，应坚持本公司要求。

2. 特性指标。

对于有特殊品质要求或内在性能较为复杂的物料，如设备、非标准件等，应做详细要求，必要时签订技术协议书。

3. 验收规定。

3.1　供应商应严格遵守约定规范，按期、按质、按量于指定地点交货。

3.2　供应商所供货物必须为完好新品。

3.3　验收工作由本公司进行，供应商可提供必要的技术支持，但对公司的最终判定不得有异议。对长期合作的供应商可将抽样方式、样品试验、判定标准与对方沟通清楚。

4. 标示要求。

对不同规格、不同批号的物料应明确标示以便区分管理。

5. 不合格品的处理。

5.1　不合格品应由供应商取回，并由公司另定期限补齐。

5.2　鉴定不合格品使用时所产生的人工费用由供应商承担。

5.3　公司降低验收标准接受供应商的货物时，货款应酌情折扣。

5.4　因货物不合格所产生的一切损失由供应商负担。

6. 要求供应商开模设计的物料，供应商不得提供给其他公司使用，并负有保管的责任。

7. 机密保持。

供应商不得泄露本公司订购物料的名称、规格、数量、单价等业务的机密。

8. 逾期交货责任。

8.1　每逾期交货一天，本公司可从货款中扣除＿＿＿＿％作为违约金。

8.2　逾期交货超过＿＿＿＿＿天，本公司可自行取消本合同且供应商承担因此给公司造成的一切损失。

9. 运输及费用承担：_____。应要求供应商负责运输及运输费用。

10. 风险承担：本公司收货之前的风险由供应商承担。

11. 付款方式：_____。

应根据实际情况来选择付款方式：预付_____%，货到付_____%；现金；月结；30 天；60 天；90 天；半年。

12. 法律责任。

供应商不得对本公司及相关人员给了佣金或同等利益的馈赠，否则公司有权冻结货款并进一步追究供应商的法律责任。

13. 合同签订地点为本公司所在地。

六、合同变更

1. 合同变更由经办人与供应商协商。

2. 若供应商提出变更的，采购部门应组织对合同再次评审。

3. 若公司提出变更的，应与供应商达成一致意见。

七、合同归档

经审批及变更过的合同保存到供应商档案中，以便查询。

范表 采购谈判计划表

谈判目标			谈判议程	谈判议题	参加人员	谈判策略	
最优目标	预期目标	底线目标				实施策略	备选策略

范表 合同审批表

项目名称		客户名称		合同编号	
发表人		填表日期		评审结束日期	
合同类别		□产品类　　□工程类　　□服务类　　□租赁类			
要　　求	发送范围	产品部、工程 / 售后部、财务部、销售部、总经理 （共印 1 份）			
	主　　题	合同审核会签			
合同评审主要内容	合同付款方式、单价、付款金额、交易数量、购货名称、规格型号、质量要求、交货时间、交货地点、履约责任、签约地点、特别约定等是否合理；我方人员、运作是否能满足合同的要求；各部门是否有需要增加的特殊标准等				

销售部意见：

签字：　　　　　　年　月　日

产品部意见：

签字：　　　　　　年　月　日

工程 / 售后部意见：

签字：　　　　　　年　月　日

财务部意见：

签字：　　　　　　年　月　日

总经理意见：

签字：　　　　　　年　月　日

范表 合同签订审批表

合同名称		合同份数		类　别	
对方单位名称		合同期限		开始日期	
合同起草人		经办部门			
合同编号		合同金额			
合同谈判记录：					

参与谈判人员：

审批意见	合同证明文件及材料真实性审批 （相关部门）	
	部门所属中心总监审批意见	
	法律事务部审批意见	
	公司财务部审批意见	
	审计部审批意见	
	公司总经理审批意见	

合同章使用人签字		合同副本留存部门	
合同存档人		存档日期	

备注：审批意见栏第一项合同证明文件及材料真实性审批除需由质量管理部审核外，其余合同由签署人所属部门经理审核批准。

范表 采购谈判记录表

采购项目				
实施方式	□竞争性谈判		□单一来源	
谈判时间	年　　月　　日			
谈判地点				
责任部门				
询价区间 （10 万元以上出具）				
供应商	报　　价	谈判价格		供应商签字
中标人	中标价格			
谈判小组成员签字				
管理办公室	责任部门	使用部门	工　　会	专　　家
监督工作小组签字				
物资采购管理办公室审核				

范表 合同谈判记录表

记录人：		记录时间：	
供货方		谈判时间	
供货时间		谈判地点	
采购产品名称		数　量	
产品规格和型号		目标价格	
技术要求			
质量要求			
谈判内容描述（内容较多可以附表）：			
谈判主要争议点：			
谈判结果：			
谈判参加人员		谈判日期	
主管领导审批意见：			
		签字：	日期：　年　月　日

范表 谈判人员考核表

考核内容	考核指标	分值	评价等级				得分
			A	B	C	D	
谈判准备 （30分）	根据供应商谈判人员的职务情况安排职务相当的谈判人员	10					
	仪容仪表：庄重正式，男士应刮净胡须，穿西装必须打领带；女士穿着应得体大方，不宜穿细高跟鞋，应化淡妆	10					
	使用长方形或椭圆形谈判桌，会场进门正面座位或进门后右手边的座位应让给供应商	10					
谈判之初 （20分）	作自我介绍时要自然大方，不可露傲慢之意	10					
	交换名片	10					
谈判之中 （40分）	表情：自然，严肃	10					
	眼神：注意目光的接触，目光落在对方的公务凝视区	10					
	语言：语速适当，表达准确，普通话标准	10					
	动作：点头，手势运用得当	10					
谈后签约 （10分）	进入签字会场，设助签人员分立在各自一方代表签约人外侧，其余人员排列站在代表身后	8					
	双方握手，签字，再次握手	2					
考核总分		100	最终得分				
备注：考核等级共分 4 等，A 等系数为 1.0，B 等系数为 0.8，C 等系数为 0.6，D 等系数为 0.4。							

范表 采购谈判初步评审表

评审因素		结　果
资格性审查	营业执照副本	□满足　　□不满足
	资质等级证书副本	□满足　　□不满足
	安全生产许可证副本	□满足　　□不满足
	法定代表人授权书副本	□满足　　□不满足
	项目经理满足要求	□满足　　□不满足
	技术负责人满足要求	□满足　　□不满足
符合性审查	谈判文件签字、盖章	□满足　　□不满足
	有完整的服务承诺	□满足　　□不满足
	报价唯一性	□满足　　□不满足
	无其他实质性偏离	□满足　　□不满足
	没有低于成本报价	□满足　　□不满足
	没有超过最高限价	□满足　　□不满足
上述情形任一条不满足要求的，作无效谈判处理		
谈判委员会签字		

范表 合同信息统计表

登记日期：						登记人：		
序号	合同编号	合同内容	供应单位	合同数量	合同单价	合同总额	采购形式	联系人及联系方式
1								
2								
3								
4								
5								
……								
审批人：					审核人：			

更多模板

磋商报价一览表　　　　　　　　　　谈判议程纪要表

对手谈判意愿分析表　　　　　　　　谈判桌局势分析表

谈判僵局分析表　　　　　　　　　　谈判桌上开局技巧分析表

5.2　采购订单跟踪管理

采购订单管理是指企业根据市场环境、用料计划以及相关的因素，所制订的切实可行的采购订单计划，并下达至各部门执行，在执行的过程中对订单进行跟踪，以使企业能从采购环境中购买到企业所需的商品，为生产部门和需求部门输送合格的原材料和配件。

● 订单计划的准备工作

准备工作	具体内容
了解市场需求	订单计划是随着市场需求和销售情况不断变化的，所以首先就要了解市场上什么销售得好、销售得快，才好初步确定采购订单的时间、材料
掌握生产需求	不同产品生产所需的材料不同，材料使用的多少和进度也不同，要及时向生产部门了解，对生产所需物料的毛需求、净需求及计划订单下达日期和订单数量有所掌握
收集供应商资料	对供应商的相关信息资料进行收集，包括供应商基本信息、订单比例信息（对于多家供应商供货，每个供应商分摊的下单比例）、供应商服务信息（最小包装信息）等
制订订单计划说明书	收集好各项需要的资料后，便可以开始着手制订订单计划说明书（物料名称、需求数量和到货日期等）和附件（市场需求计划、生产需求计划和订单环境资料等）

● 采购订单的4种类型

① 一揽子采购协议

一揽子采购协议是一种为降低采购成本，与供应商签订的中长期采购协议。一次签订，多次要货，持续时间较长（6～12个月）。对于企业来说，若某段时间有确定的采购需求，但对具体的交货时期和交货进度还无法确定，那么可以与供应商签订一揽子采购协议，谈判确定一段时间内的采购总量和付款条件，这样可以拿到较大的优惠，或是商定分时段单价。一般随时需要，随时向供应商要货，只要在协议签订的时间范围内向供应商采购到合同规定的数量／总金额即可。

② 合同采购协议

合同采购协议指企业在不确定具体的采购物料与服务时，可以商议好其他的付款和交货条款。这样能让采购企业与供应商创建基础的供货协议，保持双方的商业往来关系。采购时，采购方可参考合同采购协议提交标准采购订单。

③ 标准采购订单

标准采购订单一般是在进行一次性采购或是不定期、不频繁采购时创建的采购订单，计划了预估成本、数量、交期、服务、科目，内容详尽完整。这样就需要供应商明确各项事宜，并做好承诺。

④ 计划采购订单

计划采购订单一般针对单一供应商，且为长期采购，对采购相关内容如交期、数量、价格有明确的计划，不过在后续的采购活动中可以对计划内容有所修改，依据计划采购订单下达新的订单。

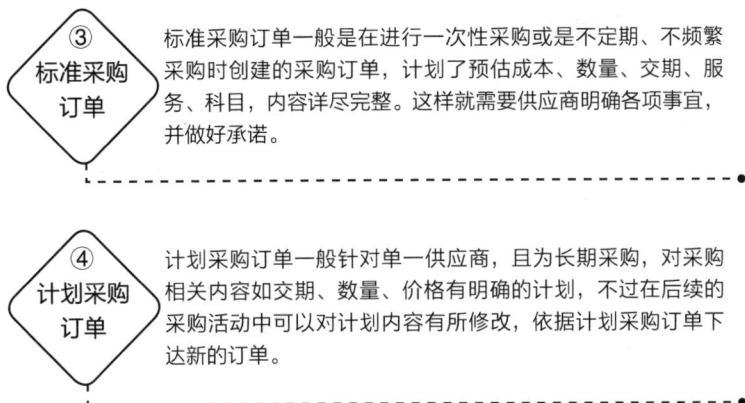

● 采购订单跟踪流程

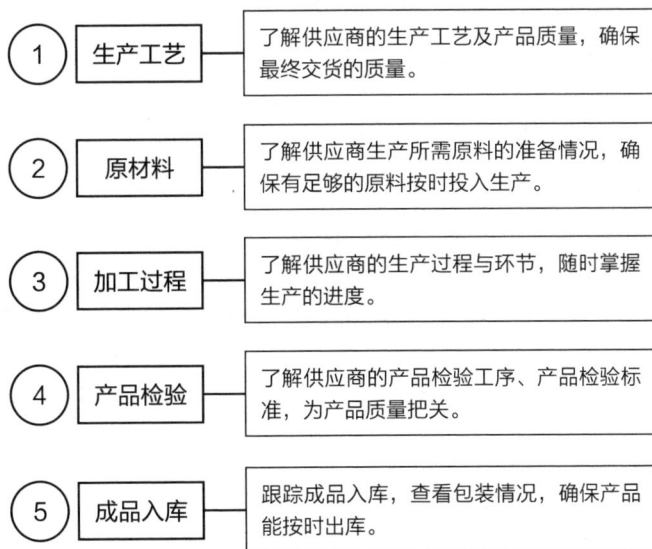

① 生产工艺	了解供应商的生产工艺及产品质量，确保最终交货的质量。
② 原材料	了解供应商生产所需原料的准备情况，确保有足够的原料按时投入生产。
③ 加工过程	了解供应商的生产过程与环节，随时掌握生产的进度。
④ 产品检验	了解供应商的产品检验工序、产品检验标准，为产品质量把关。
⑤ 成品入库	跟踪成品入库，查看包装情况，确保产品能按时出库。

拓展知识 创建订单管理系统

　　为了更好地管理企业内的各种订单，企业内部最好建立订单管理系统，这样订单录入、确认、拣货、发货、出库、入库、库存查询、订单查询等操作都能高效完成。市面上的订单管理系统很多，有 Excel 服务器、ERP 系统、SAP 系统、在线管理平台等。

制度 采购订单跟踪管理规范

第一章 总 则

第1条 目的。

为了规范采购订单跟踪工作，提高采购订单跟踪效果，特制定本规范。

第2条 审批权限。

1. 采购总监及总经理负责审批_____元以上的订单处理工作。

2. 采购经理负责审批_____元以下的订单处理工作。

第二章 采购跟单总体要求

第3条 跟踪过程。

订单发出后，采购专员需要跟踪整个过程直至收货入库。

第4条 跟踪要求。

1. 采购专员应完成企业规定的以及自购的订单跟踪任务。

2. 采购专员全面统筹安排所负责的各个订单的跟踪工作，不可遗漏。

第5条 处理审批。

采购订单的取消、违反合同以及其他未规定处理规范的问题的处理方案应由相关权限审批人审批后方可执行。

第6条 行为规范。

跟单员必须保持对供应商的尊重，在跟单过程中必须注意自己的言行举止，自觉维护企业的良好形象。

第三章 订单跟踪处理规范

第7条 订单分类汇总。

1. 采购专员必须整理好所负责的订单，将订单信息填入"订单信息汇总表"[1]中，确保每一订单都可查询。

2. 采购专员将负责的采购订单按照订单跟踪类别分类，便于进行供应商分级跟踪管理。

第8条 订单执行情况跟踪。

1. 采购专员应跟踪订单处理的整个过程。

2. 采购专员按照企业"订单状态跟踪流程"跟踪采购订单。

第9条 企业取消采购订单的处理。

1. 原则上，采购部不能取消订单。如因企业内部某种原因，确实需要取消已发出的订单，采购专员应依据领导审批权限向领导申请取消订单。

2. 对于企业单方面取消订单或供应商可能提出取消订单的问题，采购专员应按照以下程序处理。

---

[1] 订单信息汇总表，用于记录有关订单的重要信息，包括订单号、供应商、下单日期、交货日期、备注等。

（1）采购部预先提出有可能出现的问题及可行的解决方法，并由采购专员编制"××取消订单处理方案"。

（2）采购经理或采购总监在权限内审批"××取消订单处理方案"。

（3）采购专员执行"××取消订单处理方案"。

3. 依照合同规定取消订单的，采购专员无须请领导审批。采购专员应将合法取消订单的证明依据汇总整理并存档。

第 10 条　供应商取消订单的处理。

如因某种原因，供应商取消企业已发出的订单，采购部应按照以下程序处理。

1. 采购部选择新的供应商进行采购或采购替代品，采购程序应参照企业"采购管理制度"执行。

2. 采购部及时通知需求部门，做好应急措施。

3. 采购部联系供应商，要求其赔偿企业人力、时间损失以及其他经济损失。

第 11 条　交货延迟的处理。

1. 采购专员未能按时、按量采购所需物资，并影响请购部门正常经营活动的，须填写"采购交货延迟检讨表"，说明原因及跟进情况。

2. 供应商未能如期交货的，采购专员应及时同供应商取得联系，了解其未能如期交货的原因，并与其协商处理对策。

（1）采购专员首先应在合同到期后的固定时间发送"催货通知单"。

（2）催货后无回应的，采购专员应亲自致电供应商，了解供应商的相关情况。

（3）供应商在催货后一周内仍未交货的，采购专员应将具体情况上报采购经理。

3. 交货延迟＿＿＿次以上的，采购专员提请采购经理派驻厂人员到场监管或更换供应商。

第 12 条　交货提前的处理。

1. 供应商提前交货会导致库存增加、流动资金周转率下降，所以采购专员不能放松对交货提前的管理。

2. 供应商未按照采购订单规定而提前送货的，采购专员应按照以下规范操作。

（1）A 类物资允许提前交货日，B 类物资允许提前交货日，C 类物资不允许提前交货。

（2）A 类物资：占用企业 70% 成本，实际数量为 20% 的物资。

（3）B 类物资：介于 A 类和 C 类物资之间。

（4）C 类物资：占用企业 10% 成本，实际数量超过 50% 的物资。

（5）供应商本年度提前交货＿＿＿次以上的，不得提前交货。采购专员应与供应商随时沟通，确定交货时间。

第 13 条　弹性处理。

1. 如果企业客户提前订单交期或变更生产计划，企业应与供应商联系，进行弹性处理。

2. 弹性处理应按照以下程序操作。

（1）采购专员接到生产部门或销售部门的弹性处理信息。

（2）采购专员马上联系供应商，了解供应商生产进度。

（3）根据客户订单提前时间，与供应商协商加快生产进度，必要时可根据上级领导审批的处理意见提高采购价格或采取其他鼓励供应商的措施。

第 14 条 档案储存。

1. 采购专员应将供应商名片、报价单、合同等资料分类归档以备查。

2. 采购专员应及时更新采购订单跟踪信息，将其录入采购部订单跟踪信息库。

3. 采购专员自购物资的价格信息必须每日录入采购部价格信息库。

第 15 条 其他情况处理。

1. 合同上明确规定的条款，甲乙双方如有违反，均按合同规定进行处理。

2. 合同以及本规范未规定的异常情况处理规范。

（1）采购专员及时将订单异常情况上报采购经理或采购总监。

（2）采购经理或采购总监将审批后的处理意见反馈至采购专员，采购专员负责具体执行。

第四章 附　则

第 16 条 本规范由采购部制定，解释权归采购部所有。

第 17 条 本规范经总经理审批后生效，修改、废止时亦同。

制度 请购单管理制度

一、目　的

为规范请购单受理工作，明确请购单执行流程，特制定本制度。

二、适用范围

所有需采购部经办的请购单。

三、内　容

请购单包括以下基本内容：请购单号（ERP 系统自动生成的以 ERP 单号为准）、所属公司名称、请购类别、请购人、物料编码及名称、规格型号、数量、单位、库存数量、批准数量、预估单价及金额、需求时间、品质和质量要求、请购原因（用途）、请购日期、审核人、批准人。

四、请购单类别

4.1　按物料分。

4.1.1　原辅料请购单：指原纸、油墨、化工原料、添加剂、设备用配件、备品备件、版辊、钢板、包装物、基材、劳保、低值易耗品、油品等常用生产物资的请购。

4.1.2　办公用品请购单：指行政部管理的办公用品的请购，列入月度请购计划。

4.2　按需求时间分。

4.2.1　月度请购单：是指根据公司上月实际库存情况、物料需求情况及本月预计需求制订的当月请购计划。各需求部门于每月 25 日前提交月度请购单。

4.2.2　周请购单：是指根据实际生产需求，填补"月度请购计划"的不足或漏报制订的下一周的请购计划，各需求部门于每周五提交周请购单。

4.2.3　紧急请购单 [1]（急件）：当出现以下情况之一时，相关部门（工厂）人员须提交紧急请购单。

（1）生产、经营临时需求或即将停工待料。

（2）不可预期设备损坏或事故紧急抢险。

（3）影响公司正常生产、经营的其他相关情况。

五、请购单审批流程

5.1　原辅材料请购申请审批流程及说明。

5.1.1　提交：制单人填写原辅材料请购审批单，并对请购物品进行估价（ERP 系统自动生成）；新物料可咨询采购部长提供价格。

5.1.2　一级审批：由制单人直接上级审批。

5.1.3　分、子公司负责人审批：由分、子公司负责人审批，权限范围内，同意则直接购买；权限范围以上则上报至总裁。

5.1.4　总裁审批：由总裁审批，权限范围内，同意则直接购买；权限范围以上则上报至董事长。

5.1.5　董事长审批：由董事长审批。

5.2　办公用品请购审批流程及说明。

5.2.1　提交：由行政部填写办公用品请购单；若为礼品，则由需求部门提出。

5.2.2　一级审批：由行政部负责人或总部分管领导审批。

5.2.3　分管领导审批：由行政部或总部分管领导审批，申请合计金额小于 1 500 元，同意则直接购买；大于等于 1 500 元则上报至总裁。

5.2.4　总裁审批：由总裁审批，申请合计金额小于 5 000 元，同意则直接购买；大于等于 5 000 元则上报至董事长。

5.2.5　董事长审批：由董事长审核。

六、请购单审批细则

6.1　请购设备类固定资产，分、子公司总经理审批同意后，总额 10 万元以下的均需提交总裁审批同意；总额 10 万元以上的，报董事长批准。

6.2　请购行政办公固定资产，需总部行政部负责人或分、子公司总经理审批同意后，总额 1 万元以下的均需提交总裁审批同意；总额 1 万元以上的，报董事长批准。

---

[1] 采购部优先执行紧急请购，全力保证生产、经营的正常运行。为不影响月度及周请购计划的采购进度，各分、子公司须提高采购物资计划性，紧急请购和超计划请购数量应控制在当月总请购量的 10% 以内。劳保、办公用品、工具、后勤用品、包装物、化工、添加剂等不能发生紧急请购。

6.3 请购 IT 类固定资产及软件，需总部行政部负责人或分、子公司总经理审批同意后，总额 5 000 元以下的均需提交总裁审批同意；总额 5 000 元以上的，报董事长批准。

6.4 请购化工（含添加剂）、纸品，100 万元以下由分、子公司总经理审批同意；100 ~ 200 万元以内的需提交总裁审批同意；总额 200 万元以上的，报董事长批准。

6.5 请购板品、油墨，30 万元以下由分、子公司总经理审批同意；30 ~ 100 万元以内的需提交总裁审批同意；总额 100 万元以上的，报董事长批准。

6.6 请购版辊、包装物，5 万元以下由分、子公司总经理审批同意；5 ~ 10 万元以内的需提交总裁审批同意；总额 10 万元以上的，报董事长批准。

6.7 请购备品备件，1 万元以下由分、子公司总经理审批同意；1 ~ 5 万元以内的需提交总裁审批同意；总额 5 万元以上的，报董事长批准。

6.8 请购除以上物资外的其他原辅材料，5 000 元以下由分、子公司总经理审批同意；5 000 ~ 10 000 元以内的需提交总裁审批同意；总额 1 万元以上的，报董事长批准。

6.9 请购办公用品、礼品，1 500 元以下由分管领导审批同意；1 500 ~ 5 000 元以内的办公用品或 1 500 ~ 3 000 元的礼品需提交总裁审批同意；超出此限额，需报董事长批准。

6.10 采购部受理审批手续完善的请购单，由采购部长对请购单的需求时间及物料名称、规格进行复核，依据采购周期，回复并确认实际交货期，有合同则依合同约定时间为准。

6.11 请购撤销：如需撤销请购，需书面或邮件通知采购部取消，避免不必要的采购。

6.12 采购部按周及按月对请购单的完成情况进行统计，同时对急件情况通报各分、子公司负责人。

七、采购部执行请购单流程

7.1 各采购专员按物料属性对应的物料采购周期进行采购，每周五订单管理员统计本周请购单的完成情况，通报未完成请购单，并落实完成时间。

7.2 各采购专员接单后，需询比价的物资，如大宗化工原料（尿素、甲醇、甲醛、三聚氰胺、石蜡）或单价在 3 000 元以上的物品（备品备件、包装物、低值易耗品、金属材料、非金属材料等），按"采购比价控制制度"执行；不需询比价物资，如原纸、油墨、版辊、添加剂，请购部指定供应商、品牌、规格型号。

7.3 如要确认技术要求或质量标准，以确认时间为正式接收时间；签订合同的，以合同约定交货时间为准。

7.4 若无合同约定，由采购专员与供应商、需求部门共同确认的交货期为准。

八、罚　　则

8.1 由于采购专员原因，未按时下达订单给供应商，造成物资到货期延误的，若给公司带来损失，按"公司员工奖惩条例"处理。若接到需求部门投诉至部门负责人处，则一单扣 5 分。

8.2 由于需求不明，超过 48 小时未能确定，需上报采购部负责人。若未上报导致超期完成，每单扣 2 分。

制度 采购交期管理制度

1 总 则

1.1 制定目的

为确保采购交期管理更为顺畅,特制定本制度。

1.2 适用范围

本公司采购物料的交期管理,除另有规定外,需依本制度执行。

1.3 权责单位

1.3.1 采购部负责本规章制定、修改、废止之起草工作。

1.3.2 供应链副总经理负责本规章制定、修改、废止之核准。

2 预防欠料 [1] 及欠料跟进管理规定

2.1 欠料原因

2.1.1 供应商责任。

因供应商责任导致交期延误的状况:

(1)接单量超过供应商的产能。

(2)供应商技术、工艺能力不足。

(3)供应商对时间估计错误。

(4)供应商生产管理不当。

(5)供应商的生产材料出现货源危机。

(6)供应商品质管理不当。

(7)供应商的顾客服务理念不佳。

(8)供应商欠缺交期管理能力。

(9)不可抗力原因。

2.1.2 采购部责任。

因采购部责任导致交期延误的状况:

(1)供应商选定错误。

(2)业务手续不完整或耽误。

(3)价格决定不合理或勉强。

(4)进度掌握与督促不力。

(5)经验不足。

---

[1] 欠料造成的不良影响包括:①导致制造部门断料,从而影响效率。②由于物料交期延迟,间接导致成品交期延迟。③由于效率受影响,需要增加工作时间,导致制造费用的增加。④由于物料交期延迟,采取替代品导致成本增加或品质降低。⑤交期延误导致客户减少或取消订单,从而导致采购物料囤积和其他损失。⑥交期延误导致采购、运输、检验成本增加。⑦断料频繁易导致互相配合的各部门人员士气受挫。

（6）下单量超过供应商的产能。

（7）更换供应商所致。

（8）付款条件过于严苛或未能及时付款。

（9）缺乏交期管理意识。

2.1.3　其他部门责任。

因采购以外部门导致交期延误的状况：

（1）请购前置时间不足。

（2）技术资料不齐备。

（3）紧急订货。

（4）生产计划变更。

（5）设计变更或标准调整。

（6）订货数量太少。

（7）供应商品质辅导不足。

（8）点收、检验等工作延误。

（9）请购错误。

（10）其他因本公司人员原因所致的情形。

2.1.4　沟通不良。

因本公司与供应商双方沟通不良导致交期延误的状况：

（1）未能掌握一方或双方的产能变化。

（2）指示、联络不确实。

（3）技术资料交接不充分。

（4）品质标准沟通不一致。

（5）单方面确定交期，缺少沟通。

（6）首次合做出现偏差。

（7）缺乏合理的沟通窗口。

（8）未达成交期、单价、付款等问题的共识。

（9）交期理解偏差。

（10）其他因双方沟通不良所致的情形。

2.2　预防欠料及欠料跟进的要点

2.2.1　事前规划。

（1）制订合理的购运时间。

采购部将请购、采购、供应商生产、运输及进料验收等作业所需的时间予以事先规划确定，作为各部门的参照依据。

（2）确定交货日期及数量。

①预先明确交期及数量，大订单可采用分批交货方式进行。

②每周三由 PMC[1] 负责齐套分析[2]，周四转发采购，由采购人员根据齐套分析产生的三周交货计划，依据不同材料对应的不同供应商，分别发给相关供应商三周交货计划，并在一天内要求各供应商确认答复发货时间，最后由对应的采购工程师汇总回复 PMC 实际可交货时间，借此每周滚动更新，确保相关供应商清楚所供之材料具体的交货时间及数量并依次提前备料生产。

（3）每月、每周供应商产能分析和负荷分析。

采购工程师需严格按招标份额进行订单分配，与此同时应充分同相关供应商进行沟通或者现场稽核，事先了解供应商的产能配备情况，若其产能配备确实不能满足当前分配份额额度的正常供应，或者品质亦无法保证的情况下，需及时填写招标份额调整表，申请份额切换。

（4）请部分供应商提供生产进度计划及交货计划，确保预防欠料。

①采购工程师根据"预防欠料清单"向 PMC 提前 3 天确认交货计划是否欠料。尽早了解供应商的瓶颈与供应能力，便于采取对策。

②当执行急单或者预计存在风险的订单时，采购工程师应在供应商订单执行开始生产的同时要求供应商自主提供生产进度计划及交货计划，并以此同 PMC 要求交货计划进行核实对比，若不能满足，则需立即同供应商进行协商，调整配置以满足客户交货要求为先。若可以满足，则依据此计划时间节点进行监督并敦促供应商严格执行。

（5）准备替代来源。

①采购人员应尽量多联系其他物料提供来源，以确保应急。

②器件工程部定期发出全部独供材料列表，由供管部作为窗口提供推荐替代物料（采购部有优选的替代物料亦可推荐），并由器件工程部主导替代物料的承认，最终加入 BOM。

2.2.2　采购中执行细则。

（1）交期确定后计划员开始对交期执行情况跟踪确认，采购工程师根据每周齐套分析回复的"采购欠料复期表"，重点标示出不能符合要求以及存在交货风险的材料列表，形成"采购物料跟踪管控表"，每日对表中材料一一进行跟催及确认最新生产进度状况，并根据变化情况不断更新"采购物料跟踪管控表"，确保提前掌控风险。采购工程师在订单执行过程中应保持同相关供应商的沟通，对于供应商反馈的异常必须在第一时间给予协助处理，包括技术支持、品质辅导等。

…………

---

[1] PMC，即 Production Material Control，生产材料控制，最直接关联的岗位是生产管理、生产计划、物料计划和采购。可通过两个概念来理解 PMC，一是 PC，说的是生产管理，工作内容为收集与加工设备、人力、物料、工艺流程、成品库存存储和收发等相关的信息，进行生产计划制订和执行跟踪；二是 MC，说的是物料控制，工作内容为收集与加工设备、物料、生产计划安排、工艺流程、材料库存、成品库存相关的信息，进行物料计划制订和物料库存管控。

[2] 齐套分析，为一个期间内要生产的成品/半成品所产生的相关需求和库存可用量的对比分析，从而为物料计划/生产备料提供依据。可以分析产生以下数据：A. 相应需求的缺料状况；B. 当前可用库存的生产齐套数；C. 当前系统的备料状况。

制度 异常订单处理办法

第1章 总 则

第1条 目的。

为规范采购订单异常的处理过程，确保对异常订单进行及时有效的处理，特制定本办法。

第2条 适用范围。

本办法适用于采购部异常订单处理的全过程。

第3条 管理职责。

1.采购部负责及时有效地将异常信息传递给请购部门，以便公司及时调整生产计划，并与供应商积极协商处理异常情况。

2.请购部门负责协助采购部解决订单异常情况，根据需求及时调整订单。

第4条 术语解释。

1.本办法所称交期异常，是指物资交期延后或交货数量变更无法满足正常生产。

2.本办法所称品质异常，主要指供应商在生产过程中发现的品质异常。

3.本办法所称下单异常，主要指由于采购人员的主观因素导致的订单下发异常。

4.本办法所称突发异常，是指发生不可抗拒的外力因素（如地震、火灾等）或市场原材料严重紧缺等突发情况。

第2章 交期异常的处理

第5条 采购人员需在下单后及时跟踪订单情况，及时获取订单交货进度，并与供应商联络，及时获知交期异常情况。

第6条 交期异常反馈。

采购人员发现异常后，应及时向采购经理和请购部门反馈信息，以便及时进行补救或调整。

第7条 交期异常措施。

采购人员需要采取积极措施尽量挽回损失，可以采用跟催法催交货物，也可依具体情况变更采购订单或寻找替代供应商等。

第8条 评估交期异常损失。

采购部应积极联络相关部门评估损失费用，并可视情况向供应商进行索赔。

第3章 品质异常的处理

第9条 品质异常反馈。

供应商发现品质异常无法自行解决时，应以书面形式将问题反馈给相应的采购员，采购员要及时反馈给采购经理，请示解决办法。

第10条 确定是否特采。

由采购经理和请购部门协商看能否进行特采，必要时，由采购员召集请购部门到供应商生产现场协助解决异常。

第 11 条　评估品质问题损失。

如因品质问题返工或拒收影响本公司正常生产的,采购部应组织相关部门评估损失费用,并可视情况向供应商提出索赔。

第 4 章　下单异常的处理

第 12 条　下单异常反馈。

采购员如果发现订购单等相关单据没能及时下发,应立即联系采购部下单人员并反馈给采购经理。

第 13 条　下单异常处理。

1. 如发生采购部下错订单,采购员应与供应商协商能否撤单,尽可能避免呆废料,同时下达正确的订购单。

2. 如不能撤单,采购应与相关部门沟通看能否将订单进行内部消化,并把信息上报采购经理。

3. 如不能撤单又无法内部消化,产生的损失费用由责任部门承担,并按公司相关规章制度对责任部门进行惩罚。

第 5 章　突发异常的处理

第 14 条　以下异常均属突发异常,并按照本章节规定进行处理。

1. 经确认属发生重大事故(如严重火灾、地震等),造成供应商短期内无法恢复生产。

2. 突发事故造成市场原材料严重短缺。

第 15 条　突发异常处理办法。

1. 出现突发异常时,采购员应及时向采购经理汇报,并通过多种渠道了解市场行情,查看现有市场能否满足教学需要。

2. 如突发异常影响生产进行时,采购人员需向请购部门确认是否通过高价调拨现货或采用其他能减少公司损失的方式进行采购。

第 6 章　附　　则

第 16 条　本处理办法由采购部草拟,经总经理审批后正式实施。

第 17 条　本处理办法自下发之日起生效。

制度 订单变更管理办法

第 1 章　总　　则

第 1 条　目的。

为了规范订单变更管理工作,明确订单变更流程,有效处理订单变更中出现的问题,特制定本办法。

第2条 适用范围。

本办法适用于公司所有采购订单的变更管理全过程。

第3条 职责。

1. 采购部经理负责审核和批准订单变更申请表及订单变更表。

2. 采购部负责接收、评审变更订单，就订单变更事项与请购部门进行沟通并与供应商协调，做好订单变更工作。

3. 请购部门负责填写采购订单变更申请表，积极配合采购部做好订单变更过程中的相关工作。

第2章 订单变更作业

第4条 提出变更申请。

1. 在采购订单下达后，如果采购需求发生重大变化，请购部门可根据现实情况向采购部提出订单变更申请。

2. 提出变更申请时要写清楚变更的具体内容，如订单价格的变更、交货日期的变更、采购数量的变更等。

第5条 订单变更审核。

1. 采购部需要审查下达的采购订单是否已经收货，如是已经收过货的订单，其变更内容必须受到限制。

2. 如果订单货物已经收到，但由于供应商方责任造成订单变更时，采购部方可与供应商联络，办理订单变更。

3. 采购部应要求请购部门确认变更内容，并及时与供应商协商，询问其是否可以接受订单变更，并确定变更事项及内容。

第6条 开立变更订单。

1. 采购部在订单变更通过审批并与供应商协商完成后，应立即制定采购变更单。

2. 采购变更单一式四份，采购部自留一份，其余三份分别给财务部、总经办和供应商。

第7条 变更损失。

1. 由于本公司自身原因要求变更订单时，给公司带来的损失要由相关责任部门承担。

2. 由于供应商原因不得不变更订单时，由此给本公司带来的损失按合同相关规定由供应商负责承担。

第3章 附 则

第8条 本办法由采购部草拟，经总经理审批后实施，其解释和修订权归采购部所有。

第9条 本办法自下发之日起生效。

范表 采购订单

订单编号					制单日期		
供应商				详细地址			
联系人		职务			电话		
货运方式	□公路运输　□铁路运输　□航空运输　□其他				到货日期		
序号	编码	品名	规格	摘要	订购数量	订购单价	金额
1							
2							
3							
4							
5							
金额合计（大写）						¥　　　　　元	
备注							

业务员	采购部经理	财务部经理	总经理
签字： 日期	签字： 日期	签字： 日期	签字： 日期

范表 订单信息汇总表

序号	订单号	供应商	下单日期	交货日期	备注

范表 采购订单跟踪表

开始日期：　　　　　结束日期：　　　　　厂商：　　　　　货品：

完成	采购订单号	下单日期	客户编码	货品编码	颜色	交货日期	采购订单数量	采购单数量	采购结存数量	交货天数	超期天数	累计完成率
合　计												

主管：　　　　　审核人：　　　　　制表人：

范表 请购单

请购单位		请购日期		需要日期	
承办人员				订货日期	
请购单号				到货日期	

请购物资	数量	规　格	单价	金　额
预算总金额				

合计：人民币（大写）　　　　　　　　　　　　　　　　　　　　元整

供应商：
电话：
传真：
地址：
联系人：

申请原因	
申请人签字		审批人签字	
部门领导签字		单位盖章	

范表 采购订单跟催表

编号：　　　　　　　　　　　　　　跟催员：

订购日期	订购单号	料号（规格）	数量	单价	总价	供应商（编号）	计划进料日期	实际进料日期		
								1	2	3

审核人：　　　　　　　　　　　　　　审批人：

范表 采购物料跟踪管控表

指令号：　　　　　　机种：　　　　　　订单量：

序号	物料名称	规格型号	单位	采购周期	每天产量	申购日期	要求交货日期	供应商交期确认	原因分析及行动	供应商回复第二次交期	提前三天交期确认	剩余时间	超出时间	原因分析及行动	第三次实际交货期	备注

范表 订单异常反馈表

编号：					日期： 年 月 日	
订单号码	订单日期	异常类别	处理措施	处理结果		负责人

更多模板

采购交期控制制度	采购追踪记录表
办公用品订购审批单	采购记录登记表
办公设备采购申请表	交期控制表

第❻章

进度控制与采购结算管理制度与范表

为了防止断料，确保及时采购物资，降低库存成本，企业必须要对采购进度进行控制。而在一批次进货完成后，采购部也要及时做好相关结算工作，无论是物资的流转还是资金的控制，牵涉部门都要做好流程分析和配合工作，才能保证工作有序进行。

● 采购进度控制　　　　　　　　　　　　　　　P176

● 采购结算管理　　　　　　　　　　　　　　　P189

6.1 采购进度控制

为了防止生产断料，降低库存成本，企业采购部要做好采购进度控制工作，掌握采购合同或采购订单的进度，及时催货，对每日交货的物资进行跟踪和确认，确保所采购物资准时交货。

● 采购进度控制程序

1 项目采购负责人依据采购需求整理物料相关资料，采购跟单员编写本次采购期限规划，交采购经理审批。

2 若采购期限规划合理，则采购经理批准执行；若不合理，取消该采购期限规划。

3 采购进度控制主管根据批准的采购期限规划，进一步划定采购进度的关键节点，如询价、订购、装运、交货。

4 采购进度控制主管向供应商询价，并根据询价结果制订采购进度的控制规划。

5 跟单员依照采购进度规划跟踪订货，据实填写采购进度控制表，一旦供应商逾期交货，及时上报采购进度控制主管。

6 交货逾期，跟单员积极催货，着手调查供应商生产情况。若出现严重逾期的供应商，采购进度控制主管应按合同条款进行违约处理。

7 供应商生产出现问题，采购进度控制主管应与供应商协商，了解并分析原因，提供解决办法，上报总经理。

8 总经理根据实际情况对采购进度做出适当调整，向供应商提出改进要求，前提是不影响本次生产活动。最后，对此次采购活动中的所有资料归类存档。

● 如何缩短订单处理周期

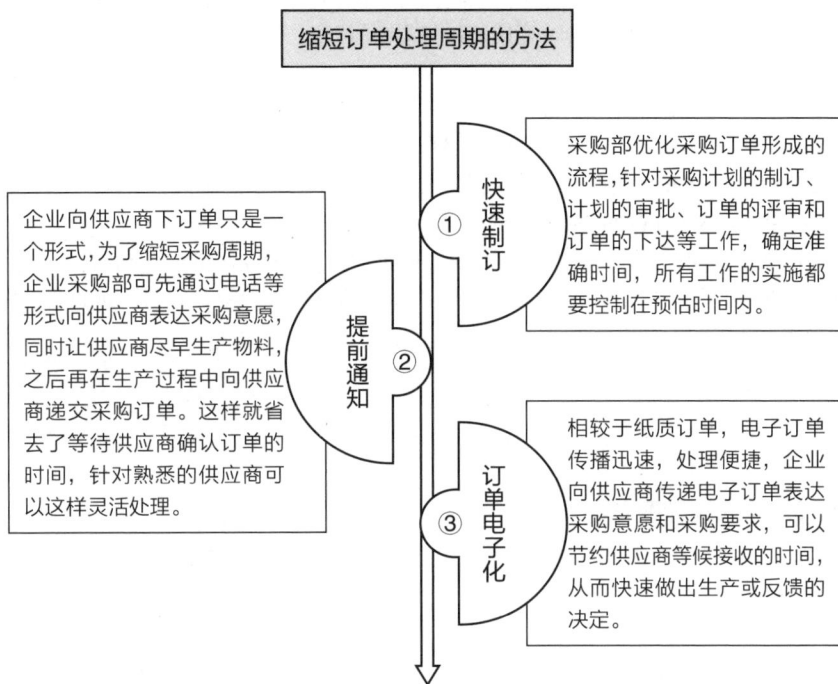

缩短订单处理周期的方法

① 快速制订

采购部优化采购订单形成的流程,针对采购计划的制订、计划的审批、订单的评审和订单的下达等工作,确定准确时间,所有工作的实施都要控制在预估时间内。

② 提前通知

企业向供应商下订单只是一个形式,为了缩短采购周期,企业采购部可先通过电话等形式向供应商表达采购意愿,同时让供应商尽早生产物料,之后再在生产过程中向供应商递交采购订单。这样就省去了等待供应商确认订单的时间,针对熟悉的供应商可以这样灵活处理。

③ 订单电子化

相较于纸质订单,电子订单传播迅速,处理便捷,企业向供应商传递电子订单表达采购意愿和采购要求,可以节约供应商等候接收的时间,从而快速做出生产或反馈的决定。

● 如何提高准时交货率

方　　式	具体内容
了解供应商生产进度	若供应商能自己生产物料,则采购方可时刻跟进其生产进度,适时地催促供应商加快生产速度
了解供应商采购情况	若供应商需从其他生产厂家处购入物料再生产卖给采购方,则采购方可跟进供应商的采购进度,在合适的时间催促其加快进货速度
给予奖励	可与供应商约定,若是按时交货或提前几天交货,可按合同金额的一定比例给予奖励
逾期惩罚	在采购合同中加大对逾期交货的惩罚力度,制订稍高的违约金条款,让供应商不敢逾期交货
淘汰供应商	对于经常不按时交货的供应商,采购方可考虑终止日后的合作,换成交货信誉更高的供应商

拓展知识 建立信息共享平台

　　采购企业若想提高采购效率，掌握采购进度，缩短采购周期，可与合作供应商建立信息共享平台，将双方的物料采购和生产信息制作成电子信息，通过信息共享平台进行输送，可以借此做如下的操作。

　　①权限管理，双方可根据内部不同的岗位（采购员、跟单员、采购经理及管理者等），设置不同的操作权限，实现采购业务分权管理。

　　②信息管理，整合双方信息，实现全平台的供应商资源共享；对于采购订单和采购结果也可同步共享，实现过程实时监控。

　　③在线交易，供应商可将物料或产品名称、价格上传到平台，采购方可通过目录自行搜索，快速查找和对比物料或产品，直接创建目录订单，供应商接到订单后马上生产或送货；若对供应商的价格不满意，可转至洽谈。

制度 紧急采购管理办法

　　1　目　　的

　　为加强公司各项紧急物料采购工作的管理和控制，以及时满足现场使用需求，提高工作效率的同时兼顾采购成本，经公司研究特制定本办法。

　　2　适用范围

　　本办法适用于公司所有紧急物料采购，除另有规定外，悉依本办法执行。

　　3　定　　义

　　本办法所指的紧急采购是指如水电抢险、活动实施、设备维护运行、意外事件等过程中急需的产品和服务的采购。同时也包括上级领导指示需加急采购的物资，或为完成急迫任务而进行的采购活动。

　　4　职　　责

　　公司所有的紧急物料采购统一由采购部执行。具体规定如下：

　　4.1　采购部门。

　　a.采购过程管理；b.采购评审手续完善，采购组织实施。

　　4.2　财务部门。

　　a.参与采购评审，对采购价格进行审核、确认；b.按供需双方约定方式、合同规定付款。

　　4.3　需求部门。

　　a.拟定"紧急需求单"并按审批权限报批；b.负责技术支持、现场管理、现场配合等工作。

5　紧急采购流程

5.1　各部门如有紧急物料需要采购,需详细列明紧急采购的物料名称、品牌、规格、尺寸、数量等,提前在公司 OA 电子化办公管理软件上通过物资申请表的形式报请公司领导批准或以纸质的物资申请表提报公司领导审批。

5.2　经批准后,需求部门将报批同意的物资申请表(含附件)原件提交至采购部方可执行采购。采购部有权要求需求部门予以物料采购工作的配合,比如提供样品、要求需求部门一同外出进行现场确认等。

5.3　紧急采购的物料无须进行 3 家报价对比,满足现场实际需求即可。紧急采购审批权限规定如下:

5.3.1　紧急采购的物料总金额在 5 000 元以下(含 5 000 元)的,书面报请公司项目分管领导批准即可执行。

5.3.2　紧急采购的物料总金额在 5 000 元以上 20 000 元(含 20 000 元)以下的,需报请公司总经理书面批准后方可执行。

5.3.3　紧急采购的物料总金额在 20 000 元以上的,需报请集团分管的高级副总裁或董事长书面批准后方可执行。

5.4　申请紧急采购的物料,如遇审批的上级领导外出、休假或会议中,未能及时审批,经电话请示获批后方可执行。但事后需补走公司 OA 电子化办公物资申请流程,并在报文申请中说明相关情况。

5.4.1　如前期有纸质版签字意见的需上传作为附件,以此作为提前采购的重要凭证供领导审批时查阅。

5.4.2　如已经通过纸质物资申请完成审批的,则无须再补走公司 OA 电子化办公物资申请流程。

5.5　所有紧急采购完成的物料仍需依照"公司采购管理办法"的规定,补办入库手续。

6　本管理办法由采购部负责解释

7　本管理办法从下发之日起开始执行

制度 采购进度控制制度

第 1 章　总　　则

第 1 条　目的。

为有效控制采购进度,确保物资供应,掌握采购时间,准确控制库存存量,降低成本,提高公司的经济效益,特制定本制度。

第 2 条　适用范围。

本制度适用于与公司物资的采购进度控制相关的所有工作。

第3条　归口管理。

采购部是采购进度控制的归口管理部门，负责采购作业的顺利进行。

第2章　采购进度控制程序

第4条　设定采购作业期限。

采购部应对国内外采购物资的作业程序分别设定采购作业期限，将采购地区划分为亚洲地区、欧美地区及国内地区，据此结合实际情况逐项为每一个采购作业程序设定所需时间。

第5条　确定采购作业进度控制要点。

1. 内购作业分为询价、订购、交货3个管制点。

2. 外购作业分为询价、订购、装船、到港4个管制点。

第6条　每一控制要点阶段完成后，采购跟单员应将实际完成日填入"采购进度控制表"，并填入下一阶段预定进度。

第7条　采购部收到请购单后，采购跟单员应将请购部门限定的进货日期和采购经办人员预定询价完成日期填入"采购进度控制表"。

第8条　"采购进度控制表"可提示采购人员每周内应完成的进度，以保证采购控制有条不紊。"采购进度控制表"应每周填写一次。

第9条　每一请购项目仅列一项作业阶段的预定日期，如该阶段的实际日期已填入，则填写下一阶段的预定进度。

第10条　采购跟单员每周五下午制订下周应完成的采购业务的预定进度。

第11条　逾期未完成的请购作业，由采购人员填具"采购交货延迟检讨表"，并提出补救办法，送请购部门表示意见，以便及时采取相应措施。

第3章　采购作业进度各控制要点监督管理

第12条　询价、谈判进度管理。

采购进度控制主管需根据请购部门的物资需要日期，严格监督采购人员询价、谈判进程，确保不延误采购时间。具体的询价、谈判工作可参照公司制定的相关采购询价、谈判制度。

第13条　订购进度管理。

订购进度管理工作包括订单的跟催等，具体请参照本公司制定的"订单跟踪管理制度"。

第14条　交期管理。

交期管理具体请参见本公司制定的"采购交期管理办法"。

第4章　附　　则

第15条　本制度由公司采购部制定，解释权归采购部所有。

第16条　本制度呈总经理核准后实施，修订时亦同。

制度 采购授权管理制度

第 1 章 总 则

第 1 条 目的。

为加强物资采购管理，明确采购授权范围与审批权限，规范公司的采购审批工作，提高采购效率，特制定本制度。

第 2 条 适用范围。

本制度适用于 ×× 公司正常运营发展所需所有物资的采购作业，包括原材料、设备、办公用品等。

第 3 条 公司执行采购各相关部门及岗位责任制。

1. 采购部是公司物资采购的归口管理部门，负责物资需求信息的汇总、提出采购申请、制订采购计划、供应商选择与管理、价格谈判、参与采购验收及结算付款申请等工作。

2. 物资需求部门填制物资需求单，经部门主管审批签字后报采购部汇总审核。

3. 质检部负责采购物资的质量检验，出具验收报告等工作。

4. 仓储部协助开展物资验收工作，办理物资入库手续及进行物资登记与保管。

5. 财务部负责按采购合同进行采购付款审核、办理付款作业并做相关账务处理。

第 4 条 采购作业需明确各不相容岗位职责分离的原则，以达成有效的采购制约与监督。

1. 请购与审批岗位分离。

2. 供应商选择与审批岗位分离。

3. 采购合同或协议的拟定与审核、审批岗位分离。

4. 采购、验收与记录岗位分离。

5. 付款申请、审批与执行岗位分离。

第 2 章 采购申请审批 [1]

第 5 条 年度采购计划的制订与审批。

1. 各部门必须在每年 12 月底之前做好采购部下发的第二年度物资计划申请表填报工作。

2. 在填报第二年度物资计划申请表时，各部门应根据公司下达的年度工作任务情况制订出全年运营发展所需的物资用量计划，确保本部门计划符合运营和发展的需要。

3. 各部门物资需求计划经部门经理审核签字后提交采购部。

4. 采购部汇总和审定各部门的年度需求，编制年度采购计划，提交主管副总进行审核。

5. 年度采购计划经主管副总审批通过后，采购部将其作为最终采购计划反馈至相关部门。

第 6 条 月度采购计划的制订与审批。

1. 各物资使用部门于每月 25 日前根据次月工作计划填写"物资需求单"，由部门经理

---

[1] 审批工作要遵循一定的原则，包括：①采购申请按权限规定，逐级审批，总经理行使最后审批权；②审批内容主要是确定是否应采购、按什么标准采购以及采购的数量、质量；③审批要满足经济性原则，即在满足公司生产经营需求的前提下最大限度地减少开支。

签字后交采购部。

2. 仓储部相关人员根据库存情况向采购部提供相关存货数据, 并提供相关物资的采购预警。

3. 采购部汇总各部门的"物资需求单"并根据库存对其进行修正后, 编制"月度采购申请计划"报相关权限范围内的领导审批。

4. 审批工作在每月 28 日前完成。

5. 采购人员根据审批结果实施采购。

6. 采购部及时将各部门未列入公司采购计划的项目反馈到各部门。

第 7 条　采购相关人员需严格执行采购申请审批权限规定。

第 8 条　对预算外请购单的审批, 除执行以上审批手续外, 一律报总经理审批。

第 9 条　采购计划增补审批程序。

1. 相关部门经理审批"增补需求计划申请表", 将"增补需求计划申请表"递送采购部。

2. 采购部接到相关部门报送的"增补需求计划申请表"后一个工作日内, 编制月度增补采购计划。

3. 采购部经理半个工作日内审批月度增补采购计划。

4. 主管副总一个工作日内审批采购部经理审批同意的非生产类和 5 万元以上的生产类月度增补采购计划。

5. 采购部将采购部经理或主管副总审批同意的月度增补采购计划报财务部。

6. 财务部经理根据资金状况, 针对月度增补采购计划签署部门意见, 半个工作日内将 5 万元以内的生产类增补计划直接反馈给采购部门, 非生产类和采购金额超 5 万元的生产类增补计划由主管财务的副总在半个工作日内审批。

7. 将主管财务副总同意后的月度增补采购计划反馈给采购部, 采购部去除价格因素抄送需求部门。

第 10 条　撤销请购的审批流程。

1. 原请购部门通知采购部门停止采购, 同时于"物资需求单"的第一、二联加盖红色"撤销"戳记并注明撤销原因。

2. 若未执行采购, 则采购部于原请购单上加盖"撤销"章后, 转原请购部。

3. 若已签订采购合同且请购单已送仓储部待办收料, 采购部应通知撤销部门, 并由仓储部据此将请购单退回原请购部门。

第 11 条　紧急采购的审批程序。

1. 请购部门填写"紧急采购申请审批单", 注明需采购物资的基本信息, 如名称、规格、型号、底价、建议价格等, 同时详细说明紧急采购的原因, 经部门经理签字后, 交公司领导审批。

2. 紧急采购的物资价值在 5 000(含)元以下的, 请购部门需报采购总监审批, 审批同意后, 转交采购部实施紧急采购作业。

3. 紧急采购的物资价值在 5 000 元以上的, 请购部门需报公司总经理审批, 审批同意后,转交采购部实施紧急采购作业。

4. 特殊情况下，请购部门可直接请示公司总经理，在紧急采购后补办相关审批手续。

5. 对于一些低值易耗生产物资的紧急采购，允许由采购部经理直接审批先行采购，再补充相关手续与文件。

第 3 章 采购合同审批

第 12 条 合同签署前，有关责任人应当对合同初稿、会审稿所涉内容进行全面审查。合同审查的具体分工和流程如下：

1. 公司财务部主要负责对合同价款的形成依据、款项收取或支付条件等条款进行审查并提出意见。

2. 法律顾问主要对合同内容条款的合法性进行审查并提出意见。

3. 主管副总负责对合同所涉内容进行全面审查并提出意见。

4. 总经理根据相关部门所提意见、办理程序的规范性以及其他认为需要审查的内容对合同进行审阅并签署意见。

5. 采购部经理在审查后签字认可合同文本。

6. 采购部根据总经理的审查意见修改合同文本，并将总经理审查意见、合同签署相关附件等文件再次报送审查后，由公司总经理或受总经理授权的相关人员正式签署合同。

第 13 条 公司根据对初稿修订签审后的合同定稿签订合同，零星物资根据财务部、设备部、使用部门签署的零星物资采购合同主要条款会签表签订合同。

…………

范表 到期未交货物料一览表

签约日期	合同编号	物料名称及规范	数量	单位	约定交货日期	备注
本单一式三联：一联送供应商，一联送仓库转请购部门，一联留采购主管存查。						

范表 催货通知单

制单人：					日期： 年 月 日	
_____： 　贵公司与本公司签订的下列合同已到期，至今尚未交货，请于收到本通知一周内办理为荷！ 此致 　敬礼 　　　　　　　　　　　　　　　　　　　　　　　　_____公司						
到期未交货的物料一览表						
订约日期	合同编号	物料名称与规范	数量	单位	约定交货日期	备注
注：本单一式三联，一联送生产部门，一联送仓储部转请购部门，一联存查。						

范表　采购进度控制表

编号：

请购单号	请购部门	请购日期	物资名称	供应商	订　购			需要日期	交货期	付款条件	付款情况	交货记录	备注
					日期	数量	单价	金额						

年　月　日

审核：　　　　　　　　　　　　　　　　　　　　　　　　　　　　　制表：

范表 紧急采购申请表

申请单位			申购部门			申请时间			
序号	物品名称	规格型号	计量单位	数量	预计单价	预计金额	要求到货时间	备注	
合计金额									

申购	紧急采购原因及采购要求	部门负责人签字
审批	总经理（副总）审批意见	董事长审批意见
受理	采购经理意见	采购员执行措施

范表 采购订单进展状态一览表

编号：　　　　　　　　　　　　　　　　　　　　　　填表日期：　年　月　日

物料明细								订单状态										物料入库数量	备注
物料编码	物料名称	规格描述	年需求量	单位	开始日期	完成日期	订单计划号	订单经办人	供应商一					供应商二					
									选择	订单合同	跟踪	检验	接收入库	付款	选择	订单合同	跟踪	检验	接收入库	付款		

审核人：　　　　　　　　　　　　　　　　　　　　　　填表人：

范表 采购物资跟催表

编号：　　　　　　　　　　　跟催员：										
物资		订购日期	订购单号	订购数量	规格	供应商	计划交货日	实际入库		备注
编号	名称							数量	交货日期	
审核人：　　　　　　　　　　　审批人：										

范表 替代品采购申请单

日期：　　　　　　　　　　　申请部门名称：						
序号	原用品名	替代品名	数量	单价	金额	替代原因
采购部门：　　　　　　　　　　　审批：						

更多模板

来料检验日报表　　　　　　　　　采购交货延迟检讨表

采购进度控制主管岗位职责　　　　交期变更联络单

采购跟单员岗位职责　　　　　　　采购职务权限表

6.2　采购结算管理

采购方需要根据采购合同中约定的付款条件、付款期限和付款方式向供应商支付货款，实际的交易情况不同，采购结算的方式和时机也不一样，有用现金交易的，有先付预付款的，也有先验货后付款的，无论如何采购结算都是必须要做到的基本职能。而采购结算工作尤其要按公司的规章制度进行，否则容易造成现金流不足或收不到货等隐患，让企业蒙受损失。

● 采购结算的5种方式

结算方式	具体内容
支票结算	采购方根据其在银行的存款和透支限额开具支票，请求银行从其账户中支付一定款项给供应商，从而实现资金调拨，了结债权债务。可大致分为现金支票结算、转账支票结算、定额支票结算 3 类
银行汇票结算	由采购方的开户行签发汇票，供应商凭借采购方提供的汇票到该开户行提取货款。汇票可用于单位和个人各种款项的结算，可用于转账，也可用于支取现金
银行本票结算	采购方将款项交存银行，由银行签发本票，供应商凭借采购方提供的本票到签发银行请求支付确定金额的货款。银行本票结算的适用范围是同一票据交换区域内，所以有一定的地理限制。本票可用于转账，也可用于支取现金，且无论个体或单位是否在银行开户，双方在同城范围内发生的商品交易、劳务供应或其他款项结算等都可使用银行本票

续上表

结算方式	具体内容
汇兑结算	采购方委托银行将其款项支付给供应商，异地间的各种款项结算都可使用汇兑结算。采购方可根据实际情况选择使用信汇或电汇，采购方委托银行办理信汇或电汇时，应向银行填制一式四联的信汇或一式三联的电汇凭证，加盖预留银行印鉴，并按要求详细填写收／付款人名称、账号、汇入地点、汇入行名称及汇款金额等
异地托收承付结算	供应商发货后委托银行向异地采购方收取货款，采购方根据合同核对单证或验货后，向银行承认付款。该结算方式适用于异地订有经济合同的商品交易及相关劳务款项的结算，代销、寄销和赊销商品涉及的款项，不能使用异地托收承付结算方式

● **现金结算采购流程**

① 采购部根据生产部提交的"购货计划申请表"进行审批，通过后，采购主管根据购货计划填写"现金申请表"并交给采购部经理审核。

② 采购部经理审核"现金申请表"后提交财务部审批，若采购金额超过企业规定的标准，需交由总经理审批。

③ 财会部的出纳根据"现金申请表"备款，采购主管和采购人员携款进行材料物资采购。若采购金额超过企业规定的标准，则由财务部派专人携款，协助采购部开展采购业务。

④ 采购部收货验收后，打印收货详情报告和供应商拷贝件，签字后交给采购主管或财务携款人员。采购主管或财务携款人员凭订单、送货单、收货详情报告和供应商拷贝件等资料，与财务进行冲账。

● 预付款结算流程

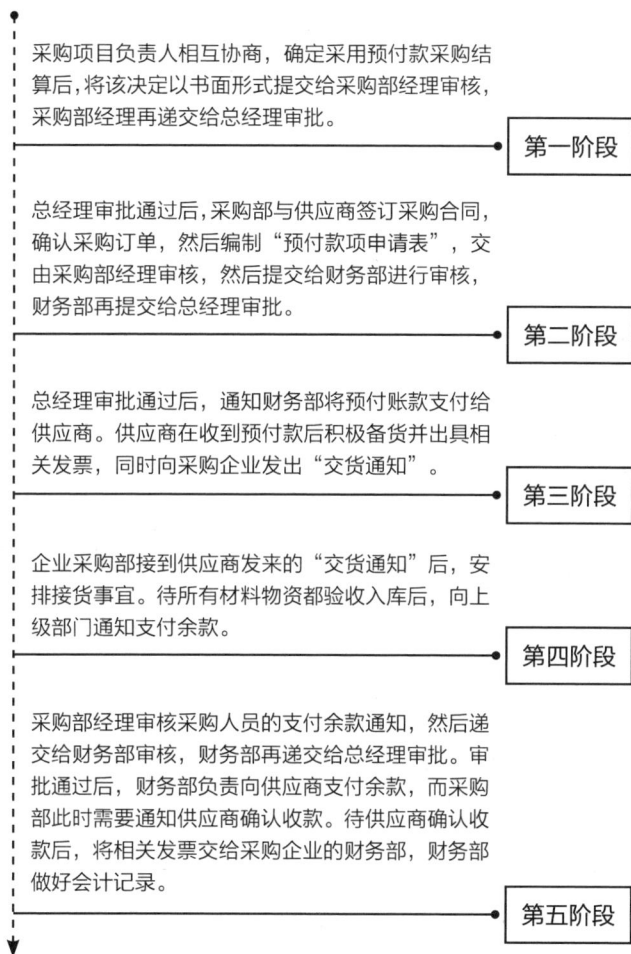

采购项目负责人相互协商，确定采用预付款采购结算后，将该决定以书面形式提交给采购部经理审核，采购部经理再递交给总经理审批。

第一阶段

总经理审批通过后，采购部与供应商签订采购合同，确认采购订单，然后编制"预付款项申请表"，交由采购部经理审核，然后提交给财务部进行审核，财务部再提交给总经理审批。

第二阶段

总经理审批通过后，通知财务部将预付账款支付给供应商。供应商在收到预付款后积极备货并出具相关发票，同时向采购企业发出"交货通知"。

第三阶段

企业采购部接到供应商发来的"交货通知"后，安排接货事宜。待所有材料物资都验收入库后，向上级部门通知支付余款。

第四阶段

采购部经理审核采购人员的支付余款通知，然后递交给财务部审核，财务部再递交给总经理审批。审批通过后，财务部负责向供应商支付余款，而采购部此时需要通知供应商确认收款。待供应商确认收款后，将相关发票交给采购企业的财务部，财务部做好会计记录。

第五阶段

拓展知识 采购结算需要的票证

在实际采购业务中，不同的结算形式，企业需要准备的结算票证各不相同，不过要想银货两讫，必须票证齐备才能完成结算工作，这是采购人员不能马虎的问题。如若是货到付款，在结算时要备齐付款通知单、盖有财务专用章的对方收据或发票、签收的送货单以及订单合同；若是月结，在结算时要备齐付款通知书、签收的送货单、验收入库单、不合格来料退货单、收款单位的发票或收款收据、订单合同及月结对账单等。除此之外，还可能涉及采购结算申请单、变价单等票证单据。

制度 采购结算付款管理制度

第 1 章 总 则

第 1 条 目的。

为加强采购付款管理,做好采购结算工作,确保按合同付款,维护公司利益,特制定本制度。

第 2 条 适用范围。

本公司采购的订购与付款方式,除另有规定外,均需按照本制度办理。

第 3 条 职责。

1. 采购部负责采购订购、确定付款方式及采购结算等相关工作。

2. 财务部负责按合同付款。

3. 采购付款工作需严格遵循公司财务部制定的付款申请审批程序。

第 2 章 采购合约规定

第 4 条 订购方式。

1. 电话通知方式:小宗交易,可用电话通知下单。

2. 确认方式:由公司出具订单或供应商出具售货单。

3. 合同方式:由公司采购部与供应商签订采购合同。

第 5 条 采购合约可确定双方应尽义务,作为解决合约纠纷、法律诉讼的证据。

第 6 条 公司采购合约的种类。

1. 订购单 [1],其适用范围如下:

(1)标准化产品,不易发生错误。

(2)公司与供应商双方有很高的互信度。

(3)在已有长期合约的情况下,每次订购采用订购单即可。

(4)出现交货问题,容易处置。

(5)交货、验收流程成熟、严密。

2. 国内采购合同。

(1)明确所订物料的名称、规格、编号、数量、单价、总价、交货时间和地点,并与请购单一致。

(2)明确付款方式,包括一次付款、分期付款、下批付款等。

(3)规定延期罚款的责任、尺度、赔偿方式。

(4)规定解约的办法,保障双方权益。

(5)商定验收方式与质量问题处理方式。

(6)规定供应商保证责任。

---

[1] 对于小型物资,如劳保、水暖配件、小五金、办公用品等,多用订购单的形式达成协议,节约交易时间,方便供应商备货,提高生产链的工作效率。

（7）明确其他认为应予附加的条款。

3. 国际采购合同。

（1）基本条款包括物资名称、品质与规格要求、单价与总价、数量、货款支付方式、装运、包装、保险等方面内容。

（2）一般条款包括不可抗力事件、索赔规定、仲裁、适用法律、违约及解约等。

（3）付款方式包括汇款、信用证付款、托收、货到付款、凭单付款等。

第 7 条　采购部凭借请购单、订购单、采购合同、进料验收单等向财务部请款，财务部依据合同规定的给付方式与供应商结款。

第 8 条　企业国内采购一般采用一次性付款方式，即供应商的物资验收合格后，一次性付清该订单的货款，特殊情况须总经理核准。

第 9 条　国外采购一般采用信用证付款方式，特殊情况须总经理核准。

第 3 章　采购付款与结算

第 10 条　采购款项须按采购合同规定或订购单所约定的时间，由采购部向财务部申请付款，统一支付。

第 11 条　采购部和财务部应根据每天的入库单或收货清单分别建立应付账款台账。

第 12 条　采购部应在每批物资收货后一周内及每月底与供应商核对账务，防止出现差错。

第 13 条　采购部根据收货清单、结算单与订货合同、应付账款核对无误后，统一制订结算计划。

第 14 条　结算计划由采购部结算专员根据订购合同的时间要求、供应商的重要性、采购物资的时间、公司现有资金情况等制定，分清轻重缓急。结算计划须经采购部经理审核及主管副总审批。

第 15 条　在向供应商或配送方支付货款时，采购部结算专员须对照合同、收货清单等仔细复核，并同预付货款及应收账款等全部债权一起清理结算，防止重复付款。

第 16 条　支付货款时，财务部一般应采用银行划账的支付办法，采购结算专员必须在付款后 5 日内向供应商索要发票等有关票据或证明文件。

第 17 条　在部分物资紧张或供应商坚持要求先款后货时，所需货款须由采购部、财务部和总经理严格审查及批准后方可办理。

第 18 条　确实需要直接交付支票的，应由采购结算专员带上正式合法发票到财务部办理借款手续。

第 19 条　采购先款后货作业具体见公司的"采购预付管理规定"。

第 20 条　采购结算专员支付采购货款后，应依据财务规定的报销程序每半月办理一次报销手续，报销单据应附上购货发票、采购计划单、订购单、验收入库单，并由采购部经理审批。

第 4 章　应付账款管理

第 21 条　采购部结算专员负责采购应付账款的管理工作，设立应付账款台账。

第 22 条　采购部结算专员应定期编制客户往来对账单，发送至对方单位，每月核对一次并妥善保存对账记录。

第23条 对长期客户、重点客户以及金额在一定起点以上的往来客户，应视情况按客户名称设置档案。

第24条 采购结算专员需归档保管相关的采购合同、提货凭证、收付款凭据，并设置备查登记簿，逐笔记录预付款、已付款、余款等。

第5章 附 则

第25条 本制度由采购部负责制定、修订和解释。

第26条 本制度自公布之日起执行。

制度 采购付款对账管理制度

第1章 总 则

第1条 为了达到以下目的，特制定本制度。

1. 加强采购应付账款的管理工作，减少采购结算错误出现的次数。

2. 理解应付款项目是否继续存在，及时发现应付款项目是否串户。

3. 及时清理不良的应付款项目。

第2条 适用范围。

本制度适用于企业在采购付款之前，与供应商的对账管理工作。

第2章 应付账款记录与核对

第3条 应付账款由财务部专人管理。所购物资入库的次日，仓管员将送货单、入库单等单据上交到应付账款管理员处，应付账款管理员要在收到单据的当天核对完毕。

第4条 应付账款的核对内容包括请购单、采购合同、送货单、验收单和入库单，所有单据核对无误后，加盖审核章，并记录应付账款。

第3章 应付账款对账管理[1]

第5条 开展应付账款对账一般是应供应商的要求，会计人员应当认真积极应对。同时，在应付款单位或个人没有要求对账的情况下，会计人员应当每月进行自我检查，重点检查应付款账面出现负数的项目和大额应付款的项目。

第6条 每月与供应商进行一次对账，对账工作由采购员与会计人员共同完成。

第7条 每季度报表完成后两天内由采购会计或通过采购专员通知供应商提供对账明细资料，一般情况下，应要求供应商将对账单及时传真或递送到本公司，对账单除有供应商的公章或财务印章外，还必须有经办人员的签字，对账单列明从上月底至本月＿＿＿日止所

---

[1] 这里所称付款对账，是指会计人员完成报表后配合或主动与供应商核对往来账，双方签字或盖章确认的过程。

有采购明细及欠款金额。

第8条 采购专员收到供应商的对账单后，应及时做好核对工作；核对无误后，将对账单交会计人员。

第9条 会计人员根据供应商提供的明细资料，与本公司账务记载数进行逐笔核对。如果与供应商的对账单存在差异，会计主管应立即查明原因。

第10条 核对完成后，会计人员应保存好明细资料，同时双方在供应商提供的"对账确认表"上签字确认。

第11条 对账后，会计人员应编制"应付账款汇总表"，内容包括应付账款总额、应付账款明细合计数及应付款金额。

第12条 对账特殊情况处理。

1. 如果供应商不能提供"对账确认表"，公司可以设置"应付账款对账确认表"供双方确认，并与供应商提供的明细资料一并存档。

2. 如果应付款单位或个人已3个月没有主动与本公司联系对账，会计人员应当主动或通过采购部门与应付款单位或个人对账确认。

第4章 付款结算

第13条 供应商请款。

1. 只有经过对账确认后的款项，供应商才能请求付款。供应商请求付款时，首先应将按要求开具的发票、本公司入库单结账联及"月结对账单"提供给采购专员[1]。

2. 采购专员收到供应商提供的发票、入库单结算联、对账单后，要做好审核工作，审核无误后，填写"结算清单"，交财务部会计人员。

3. 会计人员收到上述单据后，及时进行核对，相符后在"付款申请表"上签字确认，并根据采购合同约定的付款期限，注明付款日期，在所有单据上加盖核销章。

第14条 付款的审批。

所有付款必须填写"付款申请审批单"。付款申请由应付会计进行核对，财务部经理进行审核，总经理进行付款审批。

第15条 出纳人员根据"结算单"付款后，盖"已付款"章，把单据返回给应付账款管理员，应付账款管理员核销应付账款。

第5章 附 则

第16条 本制度由财务部制定，经总经办审批签字后通过，财务部保留对本制度的解释和修订权。

第17条 本制度自颁布之日起实施。

---

[1] 发票必须与入库单一一对应，以便核对。

制度 采购业务发票管理办法

1 目　　的

为规范整个采购货物发票管理流程，提高对采购货物发票开具时间的管理水平，有效控制供应商超期开票或不开发票的风险，提高"三单匹配"[1]工作效率，加强公司采购货物发票在采购日常业务环节上的管理。

2 适用范围

公司货物采购涉及的发票管理。

3 职　　责

3.1 采购工程师负责催促供应商按时开具发票，接收发票并审核开具的发票是否正确无误，并负责"四单匹配"。

3.2 采购部结算专员负责记录汇总所接收发票并转交财务。

4 内　　容

4.1 采购货物发票管理遵循"货到票到"的管理原则，如有特殊原因票未随货到，在交货后半个月之内必须开具，超期半个月的，采购工程师要以书面函件的形式催要发票。

4.2 "四单"不匹配不允许转交财务部门。"四单匹配"包括采购货物发票、采购入库单、采购订单和收货验收单。

4.2.1 采购货物发票必须票面金额清晰，并且附有所对应货物的清单，发票和清单统一加盖符合规定的发票专用章。

4.2.2 采购入库单为收料室审核与签字后的原件。

4.2.3 生产采购发票匹配时，采购订单和收货验收单可以不打印提交，但采购工程师必须保证采购订单上有供应商的盖章回传，收货验收单上有收料室人员的签字。

4.2.4 无生产采购发票时，提交有供应商盖章回传的采购订单和有收料室人员签字的收货验收单。

4.2.5 根据采购部制定的采购订单管理制度，由采购助理每月对采购订单归档进行抽查，如订单未盖章回传则由采购工程师承担相关责任。

4.3 采购工程师自收到供应商开具的合格货物发票起，应在 5 个工作日内将发票三单匹配完毕提交结算专员。

4.4 供应商每月 23 日之前（包括 23 日）开具的合格发票，采购工程师必须在当月 25 日前提交，如有其他原因不能按时提交，采购工程师必须反馈原因给结算专员，每周五反馈本周提交发票时间延误原因情况表。

---

[1] *三单匹配，即指采购订单、收货单、发票的三单匹配。三单匹配的采购流程基本如下：①供应商将货物、送货单、发票送到采购部门；②采购部门将货物和送货单交给仓库做收货入库操作，并开出收货单；③随后采购员将收货单、采购订单、采购申请单和发票进行匹配，如果一致，则将单据送给财务部要求付款；④财务部检查三单是否匹配，以及三单和采购申请单是否匹配。*

4.5　在采购工程师收到发票到发票转交结算专员前须妥善保管，如在此期间内发生发票丢失则由采购工程师承担责任；转交结算专员时应办理交接手续。

4.6　货物不合格且无法在现场解决，需退换货物，应参照"不合格品物料退换货管理流程"执行发票管理。必须连同发票（采购工程师负责发票返回供应商过程中的安全性）一起退回供应商，如协商达成退换货共识，在退货退票的同时必须与供应商签订"退换货协议"。

4.7　预付货款的发票管理。

4.7.1　预付货款采购的开票明细需与入库货物一致，在采购合同中约定分批交货的，需要按照分次入库金额分批开票，严格遵循货到票到的原则，不允许按照预付货款金额提前或延后开票。

4.7.2　预付货款需记录交付时间，在货物入库后半个月之内必须开具发票。将超过货物入库一个月未开具发票的供应商视为异常，要求供应商出具书面的函件或邮件确认原因。

4.7.3　预付款发票管理纳入采购工程师绩效考核，货物入库一个月后未开具发票的供应商对应的采购工程师罚款 100 元整并且绩效评定不超过 C。

4.7.4　特殊预付货款（如工程款）无法在规定时间内回票，采购工程师需提供具体说明，部门经理签字确认归档，同时将确认回票的时间或条件反馈给结算专员，以此作为考核的依据。

4.7.5　离职或转岗需要有结算人员的签核，如所负责的供应商有暂估或预付款发票未回则不予办理相关手续的签核。

4.8　非预付款发票管理。

4.8.1　采购工程师收到供应商开具的合格发票后，必须在当天核实入库情况，已入库的取得入库单；未入库的，核实具体原因，跟踪入库情况，3 个工作日内取得入库单。如因货物质量、规格等原因无法办理入库，经质量部判定后，按照"不合格品物料退换货流程"将发票同货物一起退回供应商。

4.8.2　发票提交财务后反馈无法匹配，内部原因须当天解决且将发票再次转交结算专员，如确认开具发票有误需当天退回供应商，并要求供应商确认收到发票之日起 5 个工作日内重新开具，采购工程师收到发票后转交结算专员。

4.8.3　采购工程师收到供应商逾期提交的合格发票，如影响到供应商记账账龄的必须要有书面的函件或邮件（采购工程师本人归档保存）确认原因可供后期查询。

4.8.4　非预付款发票管理纳入采购工程师绩效考核。

（1）在货物入库后一个月之内必须开具发票，货物入库一个月后未开具发票的，采购部对主要负责的采购工程师下达考核通知单，罚款 100 元整，并转人力资源部实施绩效评定不得为 A 或 B。

（2）如供应商原因所致发票不能及时开具，须书面反馈及告知供应商因发票会导致的付款影响并让其认可该影响。

（3）如内部原因所致需向结算专员提交发票反馈表，确认原因、回票时间等，经部门经理审批后归档并作为考核的依据。

制度 采购与付款内部控制制度

第一条　为了加强对公司采购与付款的内部控制，对公司物品与劳务的流入、货币资金的流出、负债的发生实施监督与控制，规范采购与付款行为，防范采购与付款过程中的差错和舞弊，根据《中华人民共和国会计法》和《深交所上市公司内部控制指引》等法律法规，制定本规范。

第二条　本制度适用于 ×× 有限公司及下属子（分）公司。

第三条　采购与付款控制包括岗位分工控制、采购预算控制、请购与审批控制、验收控制、付款控制，其中请购与审批控制、验收与付款控制是采购与付款内部控制的关键点。

第四条　公司应当按照请购、审批、采购、验收、付款等规定的程序办理采购与付款业务，并在采购与付款各环节进行相关的记录、填制相应的凭证，建立完整的采购登记制度，加强请购手续、采购订单（或采购合同）、验收证明、入库凭证、采购发票等文件和凭证的相互核对工作。

第五条　建立采购与付款业务的岗位责任制，明确相关部门和岗位的职责权限，确保办理采购与付款业务的岗位相互分离、制约和监督，以保证对采购与付款业务实施有效控制。

1. 不得由同一部门或个人办理采购与付款的全过程业务，应当实行职务分离控制的岗位有以下几个方面。

（1）物品与劳务的请购、审批、采购职务必须分离。公司对物品或劳务的需求应由使用部门提出，经授权人员审批，由采购部门负责采购。

（2）采购合同的订立与审计。

（3）采购订单的订立与审批职务必须分离。

（4）付款审批人和付款执行人不能同时办理寻求供应商和询价业务。

（5）物品或劳务的采购部门不能同时担任验收工作。

（6）物品和劳务的采购、存储及使用人员不能担任会计账务的记录工作。

（7）审核付款的人员应同付款人员分离。

（8）记录应付账款的人员不能同时担任付款业务。

2. 公司应当根据具体情况对办理采购与付款业务的人员进行岗位轮换。

第六条　公司的所有采购业务由归口采购部进行管理，非采购部门或个人不得采购各类物资。

第七条　采购管理部门应当根据本制度的原则出台采购业务内部控制的管理细则及相关人员的考核方案，加强对采购业务的控制，降低公司风险。

第八条　各子公司在编制年度经营预算的同时应当对公司生产经营活动中主要物资及劳务编制年度采购预算 [1]，加强采购业务的预算管理。

第九条　各归口管理部门应明确相关人员的职责权限及相应的请购程序。

---

[1] *采购预算编制的程序：生产经营活动中的主要物资及劳务由使用部门负责提出预算申请；非生产经营活动中耗用的常备物资与劳务以及非常备物资与劳务，由总经办负责提出预算申请。*

第十条　公司采购的验收控制包括数量验收和质量验收两个方面。

1. 数量验收：由接收部门责任人进行数量清点，对物资的规格、型号是否与采购订单相符进行验收，于供应商送货单上确认数量，同时录入系统。

2. 质量验收：生产物资采购由质量部进行质量检验，出具验收合格报告；固定资产由规划部（工业工程部）进行质量验收，出具资产验收报告；电脑及办公设备由信息部门进行验收，出具验收报告。

第十一条　采购入库后，采购部经办人员收集相关凭证交财务部，财务人员检查采购合同、系统记录、供应商发票、入库单、验收报告是否齐备且相符，据此按规定办理相关会计手续。财务人员还应检查采购业务是否符合采购实物预算，如果采购业务超过采购预算限额，财务经办人员应报请财务总监审批。

第十二条　采购物资发生退货与折让的情况，由采购部经办人员与供应商进行协商，提出退货或折让要求，同时通知财务暂停支付相关款项，协商结束办理相关手续。财务部凭采购部、验收部门共同填写的退货退款通知单记录退货、退款。

第十三条　公司在办理采购付款业务时应当遵守"××有限公司财务管理制度"的相关规定。

第十四条　财务部在办理付款业务时，应当对采购发票、结算凭证、验收证明等相关凭证的真实性、完整性、合法性及合规性进行严格审核，并检查付款业务是否符合采购资金预算。如果付款业务超过采购预算限额，财务经办人员应报财务总监审批。

第十五条　公司应当建立预付账款和定金的授权批准制度，加强预付账款和定金的管理。

第十六条　应付账款及应付票据应由专人管理，按照约定的付款日期、折扣条件等要素进行分类管理，对于已经到期的应付款项必须经有关授权人审批后，方可办理结算与支付。

第十七条　财务部应当定期与供应商核对应付账款、应付票据、预付账款等往来款项。如有不符，应查明原因，及时处理。

第十八条　公司审计部门应当定期或不定期对采购与付款内部控制的执行情况进行检查，以确定相关内控制度是否健全并得到有效执行。

第十九条　采购与付款业务控制审批过程中，授权审批人必须在职权范围内进行，不得越权审批。

第二十条　经办人必须在职责范围内，按照审批人的批准意见办理采购与付款业务。对于审批人越权审批业务，有权拒绝办理，并应及时向审批人的上级授权部门报告。

第二十一条　公司建立对采购与付款内部控制的监督检查制度，公司审计部定期或不定期地进行检查。审计部应制定相关监督检查规范，明确监督检查人员责任和权利，以及监督检查工作的内容和频度。采购与付款内部控制监督检查的内容至少应当包括：

1. 采购与付款业务相关岗位及人员的设置情况，重点检查是否存在采购与付款业务职务混岗的现象。

2. 采购与付款业务授权批准制度的执行情况，重点检查大宗采购与付款业务的授权批准手续是否健全，是否存在越权审批的行为。

3. 应付账款和预付账款的管理，需重点审查应付账款和预付账款支付的正确性、时效性和合法性。

4. 有关单据、凭证和文件的使用和保管情况，重点检查凭证的登记、领用、传递、保管、注销手续是否健全，使用和保管制度是否存在漏洞。

第二十二条　对监督检查过程中发现的采购与付款内部控制中的薄弱环节，审计部应及时向总经理汇报，并提出相应的解决措施。

第二十三条　本制度自发布之日起施行。

制度 采购预付款管理制度

第一条　预付账款是指企业按照采购合同规定预付给供应商的款项。

第二条　建立健全预付账款管理责任制度，财务部门负责预付账款的核算管理工作，各业务部门负责预付账款清查催收工作。

第三条　建立预付账款的控制制度。

1. 预付账款要按照合同的规定执行，根据合同及市场情况需要支付预付账款的，在保证业务真实和资金安全的基础上业务部门要按照经过审核后的采购合同条款，办理相关支付通知、出具收款收据、审批预付账款支付手续等；未签订采购合同的，不得付款，财务部门应根据合同规定的预付方式安排付款。

2. 预付货款后，业务部门要设专人监督预付货款使用情况，财务部门要及时监控到货及服务提供情况，并督促业务部门及时办理相关入库及预付货款的报销手续，一般情况预付货款及定金最长应在两个月内报销完毕。

第四条　预付账款台账管理。

1. 业务部门应建立预付账款台账，详细反映各客户预付账款的增减变动、余额、发生时间、对方负责人、经办人、对方目前的经营状况，预付账款的清理情况，清收负责人和经办人等情况，同时将采购合同、验货单和台账一同保管，形成完整档案。

2. 财务部门每月末（次月7日前）将预付账款的发生额及余额明细表报送分管业务的领导，并应定期（最长不超过两个月）对预付账款进行账龄统计，及时通知有关领导和部门。

第五条　预付账款清理责任。

1. 业务部门经办人要按购货合同规定的时间，组织交货，验收入库，并在收到采购发票7日内到财务部门办理报销手续。业务部门对所发生的预付账款，如有确凿证据表明其不符合预付账款性质，或因供货单位破产、撤销等已无望再收回所购货物的，应将其转入其他应收款，每年年终，要组织专人全面清查预付账款，与对方核对清楚，并取得对方签章，做到债权明确、账实、账账相符。

2. 业务部门负责人应确定牵头领导，组织有关人员对清查结果进行分析，对较长时间（两个月以上）不处理的预付账款及定金，要在查明原因的基础上，制定清理办法。出现异常情况的要成立专门机构处理；造成损失的，应查明原因，追究相关责任人的责任。

　　3. 对已核销的坏账损失仍需移交专门机构或专人追索，并要另立备查簿登记，做到账销案存。已注销的坏账有收回时应当及时入账，防止形成账外账。

范表 付款申请表

申请信息	申请部门：　　　　　　　申请人：　　　　　　　申请时间：				
	付款用途		付款依据		
	付款说明				
付款信息	收款单位		联系人及电话		
	开户银行		银行账号		
	付款情况	应付总额	已付款		本次付款
	本次付款金额	人民币（大写）：　　佰　拾　万　仟　佰　拾　元　角　分			
	付款方式	□银行承兑汇票　　□电汇　　□转账支票　　□现金			
	发票类型	□增值税专票　　□增值税普票　　□一般普票　　□其他			
	产品情况	□已收到产品 □未收到产品	发票情况		□已收到发票 □未收到发票
审批意见	需求（接收）部门		采购部负责人		
	财务部		总经办		
实际付款	出纳录入：_____　　　　会计复核：_____				
备　　注					

范表 采购结算单

供应商：　　　　　合同号：　　　　　收货单号：　　　　　验收单号：　　　　　日期：　年　月　日

品种	规格	结算规格	换算率(每片)	计算单位	数量	面积	含税单价	不含税单价	税率(%)	金额	税额	价税合计
合　计												
预付金额				实付金额（大写）								
备　注												

经办人：　　　　　　　　　　　　　　　　　财务负责人：

范表 预付申请表

申请日期：　年　月　日				
申 请 人		所属部门		
职　　务		联系电话		
预付单位		预付方式	□现金　□电汇　□支票　□其他	
预付账户		预付账号		
开 户 行		经 办 人		
付款类别	□订金（尚未开发票）		□分批交货暂支款	
申请理由				
预付金额	币别：□人民币　□日元　□美元		金额（小写）：	
	金额（大写）：　　佰　　拾　　万　　仟　　佰　　拾　　元　　角　　分			
部门经理审核	签字：　　　　　　　　　　　　　　日期：			
采购经理审核	签字：　　　　　　　　　　　　　　日期：			
财务经理审核	签字：　　　　　　　　　　　　　　日期：			
财务总监审核	签字：　　　　　　　　　　　　　　日期：			

范表 账款核对表

供应商名称：　　　　　电话：　　　　　传真：

交货日期	交货／退货单号	采购单号	物料编号	品名	规格	型号	数量		单价	单位	金额	备注
							采购 前期	本次				
合　计												

制单人：　　　　　审核人：　　　　　签章人：　　　　　对方确认：

范表 现金采购申请表

单位：				编号：			日期：　年　月　日		
采购物资	支票号码	支票、汇款、汇票、现金	用途	金额	供货单位全称	开户银行	账号
申请人							
采购部经理意见							
财务部经理意见							
总经理意见							

范表 采购付款进程表

序号	订单号	产品/服务	供应商	订单金额	订单到货日	验收状况	发票号码	付款到期日	付款完成情况	备注

范表 采购支出证明表

单位：											年　月　日
支出事由											
金　　额	（大写）　　拾　万　仟　佰　拾　　元整								¥	（小写）	
单据 / 不能取得单据原因											
报销种类											
部门经理					经手人						
会　　计					财务部负责人						

范表 采购结算清款表

编号：			年　月　日
清款金额	（大写）	¥	（小写）
清款原因			
会计部经理			
总经理：	财务总监：	清款人：	

范表 应付账款明细表

日期	项　　目	往来单位	应付金额	应付明细备注	核对情况
备注	核对内容包括：原始单据是否齐全、原始凭证内容是否完整、是否经授权批准、是否有现金折扣。				

更多模板

采购金额统计表　　　　　　　　　一般采购付款申请表

采购付款通知单　　　　　　　　　请款单

采购支出登记台账

第**7**章

采购质量管理制度与范表

  采购质量管理是对产品质量的严格把关，从选品、验收到最后的入库或索赔，每一步都需要按质量标准进行考察，才能保证生产环节的顺利。对于质量管理这类贯穿各个阶段的工作，标准化和程序化是最重要的，采购人员一定要按照企业制度行事。

● 采购验收管理 P210

制度：采购质量管理办法   范表：采购部质量目标管理表
制度：来料质量检验管理制度   范表：采购检验报告单
制度：采购质量问题处理细则   范表：采购验收表
制度：特采作业管理制度   范表：采购验收过程一览表
制度：食品采购质量验收制度   范表：采购验收记录表
制度：设备采购验收制度   范表：特采申请书
范表：样品质量评价表   范表：检验异常报告单
范表：货物采购环境表   范表：工序质量特性分析表
范表：采购质量控制表   范表：IQC检验报告单

● 质量索赔管理 P235

制度：采购件索赔管理办法   范表：物料内容偏差处理一览表
制度：来料质量不良赔偿细则   范表：不合格品处理记录
范表：退货单   范表：物料采购不合格通知单
范表：质量索赔通知单

7.1 采购验收管理

　　企业对外采购物料或产品，对质量的把控应遵循严格化、标准化的原则，除了要提前制定不同物料的质量标准，在验收时也要依照企业标准做好质量控制，因此物料验收岗位就显得尤为重要，质检岗位人员也要掌握相应的质量检验方法。

● 进货检验流程

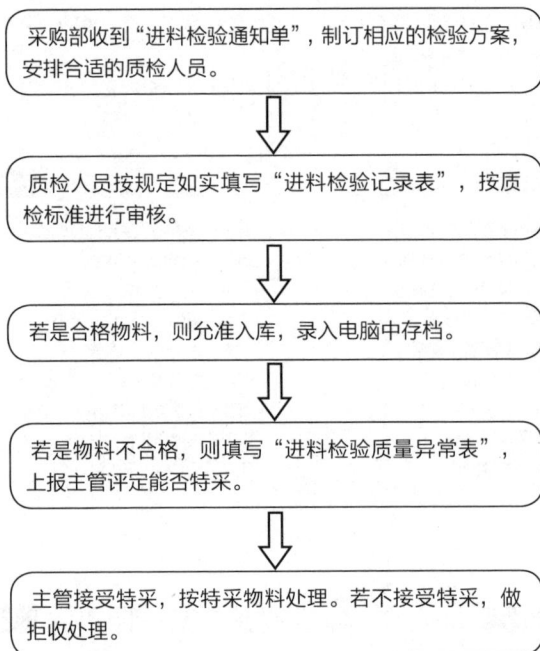

```
┌────────────────────────────────────────────┐
│ 采购部收到"进料检验通知单"，制订相应的检验方案，│
│ 安排合适的质检人员。                           │
└────────────────────────────────────────────┘
                    ⬇
┌────────────────────────────────────────────┐
│ 质检人员按规定如实填写"进料检验记录表"，按质    │
│ 检标准进行审核。                              │
└────────────────────────────────────────────┘
                    ⬇
┌────────────────────────────────────────────┐
│ 若是合格物料，则允准入库，录入电脑中存档。      │
└────────────────────────────────────────────┘
                    ⬇
┌────────────────────────────────────────────┐
│ 若是物料不合格，则填写"进料检验质量异常表"，    │
│ 上报主管评定能否特采。                        │
└────────────────────────────────────────────┘
                    ⬇
┌────────────────────────────────────────────┐
│ 主管接受特采，按特采物料处理。若不接受特采，做  │
│ 拒收处理。                                   │
└────────────────────────────────────────────┘
```

● 质量检验方式

方　　式	具体内容
自检、互检与专检	自检指依靠生产者自身对作业标准和质量要求的把握，进行自我检查，能在制作过程中控制产品的质量。要达到好的自检效果，需要企业培养员工的质量意识，并将生产质量落实到绩效考核中

续上表

方　式	具体内容
自检、互检与专检	互检即在生产线上让作业者相互检验对方的工作，可设置不同的检验形式，如小组检验、成对检验、后工序对前工序检验等
	专检即设置专职检验岗位对产品质量进行检验，这样判断的结果专业又客观
固定与流动检验	固定检验又称集中检验，是指在生产企业内设立固定的检验站，这样各工作现场的生产成果可以送到检验站集中检验。这种检验方式有利有弊，对于采购方来说，很难让供应商实施固定检验，除非供应企业本身有设立
	流动检验也称为巡回检验，即安排检验人员在工作现场按一定的时间间隔进行产品质量的监督检验，检验人员可以深入了解，可以预防成批废品的产生。不过采购方安排检验人员去生产现场，只能偶尔为之，不能时时监督
全数与抽样检验	全数检验是指根据质量标准对送交检验的全部产品逐件进行试验测定，从而判断每一件产品是否合格的检验方法，又称全面检验或普遍检验。全数检验适用于下列范围 ①重要的、关键的和贵重的制品 ②对以后工序加工有决定性影响的项目 ③批量小，不必抽样检验的产品 ④需要对不合格交验批进行 100% 重检 全数检验工作量大、成本高、投入人力多，所以不常采用
	抽样检验又称抽样检查，是从一批产品中随机抽取少量产品（样本）进行检验，据以判断该批产品是否合格的统计方法和理论。如果推断结果认为该批产品符合预先规定的合格标准，就予以接收、否则就拒收。所以，经过抽样检验认为合格的一批产品中，还可能含有一些不合格品
感官与理化检验	感官检验可以理解为依靠检验员的生理感官对产品属性做出判断，一般是依据产品的形状、颜色、气味、污损、锈蚀和老化程度等特性，得出是否合格的结论。这种判断结果比较笼统和主观，较为依赖检验人员的经验，适用于辅助检验

续上表

方　式	具体内容
感官与理化检验	理化检验指借助物理、化学的方法，使用某种测量工具或仪器设备，如千分尺、千分表、验规、显微镜等所进行的检验。理化检验的基本程序大致如下 ①样品的采集和保存 ②样品的制备和预处理 ③检验测定 ④分析数据处理 ⑤检验报告
破坏性与非破坏性检验	破坏性与非破坏性检验指产品受检验后的状态，在破坏性检验后，受检物的完整性会遭到破坏，可能不再具有原来的使用功能。常见的破坏性检验方式有强度试验、爆炸试验等，现在为了经济效益考虑，破坏性检验已逐渐减少

拓展知识 **质量保证协议**

　　采购企业除了采用具体的监督或验收检验方式来控制产品质量外，还可通过与供应商签订质量保证协议，利用法律手段来保证产品质量，维护企业利益。质量保证协议一般作为采购合同的附件和补充，主要由 7 个部分构成。

　　①产品标准，该部分对产品的质量标准和要求进行整体说明，约定清楚供应商将按照什么标准来生产产品。

　　②检验方法，主要包括样品封样、检验依据和检验数量等内容。

　　③技术支持，主要约定需供应商对采购方提供的产品检验、维修、各种服务等方面的支持。

　　④信息沟通，指采购方和供应商双方对采购事项的事前、事中和事后的信息交流。

　　⑤违约事项，违约事项是协议的通用条款，质量保证协议中的违约事项条款主要为采购前后过程中质量或流程出现问题而约定的双方责任的界定。

　　⑥争议的解决，指在履行协议过程中，若双方发生争议应采取的解决方式，其内容通常为"双方在履行本协议过程中如发生争议，应友好协商解决。若协商未成，任何一方均可向甲方所在地有管辖权的人民法院提起诉讼。"

　　⑦其他，该部分内容是质量保证协议的最后一部分，是对前面 6 项内容未涉及的事项的补充。

制度　采购质量管理办法

第一章　总　则

第一条　为规范物资采购质量管理与控制，明确责任，提高质量管理水平，根据集团公司相关规章制度，制定本办法。

第二条　本办法所称物资采购质量管理是对物资采购、监造、检验、仓储、配送、使用、服务等过程实行指导、控制与监督的活动。

第三条　公司物资采购质量管理工作实行统一管理、分级负责。

第四条　公司物资采购质量管理工作坚持源头把关、过程控制、落实责任、强化监督的原则。

第二章　机构与职责

第五条　物资管理中心统一管理公司物资采购质量工作，履行的主要职责是：

1. 协助有关部门对物资采购质量问题和质量事故进行调查。

2. 对涉及物资采购质量的部门进行不定期监督检查。

3. 配合上级主管部门做好物资采购质量检查和监督抽查，通报检查结果，处理存在的问题。

4. 对物资采购质量检验过程中或直达现场后发现的质量问题，会同有关部门及时处理。

5. 对物资管理部门的质量管理工作进行业务指导，监督质量管理工作的运行状况。

6. 组织开展物资采购质量管理相关培训工作。

第六条　物资采购质量工作主要职责

1. 贯彻落实公司物资采购质量管理规章制度，组织制定本部门物资采购质量管理规章制度。

2. 负责本部门物资采购质量管理工作。

3. 负责开展全面质量教育和职业道德教育活动。

第三章　基本管理程序和要求

第七条　公司物资采购质量管理实行"谁采购、谁负责"的质量负责制。采购物资出现质量问题、事故，按照权责对应的原则追究相关人员承担相应责任。

第八条　各部门物资采购管理部门要建立物资采购质量档案，保证采购物资质量具有可追溯性。质量档案的主要内容包括技术协议、买卖合同、检验（监造）报告、质量情况反馈等。

第四章　质量管理与控制

第九条　供应商准入与选择。

1. 物资采购质量要从源头加强控制，各部门应严格执行公司物资供应商管理相关规定。

2. 供应商因故意或过失提供不合格物资，造成较大经济损失或产生恶劣社会影响的，取消其市场准入资格。

3. 各部门除公开招标外应在公司统一的物资供应商库中选择供应商，并对供应商产品和服务质量进行考核和评价。

4. 各部门可根据需要对供应商进行现场考察及物资质量抽查，了解供应商的工艺设备、检测手段、质量体系以及企业信誉等情况，对供应商所提供产品和服务质量的保证能力进行检查或验证。

5. 对于国家明令实行产品生产许可、强制认证和公司实行产品质量认可的物资，选择的供应商必须取得相应资质，并具备健全的质量管理体系。

6. 任何部门或个人不得以不当方式指定供应商，影响物资采购质量管理工作。

第十条 采购实施

1. 采购应全过程倡导质量至上的理念，确保在重要和关键环节对技术与质量进行控制把关。

2. 物资采购质量依据国家标准、行业标准、集团公司企业标准或合同确认的技术标准和技术条件判定。任何部门或个人不得采购不符合国家法律法规、强制性标准的物资以及国家明令淘汰的物资。

3. 各部门要加强物资采购计划管理工作，要充分考虑预留合理的生产制造周期、运输时间和必要的调试检验时间，以保证获得满足质量要求的物资。

4. 实施采购前，采购人员应充分了解采购物资信息，准确掌握相关质量要求和执行标准。采购重要物资和复杂设备时，物资部门应协同技术主管部门、使用部门与供应商进行充分技术交流。必要时，在采购合同签订前可先签订技术协议以明确相关技术要求。

5. 物资采购合同的订立，原则上采用公司发布的统一合同标准文本，合同条款中应确保对物资的技术性能、质量标准、验收方法和质量责任等方面进行了相关约定。必要时，可约定质量保证金。

6. 采购涉及生命安全、危险性较大的情形，以及有其他特殊要求的物资时，应按照国家产品质量法相关规定，在合同中提出明确的质量要求和运输要求。

7. 采购关系到安全生产、健康环保的重要物资和复杂设备时，质量保证金的留付比例不得低于合同货款总额的 5%，质量保证期限不得少于 12 个月。

8. 采购新产品时，供应商必须提供由公司试用部门出具的现场试验报告。集团公司和公司规定必须经过认证或许可生产的物资还需提供有效的文件资料。

第十一条 检验、仓储、配送等

1. 采购物资不经质量检验或验证，不得办理入库和结算手续。

2. 各部门物资部门应设专（兼）职物资验收员，严格按照标准和程序对入库物资进行检验或验证，并对其结果承担责任。物资验收员不得由采购人员兼任。

3. 直达使用现场的物资检验或检测，应制定完善的检验、检测和验收等交接管理制度。

4. 对重要物资或国家规定需要进行质量检验的物资，应委托具有相应资质、良好业绩和能力的检验机构进行检验。检验不合格的，不得入库，并由签订采购合同的部门向供应商索赔。

5. 采购物资验收应依据物资采购合同、发货清单、装箱单、质量证明书等。列入公司强制检验目录的，要有公司指定质检部门出具的检验报告；列入公司或各部门重要物资驻厂监造目录的，要提供监造报告。

6. 物资储存应严格执行公司仓储管理有关规定。各部门应制定合理的库存储备定额，对仓储物资进行定期盘点，妥善维护与保养，防止积压和毁损。

7.物资出库发放要严格履行程序。应根据出库物资的特性，配备合适的搬运工具和设备，做好包装和防护。物资出库时，相关技术和质量证明要及时提供。

8.对于国家规定有特殊运输要求的物资，运输部门和人员应具备相应资质和条件，按照一定的要求完成运送工作。物资部门要做好有关信息记录，以备需要时跟踪查证。

9.各部门要加强对不合格物资的管理，明确不合格物资的处置方式和程序，及时有效地进行合理处置，避免因使用不合格物资而出现质量事故。

10.物资采购中不合格物资的范围主要包括入库或现场检验验收中存在质量问题的物资、因保管不善造成损坏的物资、储存中超过保质期的物资以及用户投诉并经检验机构确认为不合格的物资等。

11.对确认为不合格的物资，各部门物资部门应进行标识，单独存放，妥善保管，做好物资情况处置和使用的相关记录。经评审后可让步或降级使用的不合格物资，要做好有效跟踪，制定预防措施。

第五章　质量问题、事故与纠纷的处理

第十二条　物资采购质量问题、事故的处理要坚持原因未查明不放过、责任未理清不放过、整改措施未落实不放过的原则。在充分听取双方意见后，对相关责任部门、人员和供应商要按照公司有关规定给予处理。

第十三条　采购物资在驻厂监造、入库检验、安装调试等过程发现的质量不合格物资采购事件为物资采购质量问题。

第十四条　物资采购质量问题在供需双方达成一致意见时，可采取退货、换货、索赔等处理。若造成恶劣社会影响，损害公司形象的，可按照公司供应商相关管理规定采取中止、取消准入资格等处理。

第六章　监督与责任

第十五条　物资管理部对各部门物资采购质量管理工作进行定期检查与考核。

第十六条　物资管理部严格执行"物资采购管理制度"，对物资采购质量进行有效监督。

第七章　附　则

第十七条　本办法由物资管理部负责解释。

第十八条　本办法自下发之日起执行。

制度　来料质量检验管理制度

1 目　的
确保公司接收到的物料经过规定的检验或验证,符合规定要求从而提升本公司产品品质。

2 范　围
适用于本公司所有用于生产的原材料及委外加工半成品检验。

3 权　责

3.1　品质部负责规格书、图纸、承认书和样板的确认。

3.2　仓库负责将来料置于来料待检区，并根据物料标识检验状态，将物料放置不同的区域（如待检区、不合格区），以免误用。

3.3　采购部负责来料不良时对供应商的反馈和跟进处理。

3.4　品质部负责来料检验标准、抽样标准、检验方式的制订；各项来料品质的检验实施及检验不合格品的提出、检验状态的标识和品质不良情况的反馈和事后管理。

3.5　生产部负责制程中物料不良情况的反馈。

3.6　品质部负责受控文件的分发。

4 定　义

IQC（Input Quality Control）：来料品质检验和控制管理。

5 作业内容

5.1　规格书、图纸、承认书和样板的承认签发。

5.1.1　品质部将相应承认的规格书、图纸、承认书和样板发给 IQC。

5.1.2　对签发的规格书、图纸、承认书和样板，IQC 进行登记和保管，并按"文件与资料管理程序"执行。

5.2　来料送检。

5.2.1　仓库收货时对来料数量进行验收，按照"采购订单"核实物料编号、名称、规格、数量、交货期、采购订单号及供应商名称，并将供应商"送货单"交 IQC 检验。

5.2.2　急用的物料，仓库在"送货单"上注明"急料"标示，以便 IQC 作优先检验。

5.3　来料检验实施。

5.3.1　IQC 检验员收到供应商"送货单"后，核实相应物料编号、物料名称、规格。

5.3.2　确定抽样方案和实施样本抽取，详细情况按"来料检验规范"执行。

5.3.3　检验实施和判定，依据相关物料的规格书、样板、承认书、图纸资料以及来料检验标准进行，详细情况按"来料检验规范"执行。

5.3.4　IQC 接到环保材料供应商的"送货单"后，如果是首次供料必须核对厂商提供的 SGS[1]/TUV[2]/ITS[3] 等合格实验室检测的"环保物质检测报告"成分表或 MSDS[4] 物性表

---

[1] SGS 是全球领先的检验、鉴定、测试和认证机构，可进行各种物理、化学和冶金分析，包括进行破坏性和非破坏性试验。在我国设立了 50 多个分支机构和几十间实验室，拥有 12 000 多名训练有素的专业人员。

[2] TUV 标志是德国 TüV 专为元器件产品定制的一个安全认证标志，在德国和欧洲得到广泛的接受。

[3] ITS（Intertek Testing Services）是世界上规模最大的工业与消费产品检验公司之一。目前已通过其在全国建立的分支机构和实验室网络为各行各业的客户提供全面的测试、检验、认证及各类产品的其他相关服务。

[4] MSDS（Material Safety Data Sheet）即化学品安全说明书，是化学品生产商和进口商用来阐明化学品的理化特性（如 pH 值、易燃度、反应活性等）以及对使用者的健康（如致癌、致畸等）可能产生的危害的一份文件。

的正确性及有效性。

5.4　合格品的处理。

5.4.1　对检验判定合格批次，检验员将结果记录于"IQC 检验报告"上，经品质部主管审核批准，检验员在供应商"送货单"上盖章或签名。

5.4.2　仓库将贴有本公司"IQC 合格"标贴的合格物料办理入库处理。

5.4.3　环保材料判定合格时，IQC 于外包装上贴"RoHS[1]"标签（应注明检验日期），并于相关检验记录中注明相关物质检验结果。

5.4.4　环保材料判定不合格时，IQC 于外包装上贴"REJECT"（拒收）标签并注明拒收原因和检验日期，于相关检验记录中注明相关物质检验结果，并将环保不合格的结果记录于"IQC 检验报告"中，呈至品质部主管核签。

5.5　不合格品的处理。

5.5.1　对检验判定不合格批次，检验员将结果记录于"IQC 检验报告"上，不良品经品质主管审核确认后，对品质异常情况，发出"IQC 检验报告"，通报供应商或相关部门要求分析改善。

5.5.2　IQC 检验员在判定为不合格的物料外包装上贴"REJECT"标贴（注明拒收原因和检验日期），要求仓库作隔离存放于不合格区，以免混用或误用，并依"不合格品管理程序"进行管理。

5.5.3　对需特采的不合格物料，详细情况按"物料审查委员会（MRB）工作指引"执行。

5.6　对于紧急放行物料的处理。

5.6.1　原则上不实行物料紧急放行，但由于一些特殊原因如物料交期滞后或没有签发样板，生产又急需使用，应由仓库在本批来料的"送货单"上标明"紧急物料"，交由品质部紧急检验，合格后方可放行。

5.6.2　对紧急放行的物料，IQC 按抽样计划对该物料抽取相对应样本待作检验，同时在急料包装箱外标识"紧急放行"方可上线使用。对于未检的急料，上线使用时生产部需配合做好区分标识，并跟踪反馈其品质。

5.6.3　当紧急出库的物料检查为不合格时，由仓库回收紧急出库的全部批次，并按"不合格品管理程序"处理。

5.7　对于化工类库存超期物料的检查，超期 3 个月以内参照"来料检验规范"抽取相应的样本执行检验，3 个月以上则执行全检并保存相关记录。

5.8　产品检验状态的标识，按"产品标识与可追溯性管理程序"执行。

5.9　材料的抽样送测监督。

---

[1] *RoHS 是由欧盟立法制定的一项强制性标准，该标准已于 2006 年 7 月 1 日开始正式实施，主要用于规范电子电气产品的材料及工艺标准，使之更加有利于人体健康及环境保护。该标准的目的在于消除电器电子产品中的铅、汞、镉、六价铬、多溴联苯和多溴二苯醚共 6 项物质，并重点规定了镉的含量不能超过 0.01%。*

如果需要，本公司将制订 RoHS 材料的抽样检测计划，每年将从来料中抽取部分供应商的材料送第三方专业检测机构检测，如检测结果超标，依本公司"不合格品控制程序"及签订的相关环保协议进行处理。抽取时机及对象如下：

（1）该供应商材料的环保证明资料不能及时提供。

（2）该供应商为本公司选择性供应商。

（3）高危物质材料（如胶料、色粉及其他化学品等）。

（4）对本公司坏保要求事项配合度不高的供应商。

5.10　品质记录及事后管理。

所有来料检验都必须有完整的品质记录，并注意保存，以便查阅。之后做出月统计，对供应商来料进行质量总结，考核供应商资格，具体按"供应商评定程序"处理。

制度 采购质量问题处理细则

第一章　总　　则

第一条　目的。

为了保证本公司采购物资的质量水平，确保本公司生产经营的顺利进行，防止不合格物资及不合格供应商给本公司造成损失，特制定本细则。

第二条　适用范围。

本细则适用于本公司所有采购物资的验收及供应商质量管理工作。

第三条　质量检验的基本原则。

相关部门在开展采购物资质量检验工作时，应严格遵守严肃、准确、及时3项基本原则。

1. 采购物资验收人员必须具有高度的责任心，秉持严肃的工作态度，严格按照公司的相关质量检验制度和流程规范进行检验。

2. 采购物资验收人员需仔细核对到货物资的品种、规格以及数量等信息，必须做到准确无误，不得掺入个人的主观偏见和臆断。

3. 采购物资验收人员要按照相关管理规定及时组织和实施质量检验工作，以保证采购物资能够及时使用，并且一旦出现质量问题，也能在规定期限内处理有关纠纷。

第二章　采购物资验收准备

第四条　收集和了解采购基本资料。

采购部应收集整理采购业务资料，并组织质检员熟悉和了解采购项目、采购数量、采购时间、到货时间、采购方式、运输方式以及不合格品处理办法等事项。

第五条　供需双方确定物资品质、规格和图样。

采购部应协同生产部、技术部以及质量部等部门制定物资的产品规格、技术和质量标准等各项验收标准，并与供应商进行双方签字确认。对于设备类采购物资，需要供应商随设备提供相关技术图样。

第六条　价格预算。

采购部应根据公司相关验收规定制定采购物资验收标准，一般采用当批物资合格率或抽检合格率为验收标准，其计算公式如下：

当批物资合格率 ＝ 合格物资数量 ÷ 当批物资总数 ×100%

物资抽检合格率 ＝ 抽检合格物资数量 ÷ 抽检样品总数 ×100%

第七条　明确采购物资验收内容。

采购部应协助质量部确定采购物资验收的具体内容并协助具体验收工作的实施，采购物资的验收内容应包括以下 3 点。

1. 采购订单与供应商发货清单是否一致，并核对物资到货数量。

2. 检查到货物资的产品外观，包括包装是否完整，标识标签是否符合公司订单要求，开箱检验物资是否有破损、短缺以及变质情况的发生等。

3. 对到货物资进行质量检验，检查其关键指标是否符合本公司质量管理检验标准。

第八条　选择质量检验方式。

质检员为保证质量检验的效率和结果的准确性，在实施检验时应采用适当的检验方式进行。

1. 抽样检验，适用于数量较多并经常使用的物资。

2. 全部检验，适用于数量少、价值高的物资。

3. 免检，适用于数量很大、价值低的辅助性物资；经认定的免检供应商提供的物资；生产急用而特批免检的物资。

第九条　选择质量检验方法。

采购物资质量检验方法，根据检验的不同原理、条件和设备，分为感官检验法、物理检验法、化学检验法、微生物检验法以及产品试验法五大类。

第三章　生产物料检验实施

第十条　通知到货。

采购人员应根据订单到货日期、到货品种、规格和数量等，提前通知质量部或生产部的质检员准备采购物料的质量检验工作。

第十一条　到货清点。

仓库管理员进行物料的验收工作，并检查采购物料的品种、规格数量、包装等情况，填写"采购验收单"，并对该批采购物料标志"待检"标识。

第十二条　质量检验。

质检员应在指定待检区域，按照公司规定的质量检验标准及程序，对物料进行逐项质量标准的检验，并填写"采购检验报告单"。

第十三条　质量检验报告审批。

质检员将"采购检验报告单"提交采购检验主管和质量部主管审核和审批，并将审批意见作为检验结果处理的依据。

第四章　设备检验实施

第十四条　组织成立设备验收小组。

采购部应组织技术部、质量部以及生产部专业人员成立设备验收小组，并告知设备到货时间、设备采购数据以及特殊要求等，并着重说明设备验收时防潮和防压等注意事项。

第十五条　到货清点。

接货人员应及时清点到货设备，检查到货设备数量和规格是否与采购订单相符，并检查设备包装外观是否破损，如实填写"采购验收清单"。

第十六条　开箱检验。

设备验收人员应慎重选择拆箱方法，保证设备的安全性，拆箱时要保证至少有两个不同部门的成员在场，并一起根据订单和发货清单等相关票据核实设备的品种、数量、型号、附件零件、技术图纸以及外观等情况，并如实填制"设备采购验收单"。

第十七条　设备安装和调试。

设备验收人员需现场配合供应商技术人员对设备的安装和调试工作，如实填制"设备检验报告单"。

第十八条　质量检验报告审批。

设备验收人员将"设备检验报告单"提交采购检验主管和技术部主管审核和审批，并将审批意见作为检验结果处理的依据。

第十九条　设备验收期检验。

采购人员应要求供应商将一段设备使用时间作为设备验收期，采购人员应在验收期内密切跟踪设备运转情况，发现问题及时与供应商联系，并在验收期结束后综合生产部和技术部意见，编写"设备验收报告"，提交上级领导审批。

第五章　质量检验结果处理

第二十条　检验合格处理办法。

1. 合格物料处理。质检员将审批通过的"采购物料检验报告单"作为物料放行证明，交由仓储人员办理入库。

2. 合格设备处理。设备验收小组应根据发票注明的设备信息，如产品名、型号、规格、单价、数量以及金额等，针对验收无误且通过验收期考核的设备，填写"验收入库单"，一式三联，分别交财务部、仓储部以及采购部保管和使用。

第二十一条　检验不合格处理办法。

针对采购物资检验不合格的各种情况，公司可采取补交拒收、退货、换货、返工以及偏差特采处理等办法，由采购人员与供应商沟通达成一致后实行。

第六章　附　　则

第二十二条　本细则由采购部和质量部共同制定、解释和修订。

第二十三条　本细则经总经办审批通过后，自颁布之日起实施。

制度 特采作业管理制度

1 目　的

当原材料、半成品、成品检验结果判定为不合格，但又必须使用才不影响交货时，可依靠本程序提出特采申请，以利于生产或交货。

2 范　围

2.1　进料检验判定不合格时。

2.2　半成品或成品检验判定不合格时。

3 权　责

3.1　采购 / 生产部：原材料特采的申请。

3.2　品质部：特采品的审核。

3.3　总经理或厂长：特采品的批准。

3.4　生管：半成品、成品特采的申请。

3.5　生产部：对不良品的返工处理。

4 作业流程

4.1　特采申请时机。

4.1.1　因缺料而使生产中断之时。

4.1.2　因品质异常经品质部确认可使用时。

4.1.3　因交货期已至，而无其他产品可代替出货时。

4.2　特采申请作业。

4.2.1　来料特采作业。

（1）IQC检验出不合格的原材料时，填写"来料检验表"，交品管审核，由经理批准后，由IQC为特采的原材料填写"特采证"做标示。

（2）原材料批准为拒收或退货时，由IQC盖章"拒收"做标示。

（3）原材料标示为不合格时，由仓管负责隔离并放在待退区待退。

（4）原材料抽检不合格时，经批准为特采的物料要全检，并将不合格品退回供应商。

4.2.2　生产特采作业。

（1）检验员根据检验作业指导书对原材料、成品、半成品做出不合格判定时，如不合格项属功能性品质不良则不予特采，作返工处理。

（2）原材料、成品、半成品由品检人员鉴定有品质异常或判定不合格时，由品管核实、确认。

（3）责任部门主管依据需要填写"特采申请单"提出申请。

（4）品管对特采申请给予审核、提出意见。

（5）"特采申请单"由品质部保存。

（6）特采未有结论时，责任部门以不合格品作隔离区分。

4.3 来料不合格鉴定结论。

4.3.1 批退时，由采购处理退换。

4.3.2 返工时，由生产部处理。

4.4 不合格品鉴定结论。

4.4.1 返工时由品质部通知生产部领回处理。

4.4.2 允收时由品质部给予"特采"标识。

4.5 凡经品质部认定有品质异常时，应通知责任部门主管采取纠正与预防措施，并由品质部对采取的措施效果跟踪到符合要求时为止。

制度 食品采购质量验收制度

一、食品质量标准

1.采购的食品、食品添加剂、食品相关产品等应符合国家有关食品安全标准和规定的要求，把好物资验收关。不得采购《中华人民共和国食品安全法》第三十四条规定禁止生产经营的食品和《中华人民共和国农产品质量安全法》第三十六条规定不得销售的食用农产品。

2.验收人员必须掌握所购物资的基本知识，具有鉴别购进物资的能力，工作认真负责，坚持原则，要熟悉本单位规定的验收制度和标准，禁止验收下列食品：

（1）有毒、有害、腐烂变质、酸败、霉变、生虫、污秽不洁、混有异物或者其他感官性状异常的食品。

（2）无检验合格证明的肉类食品。

（3）超过保质期限及其他不符合食品标签规定的定型包装食品。

（4）无卫生许可证的食品生产经营者供应的食品。

3.采购的食品原料及成品必须色、香、味、形正常。

4.采购预包装食品，商标上应有品名、厂名、厂址、生产日期、保存期（保质期）等内容。采购进口食品必须有中文标识。

二、验收人员职责

1.验收人员有权抵制任何未经批准的物资采购。

2.验收职务与采购职务分离，采购人员不得兼做验收工作。

3.验收人员应听取、收集各项目组对供货物资的反馈意见，并及时向主管及中心领导反映。

4.调拨物资的定价和调整价格，应严格按照规定的价格执行，不能擅自更改价格。

5.采购部主管应不定期复查物资数量和质量，检查、监督验收工作。

三、物资验收程序

1.物资验收的基本要求：验收物资应数量准确，质量符合要求，包装完好无损，手续完备清楚。

2.验收前应事先做好准备工作，准备好足够的磅秤及其他计量工具。磅秤应定期校准，确保验收的精确性。

3.验收物资数量时，对密封的容器，应逐个检查是否有启封的痕迹，并逐一过秤，以防短缺；对袋装商品，应通过点数过秤，检查袋上标重是否与实际一致，箱装商品应开箱进行抽检。

4.验收物资质量时，验收人员应有敏锐的观察力及基本的商品知识，认真核实进货是否符合订单或中心所规定的质量标准。特别注意对肉类、禽类、鱼类、蛋类、海鲜等鲜货食品的检验，检查其是否新鲜、是否变质，严格按保质期规定标准验收，避免发生差错。

5.全部物资的检查、过磅、清点等工作应在送货或采购员在场时做完，以便一旦发现数量或质量上的差错，有第三者在场认可证明。因验收人员工作失误，造成不良影响和经济损失，将对责任人进行经济处罚。

6.物资验收完后，应填制验收单据，验收人员根据点收的物资的品名、单位、数量、单价、余额等填制一式三份验收单（仓库留一份，记账一份，交采购报账一份），填制单据应做到清楚、正确，便于审核，不得乱涂乱改。

四、入库程序

1.食品、食品添加剂及食品相关产品采购入库验收时应建立验收登记台账。

2.台账应当如实记录进货日期、产品的名称、规格、数量、生产日期、保质期、供应商名称及联系方式、验收人等内容。

3.食品出库时应做好出库记录。

制度 设备采购验收制度

一、目　　的

为了加强对我公司设备、设施验收过程的管理，确保设备验收工作合理、高效的开展，特制定本制度。

二、范　　围

凡我公司所有设备和设施均适用本制度。

三、验收内容及标准

1.设备外观、包装情况、设备名称、型号规格、数量等是否符合要求。

2.装箱清单是否与实物相符，以及其他资料是否齐全，有无缺损。

四、设备验收

1.设备到达物资库或现场后，设备环保科员应及时通知车间相关人员联合设备采购人员参加设备的开箱验收。

2.车间人员接到通知后，应及时到指定地点进行验收。首先检查设备包装情况，确认设备包装完整无损的情况下即可开箱验收。开箱后依据装箱单明细逐件核对设备的合格证、产品说明书等技术资料，如发现资料短缺，应由设备采购部负责追回。

3.若在验收过程中发现设备破损、生锈、变形等外观质量不合格时，验收人员应暂停验收，并责成设备采购部门监督设备供货厂家返修或更换。返修或更换后再行验收。

4.开箱设备验收合格后，设备采购人员填写设备入库验收单，由参与验收的人员签字确认。

5.对于设备完成安装进入调试阶段后，车间人员对调试中发现的问题，应及时报与设备环保科，由设备环保科联系设备采购部门督促设备供货厂家及时进行返修，直至符合质量要求为止。对无法现场返修的供货厂家应予以更换。

6.若设备在质保期中出现问题，由设备环保科联系采购部门督促厂家直至解决。

7.对进厂设备中的安全装置在验收中必须注明完好与否，并要求所用人员进行确认。

8.对有关安全、设备、设施的验收要求由安监部门人员参加并建档。

范表 样品质量评价表

编号：   年 月 日

供应商名称			
地　　址			
联系人		电话／传真	
样品名称		型号规格	
数　　量		检测部门	
检测标准		检测结论	
检测报告编号		用于何种产品	
试用部门		试用情况	
评价结果			
评价部门工程师		主　　管	
经理签字		日　　期	

范表 货物采购环境表

序号	货物					采买环境									备注
	编号	名称	型号	年需求量	单位	供应商一				供应商二				采买环境容量总和	
						比例	价格	期限	合同	比例	价格	期限	合同		
共　计															

会签	开发人员	质量管理人员	认证人员	同意
	工艺人员	采买计划制订人员	订单提交人员	日期

	制定部门	任务来源说明	来源部门
制定日期			
采购认证编号			

范表 采购质量控制表

编号：						日期： 年 月 日					
供应商					交易情况						
采购单号	物资名称	采购数量	发货批数	检验批数	批抽检率	总抽检率	质量水平	退货记录	记录人	备注	

范表 采购部质量目标管理表

质量目标	统计方法（计算公式）	统计频次	_____年											
			1	2	3	4	5	6	7	8	9	10	11	12
		月度												
		年度												
		月度												
		年度												
		月度												
		年度												

范表 采购检验报告单

编号：									日期：　年　月　日	
材料名称			材料规格				供应商			
订购部门			采购日期				到货日期			
订购数量			实收数量				检验员			
数量验收结果		□足交　　　□短缺　　　□溢交								
外观状况							检验员			
损失数量及情况							检验员			
检验记录	检验项目	检验标准	检验结果					判　定		备注
			1	2	3	4	5	合格	不合格	
检验结果判定						是否特采		□是　　□否		
处理方式										
采购检验主管			采购检验专员							
质量管理部经理										
备　　注										

范表 采购验收表

| 编号： | | | | | | | | 日期： 年 月 日 | |

编 号	名 称	订货数量	规格符合		单 位	实收数量	单 价	总 价
			是	否				

是否分批交货	□是 □否	科目会计		供应商供应		合 计	

检 查	验收结果	检查主管	检查员
抽样：_____% 不良 全数：_____个不良			

总经理		成本合计		仓 库		采 购	
	主管	核算	主管	收料	主管	制单

范表 采购验收过程一览表

编 号	供应商名称	验收时间	计划验收时间	目前状态	经办人	批复总金额	已签合同			
							合同号	合同金额	已支付金额	存在问题
报告人									报告日期	

范表 采购验收记录表

编号：			
产品名称			
供应商			
产品数量		到货时间	
验收部门		验收日期	

验收记录：

1. 产品名称、批次与采购合同相符　　　　　是□　　否□
2. 产品包装和运输符合要求　　　　　　　　是□　　否□
3. 规格型号符合采购要求　　　　　　　　　是□　　否□
4. 标识符合规范和采购合同要求　　　　　　是□　　否□
5. 合格证、质保书齐全　　　　　　　　　　是□　　否□
6. 外观符合要求　　　　　　　　　　　　　是□　　否□
7. 是否需要进行二次复验　　　　　　　　　是□　　否□

取样方法说明：

验收结论：

供货方：	采购方：
（公章）	（公章）
负责人：	负责人：
年　月　日	年　月　日

范表 特采申请书

管理号		申请日期	
物料（产品）名号		申请数量	

申请特采项目：	申请部门及负责人

申请特采内容：

特采材料用于生产的订单号：＿＿＿＿＿＿ 生产单号：＿＿＿＿＿＿ 产品代码：＿＿＿＿＿＿

附检验单	份	附样品

技术工程部确认意见：

签名： 日期： 年 月 日

销售部（用户确认意见）：

部门：
签名：
日期： 年 月 日

同意特采数量		供方承认		用户承认	

转发部门	品保部	采购部	生产部	PMC 部	总经理确认：

表单编号：

范表 检验异常报告单

编号：				日期： 年 月 日	
物资编号			品　名		
供应商名称			交货日期		
交货数量			样本数量		
进料异常描述	□新料　　　　□新版　　　　　□第____次进料				
	□无规格　　　□未承认				
	□无样品　　　□附样品____件				
	□附检验记录　□同一异常已连续3次以上（含3次）				
序号	规格	问题描述	不良数	检验方法	备　注
质量工程师确认：					

范表　工序质量特性分析表

车间:		产品名称:			编定日期:	
生产线或部门:		零件号及名称:			编定者:	
工序	缺陷	影响因素				
		设　备	工　装	材　料	操作者	
下料	①材料及成分，厚度					
	②尺寸					
	③毛刺					
铣齿	①齿距					
	②齿深					
	③毛刺					
	④齿尖锐度					
锉齿	①齿面是否全部锉出					
	②是否有漏锉的齿					
抛光	表面粗糙度					
腐蚀印字	①字体是否清晰					
	②打印位置是否正确					
冲压	①尺寸					
	②毛刺					
齿部错位	①错位是否一致					
	②划分					
清洗涂塑	是否有未涂到处					

范表 IQC检验报告单

供应商		物料名称		物料编号	
送货单 No.		订单号		交货日期	
来料数量		抽样数量		检验指引 No.	

检查方案：	合格质量水平 AQL		判断标准			
□其他检查方案：	严重缺陷	轻微缺陷	严重缺陷		轻微缺陷	
			AC	RE	AC	RE

不合格现象描述				
序　号	不合格内容	严重缺陷数量	轻微缺陷数量	不良率
合　计				

结论：□合格　□不合格　□其他：

IQC：　　　　　QC组长：

批量（或部分）不合格品的处理：

品质部主管处理意见：□特采　□加工使用　□挑选使用　□退货　□其他：

签名 / 日期：

厂长批准：□同意品质部主管意见　□其他：

签名 / 日期：

更多模板

采购质量验证管理制度	来料检验规范
质量保证协议	质量控制计划规范
原辅材料进货查验记录	产品不合格严重性分级表
物料验收管理制度	

7.2　质量索赔管理

　　企业在对供应商提供的产品进行验收时，难免会出现不合格的情况，若是产品不合格率超过一定的标准，企业应该提出退货，或向供应商提出索赔，以保证企业的生产利润。

● 不合格品的处理方式

处理方式	具体内容
让步接收	对于某些不合格品,采购可根据具体的材料和情况做出让步接受,如加工流程可进行补救,或是非功能性的瑕疵,又或是规格选配的问题,这些都可以灵活处理,尽量不会影响正常的生产进度
全　检	对于抽检出的不合格品,若是数量超标,验收人员有责任进行全检,将合格品与不合格品分开，另作处理
返　工	按约定条款对不合格品实施返工处理,达到企业的生产标准,注明返工的具体要求
返　修	对于问题不大的产品进行返修处理,可以适当降低标准,只要能满足生产的基本要求即可,这样可以缩短时间,一般在紧急生产活动中可以这样处理
报废 / 拒收	若是到货产品的问题严重则不能忽视,不具备返工、返修或让步接收条件的,验收人员应直接拒收,或者做出报废的结论,要求供应商重新提供产品或者进行质量赔偿

● **采购退货基本流程**

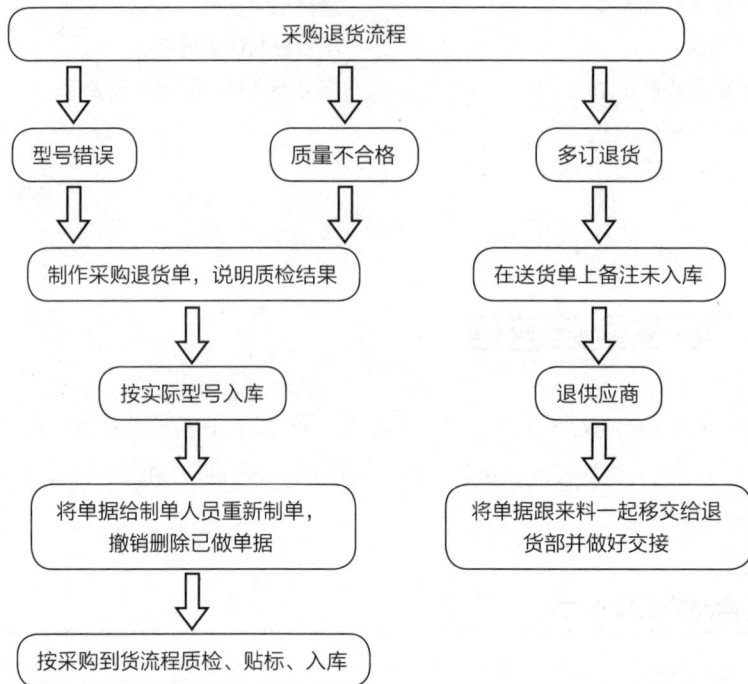

```
                   采购退货流程

   型号错误          质量不合格          多订退货

制作采购退货单，说明质检结果      在送货单上备注未入库

   按实际型号入库                  退供应商

将单据给制单人员重新制单，   将单据跟来料一起移交给退
  撤销删除已做单据            货部并做好交接

按采购到货流程质检、贴标、入库
```

● **质量索赔流程**

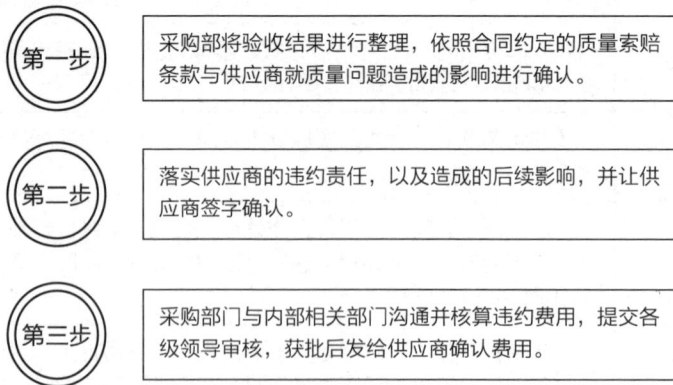

第一步　采购部将验收结果进行整理，依照合同约定的质量索赔条款与供应商就质量问题造成的影响进行确认。

第二步　落实供应商的违约责任，以及造成的后续影响，并让供应商签字确认。

第三步　采购部门与内部相关部门沟通并核算违约费用，提交各级领导审核，获批后发给供应商确认费用。

| 第四步 | 等待供应商签字确认，采购部开具索赔通知单并发给供应商。 |

| 第五步 | 财务人员根据索赔通知单执行索赔扣款，若可以直接扣款，直接在本月付款额中扣减相应金额；需要以物抵扣一定款项的，需要制作相应台账，抵扣相应的货款。 |

拓展知识 退货和赔偿注意事项

在企业协商解决退货和赔偿事宜时，往往不会如想象般顺利，有关人员应该注意以下一些事宜，减少企业损失。

①退货时确定采供双方的对接人员，落实"责任到人"。

②明确退货的流程和货物接收地，按流程完成退货。

③确定退货发生的运输费用由哪一方承担，是供应商全额承担，还是采供双方共同承担等。

④确定赔偿金额以及供应商对赔偿款的支付方式，督促供应商及时结清赔偿款。

⑤若是发生退货情况，要与供应商商议如何完成供货补充，防止企业出现供产脱节。

⑥企业要做好退货事宜的记录，包括哪一批次的货物发生退货，具体退货数量是多少，采购价格是多少，获得了多少赔款，退货的收货地在哪里等。

制度 采购件索赔管理办法

1　目的及适应范围

1.1　本管理办法规定了本公司对供方进行质量索赔的项目、程序、申诉和裁决等内容。本管理办法中质量索赔为通用索赔准则。如与供方签订了质量协议，则具体按质量协议进行。无质量协议按本管理规定执行。

1.2　本办法适应于公司内所有外协件供方。

2　定　义

2.1　质量协议：与供方按照国家有关法律规定和标准签订的产品质量合约是采购合同的一部分，也可独立签订质量协议，并具有同等法律效力。

2.2 批量质量问题：同品名或同批次不合格采购产品的数量大于或等于交检数量的 5% 时，即为批量质量问题。

2.3 质量损失：指因产品不合格所造成的损失，包括直接损失和附加损失（包括无形损失）。

3 职　责

3.1 采购部：采购部对本管理办法进行归口管理，负责采购合同的起草签订及进货产品检验，进货质量信息的传递，负责不合格品索赔处理等工作。

3.2 品管部：负责质量技术标准文件的确立、质量协议的起草、不合格品的处理仲裁，对不合格品具有最终裁决权。

3.3 生产车间：负责组织实施不合格品的返工／返修工作，并提供因采购产品造成的停工／返工／返修记录，协助采购科进行不合格品的索赔工作。

3.4 财务部：负责办理质量索赔费用的财务结算手续。

4 程　序

4.1 公司各部门在处理不合格品时应遵循以下原则。

4.1.1 采取应急措施，确保我公司生产的延续性，使供需方损失尽可能最小。

4.1.2 对发现的不合格品，必须及时反馈、处理。

4.1.3 认真分析质量不合格原因，采取纠正预防措施，确保同样的质量问题不重复出现。

4.2 质量索赔原则。

4.2.1 不合格品证据必须经供应商书面确认的原则。

4.2.2 不合格品处理，应在考虑我公司损失的基础上，尽可能减少供方损失。

4.2.3 在保证质量及生产进度基础上，尽量采取降价让步接收的原则。

4.2.4 重复发生，加大赔偿比例的原则。

4.2.5 特例原则。

4.3 质量赔偿责任划分。

4.3.1 进货检验时的不合格品：退货或现场挑选／返工／返修，全部损失（包括直接损失、附加损失）由供应商承担。

4.3.2 对降价让步接收的产品，挑选出的不合格品，供应商应承担全部损失（直接损失、附加损失）的 20% 用于赔偿，挑选费用由我公司负担，挑选出的不合格品退供应商并由供应商承担退货损失（退货运费及不合格品金额）。因我公司对让步接收产品标识不清，记录、保管及仓储管理不善而造成的质量损失，由我公司相关部门负担。

4.3.3 进货检验时判为合格的采购产品在生产过程中发现不合格时的处理。

A. 有存储期、存储环境及防护要求的产品，如在进货检验时合格，因存放或存储环境防卫不当造成的产品不合格则由我公司负担损失。

B. 工艺更改、技术要求更改所造成的不合格品由我公司负担损失。

C. 特例：为满足市场急需或为大幅降低成本等经公司特许生产所造成的非符合性质量

损失，由我公司承担损失。

除以上 3 种情况外，所有生产过程中出现的不合格品损失全部由供方负责。

4.4　质量赔偿的依据。

不合格品处理通知单、返工 / 返修通知单、停工记录单、检 / 试 / 化验报告、差旅费用单据等均可作为质量赔偿的依据。

4.5　质量索赔项目及标准。

4.5.1　质量索赔项目。

A. 质量损失 [1]。

A=（不合格品 × 单价 × 数量 + 相关产品报废数量 × 单价）×1.2

B. 附加损失。

B=B1+B2+B3+B4+B5+B6+B7+B8

B1. 返工费（包括挑选）= 不合格品数量 × 单件返工工时 ×20 元 / 时

B2. 辅助材料费 = 返工 / 返修所消耗的辅助材料数 × 单价 ×1.2

B3. 停工损失费 = 停工人数 × 停工时间 ×50 元 / 时 / 人

B4. 验证处理费：指处理不合格采购产品质量争议而进行验证、调查、取样、分析等发生的费用。按支付凭证如实计算。

B5. 质量信誉损失费：因供应商责任发生质量损失事故或因采购产品质量引起生产部严重投诉并影响我公司质量信誉，按质量事故或社会影响严重程度对供应商处以 5 000 ～ 50 000 元 / 次的罚款或取消供货资格。

B6. 处理质量事故差旅费：为处理因供应商责任，发生在生产内的质量事故所产生的差旅费。

B7. 用户索赔费：由于采购不合格品造成总成品不合格所发生的费用。

B8. 交付延期 [2] 损失费：因供应商原因导致采购产品交付延期，且造成我公司生产秩序受影响时，按以下标准进行索赔。

a. 因缺件导致我公司被迫调整生产计划，按 1 000 ～ 3 000 元 / 次索赔（不包含 B3）。

b. 导致我公司发货延期，甚至招客户投诉的，按 5 000 ～ 10 000 元 / 次索赔。

4.5.2　让步接收。

A. 原则上让步接收根据产品不合格严重度及产品价值作降价 5% ～ 20% 处理。

B. 对让步接收的产品，供应商不再负担挑选费用，但对在生产中挑出的不合格品，退供应商并由供应商承担全部损失（包括直接损失、附加损失）的 20% 及退货损失（退货运费及不合格品金额）赔偿。

C. 对进货时检验判定为不合格品批次，如不影响生产，可作退货处理，如公司生产急需，供应商必须无条件接受公司作让步接收并承担损失 [3]。

---

[1] 采购产品本身不合格及由不合格品所造成的其他产品损失。

[2] 采购周期以双方确认交期为准。

[3] 包括降价损失及可能产生的 B8 项交付延期损失费。

D. 让步接收需经供应商书面同意，供应商应在接到公司让步接收通知 1 个工作日内做出回复，逾期我公司将作同意让步接收处理。

4.5.3 进货检验时判为合格的采购产品在生产过程中发现不合格[1]时，供应商负责直接损失 A+ 附加损失 B。其中附加损失 B 项中的分项计算按实际发生的损失项计算。

4.6 质量协议的签订。

4.6.1 品管部负责质量协议的起草与签订，质量协议需经总经理批准并盖章后生效实施，其中技术标准文件需经技术部经理签名批准。

4.6.2 质量协议是采购合同不可分割的部分，是我公司处理采购产品不合格品的依据，是采购合同的附件，具有法律效力。

4.6.3 质量协议经签订后由采购部负责组织实施，品管部对外协件质量判定提出书面证据，对质量纠纷负责作最终裁决。

4.7 质量索赔与申诉。

4.7.1 质量索赔单据的办理与传递。

（1）因采购产品不合格在生产部门发现，或需生产部门返修、返工的，则由生产部门提出索赔，并提供相关证据（返工/返修单等）交采购科，由采购科会同品管部取证并通知供应商，赔偿费用按本标准计算后，以"不合格品索赔通知单"形式书面向供应商提出索赔。

（2）在进货检验时发现不合格品，由来料检验组以"不合格品通知单"形式通知采购部，采购部根据生产情况作退货、让步接收、返工、返修等处理，并根据本标准计算赔偿费用。

（3）所有的不合格品通知或反馈单必须在 1 个工作日内提交采购科，并保留相关实物、证据等。

4.7.2 供方在接到质量索赔单后，如有异议应在 1 个工作日内提出，并与采购科协商，否则视作同意处理。

4.7.3 供方对质量判定有异议时，可书面向采购科提出，由采购科向公司品管部申请重新判定，必要时会同供应商一起进行。

4.7.4 不合格品索赔通知单由采购业务经办人提出，采购经理审核，副总经理批准，并经供方签名确认后生效。

4.7.5 对 4.3.3 条 B、C 款不合格品减免索赔，由采购业务经办人提出，采购经理审批生效。

4.8 质量索赔结算。

4.8.1 经办理完毕的不合格品索赔通知单，正本原件交财务部保管，采购部以复印件存档。

4.8.2 所有质量赔款在货款中扣除，财务部开具 17% 增值税发票。

---

[1] 对供方不合格程度较轻的产品，为保证公司延续性或简化索赔手续，可让步接收的，优先按 4.5.2 让步接收规定做让步接收处理。

制度 来料质量不良赔偿细则

1. 本细则适用于对供应商正常供货的来料不良行为实施赔偿。

2. 定义：

2.1　轻微缺陷：产品性能或其他指标虽不符合要求，但不影响产品使用。

2.2　严重缺陷：使得企业产品性能不能达到预期的效用，或者使产品的使用性下降，但是不致引起危险或不安全情况的缺陷。

2.3　致命缺陷：给使用或维修带来危险，或违背有关政策法规的缺陷。

3. 赔偿：

赔偿＝直接经济损失的赔偿＋降级接收的赔偿＋罚款

3.1　直接经济损失的赔偿。

因来料不良而造成采购方的直接损失，主要包括报关、运输、仓储、检验、误工费用等，还有因此而带来的其他直接损失。

3.1.1　换货造成的经济损失赔偿：当供应商将不良物品返回到厂家或厂方人员到采购方筛选时，直接经济损失为换货费用。

3.1.2　退货的经济损失赔偿。

3.1.3　其他直接经济损失赔偿：因来料质量不良而造成的其他直接损失，赔偿金额需视具体情况来核定。

3.2　降级接收。

供应商交付的货物不符合合同约定的质量要求，如果采购方同意降级利用，则合同价格应作合理的变动。

3.2.1　按质论价。

3.2.2　价款的减少额（赔偿金额）应依据所交付具体的质量状况而定，扣除货款的 ×%（具体比例与供应商协商确定）。

3.3　罚款。

3.3.1　因供应商交付不合格产品而进行的惩罚。

3.3.2　在生产使用发生的不合格批次出现以下不良品，罚款金额如下：

（1）轻微缺陷：扣除当批总货款的 ×1%。

（2）严重缺陷：扣除当批总货款的 ×2%。

（3）致命缺陷：扣除当批总货款的 ×3%。

3.3.3　当不合格批次同时发生多种缺陷时，仅选择缺陷中程度最重的进行罚款。罚款的具体比例视供应商解决质量问题的及时性而定。

4. 取消订单：

出现的来料质量问题在近期无法解决的，可考虑取消供应商的订单，待问题解决后，再考虑重新下订单。

5.处分：

供应商来料不良表现按"供应商质量等级管理"标准对供应商实施降低等级的处分，具体参见"供应商质量等级管理"。

▌**范表** 退货单 ▌

No.

厂商名称：　　　　　　　　　　　采购单号：

反馈单位：□IQC □PQC □FQC □OQC □其他　　　　　　日期：

项目	品名料号	规格	批号	数量	责任单位	退货原因描述		追踪结果
						□品质不良	□GP不良	
1								
2								
3								
4								
5								
6								
7								
8								
9								
10								
11								
12								
备注								

①仓库　②财务　③供应商　④采购

采购：　　　　　供应商：　　　　　品质：　　　　　仓库：

范表 质量索赔通知单

		No.	
供应商名称		发生日期	
供应商确认	此报告请在 3 日内确认，逾期按"质量协议"执行		
追偿总金额			

A. 质量问题

序号	日期	问题描述	所费工时	工时费用

编制 / 日期		审核 / 日期		批准 / 日期	

B. 质量损失统计

耗材费		检验 / 检测费	
误工费		运输服务费	
返工费		其他损失	
费用合计（人民币）			

备注：其他损失费用包括但不限于：交期延误、客户罚款、吊装、转运、仓储、追加处罚等。

C. 附件明细

□不合格通知单　　□质量损失费用明细　　□其他记录表单（质量处罚通知单）

重要说明：
1. 本质量损失索赔单由 ×× 有限公司质量部发出。
2. 供应商如对上述质量损失索赔存在异议，应在 3 个工作日内以书面形式回复 ×× 有限公司采购部，否则视同默认，将由 ×× 有限公司财务部直接扣除相应损失。
3. 此索赔单由质量部、采购部、财务部、供应商各自留存。

范表 物料内容偏差处理一览表

记录人：		记录时间：	
供应商		合同编号	
处理时间		处理地点	
物料内容偏差描述	（内容较多可以附表）		
主要争议点			
偏差处理			
经办人	签字：　　　　　　　日期：　年　月　日		
主管领导审批意见	签字：　　　　　　　日期：　年　月　日		

范表 不合格品处理记录

编号：

年　月　日							处理结果			
日　期	材料名称	生产厂家	生产日期及批号	购进日期	购进数量	不合格原因	退货	让步接收	拣用	报废

范表 物料采购不合格通知单

编号：   填表日期： 年 月 日

供应商		交验日期	
物料名称		料　　号	
交验数量		检验日期	
抽样数量		检验结果	
不良情形及简图			
处理意见			
呈　　核		主管：	
重检流程及不良统计			
改善对策			
品管确认		主管：	

更多模板

损失索赔通知单	换货明细表
供应商供货历史及质量保证能力调查表	进货不良品通知单
退货明细表	

第**8**章

采购绩效与外协加工管理制度与范表

为了不断改进采购工作中存在的问题，激励采购人员更好地学习采购技能，企业可进行采购绩效管理，对采购中的重点工作设置考核指标，科学管理采购人员。而在企业生产受限的情况下，有时也会采取外协加工，这对采购人员来说无疑是更复杂的管理工作，需要其详知有关规范。

● 采购绩效管理 P248

制度：采购绩效考核制度　　　　范表：采购人员绩效考核表
制度：采购人员行为规范　　　　范表：绩效考核评分标准表
制度：采购稽核管理制度　　　　范表：采购绩效改进计划表
制度：采购人员月度绩效评估制度　　范表：采购内审表
范表：采购绩效改进表　　　　　范表：采购绩效考核申诉表
范表：采购目标管理卡　　　　　范表：采购工作绩效测评表
范表：采购部绩效考核表　　　　范表：采购绩效奖惩表

● 外协加工管理 P267

制度：外协管理办法　　　　　　范表：外协厂商质量管理检查表
制度：产品外协生产管理规定　　范表：外协产品采购申请表
制度：外协厂商考核及等级评定办法　范表：委外加工计划表
制度：外协外购件入库验收管理规定
范表：外协加工料品盘点表

8.1 采购绩效管理

采购绩效管理贯穿于企业所有采购相关活动中，管理者通过采购绩效管理能够保证企业按时采购到优质的材料用于生产，并且能不断选择与淘汰供应商，维持更好的合作关系。采购绩效管理以采购工作的目标来考核和督促个人，在设计采购目标的相关维度时，不要忘了科学性和可行性。

● 采购关键绩效指标

分　类	维　　度	关键绩效指标
客户	供应安全性	按时到货率
		拒收率（质量问题）
	客户导向	客户满意度
		非常规采购比例
员工	员工提高	员工技能考核
流程	供应商管理	80% 采购总额的供应商比例
		合同协议覆盖的采购金额
		供应商交货及时率（检查延误交货次数）
	电子化	电子采购的交易率（%）
		电子采购率（%）
	供货周期	从批复申请到下订单的平均时间
		采购订单按时完成率（实际按时完成订单数 / 采购订单总数）
		物资短缺时间（材料未能及时到库而影响到生产进度的小时数）
	组织增幅	合格物料及时供应提高率（物料及时供应项次 / 生产需求物料采购项次）

续上表

分　类	维　度	关键绩效指标
成本	外部成本	重复采购的价格节省
		迟付发票百分比
		应付账款周转率（年赊购金额 / 年应付账款余额）
	内部成本	采购成本降低
		采购成本预算差异率（实际采购成本 / 预算采购成本）
		库存成本降低
品管	合格物资	采购物资合格率（经检验合格的物资数量 / 采购物资总数量）

● 采购人员培训内容

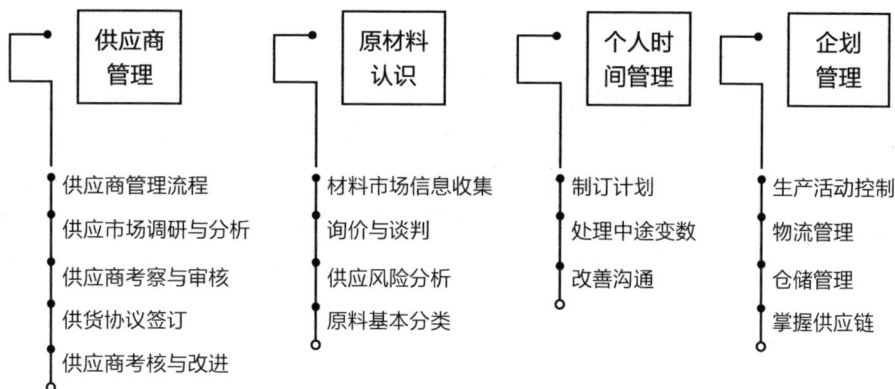

```
┌────────┐      ┌────────┐      ┌────────┐      ┌────────┐
│ 供应商  │      │ 原材料  │      │ 个人时  │      │ 企划   │
│ 管理    │      │ 认识    │      │ 间管理  │      │ 管理   │
└────────┘      └────────┘      └────────┘      └────────┘

供应商管理流程      材料市场信息收集      制订计划      生产活动控制
供应市场调研与分析    询价与谈判        处理中途变数    物流管理
供应商考察与审核     供应风险分析       改善沟通      仓储管理
供货协议签订       原料基本分类                  掌握供应链
供应商考核与改进
```

拓展知识 **采购培训计划**

　　企业要想培养出合格的采购人员并不是一时之功，大致可以分为两个阶段，一是采购基础训练（1～2 年），二是采购进阶训练（2 年以上）。基础训练的主要内容为供应商评选、采购成本管理、团队建设、采购工作准则与行为规范、人际关系技巧、时间管理、表达能力；进阶训练的内容大致包括采购谈判策略与技巧、电子采购与电子合约管理、工程外包与采购项目管理、冲突管理、采购 EQ、压力管理。

● 采购绩效考核流程

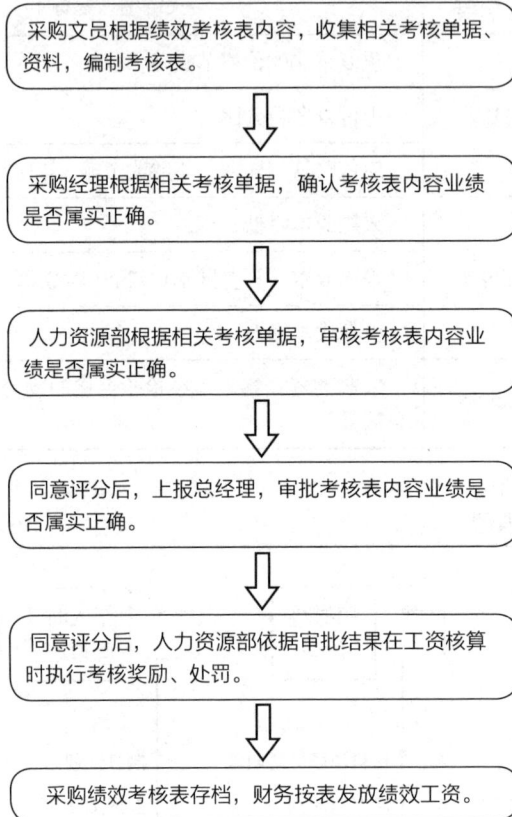

```
┌─────────────────────────────────────────────┐
│  采购文员根据绩效考核表内容，收集相关考核单据、   │
│  资料，编制考核表。                            │
└─────────────────────────────────────────────┘
                      ⇩
┌─────────────────────────────────────────────┐
│  采购经理根据相关考核单据，确认考核表内容业绩     │
│  是否属实正确。                                │
└─────────────────────────────────────────────┘
                      ⇩
┌─────────────────────────────────────────────┐
│  人力资源部根据相关考核单据，审核考核表内容业     │
│  绩是否属实正确。                              │
└─────────────────────────────────────────────┘
                      ⇩
┌─────────────────────────────────────────────┐
│  同意评分后，上报总经理，审批考核表内容业绩是     │
│  否属实正确。                                  │
└─────────────────────────────────────────────┘
                      ⇩
┌─────────────────────────────────────────────┐
│  同意评分后，人力资源部依据审批结果在工资核算     │
│  时执行考核奖励、处罚。                         │
└─────────────────────────────────────────────┘
                      ⇩
┌─────────────────────────────────────────────┐
│  采购绩效考核表存档，财务按表发放绩效工资。       │
└─────────────────────────────────────────────┘
```

制度 采购绩效考核制度

1 目　　的

为提高采购工作的积极性和士气，提升各项采购绩效，特制定本制度。

2 范　　围

本公司采购工作人员的绩效考核。

3 职　　责

3.1 采购员、采购文员：负责履行本制度相关考核工作内容。

3.2　采购经理：负责本制度的制定、修改及执行考核工作。

3.3　总经理：负责本制度的批准。

3.4　人力资源部：负责绩效考核的复核及审批后绩效考核奖惩的执行。

4　内　　容

4.1　采购绩效评估的目的包括以下几项。

4.1.1　确保采购目标达成。

4.1.2　提供改进绩效的依据。

4.1.3　作为个人或部门的奖惩参考之一。

4.1.4　作为升迁、培训的参考。

4.1.5　提高采购工作人员的士气。

4.2　采购绩效评估原则。

4.2.1　采购工作人员绩效评估以"5R"为核心，即适时、适质、适量、适价、适地，并用量化指标作为考核的尺度。

4.2.2　采购员、采购文员的采购业绩考核方式及指标，具体详见"采购绩效考核表"。

4.3　采购绩效评估采用目标管理的方式进行。

4.3.1　目标管理考核规定。

（1）采购部根据公司目标与计划，分解出采购部的目标与计划。

（2）采购部各级人员根据部门工作目标与计划，制订个人月度工作目标与计划。

（3）采购部个人月度工作目标与计划经采购经理审核后进行归档。

（4）采购部依采购绩效考核制度、采购部质量目标统计表、到货单、采购订单统计情况及月度个人工作计划目标统计表对采购员、采购文员进行绩效评估。

4.3.2　绩效评估奖惩规定。

（1）每月 15 日前完成上月绩效考核评估，并将评估成绩交予人力资源部执行。

（2）采购员、采购文员月度考核在 91 ~ 100 分的激励系数为 1.6，工资绩效奖金按此激励系数发放。

（3）采购员、采购文员月度考核在 81 ~ 90 分的激励系数为 1.4，工资绩效奖金按此激励系数发放。

（4）采购员、采购文员月度考核在 71 ~ 80 分的激励系数为 1.0，工资绩效奖金按此激励系数发放。

（5）采购员、采购文员月度考核在 70 分以下（含 70 分）的激励系数为 0.6，工资绩效奖金按此激励系数发放。

（6）月度考核分数在 70 分以下（含 70 分）的采购员、采购文员，应加强职位训练，以提升工作绩效。

（7）连续 6 个月考核分数在 70 分以下（含 70 分）的采购员、采购文员，调离采购部。

（8）拟晋升职务等级的采购员、采购文员，其年度考核平均分数应高于 80 分。

4.4　其他相关绩效考核。

对于开发合格供方的目标考核(开发合格供方至少与公司正常合作3次),考核依据按"年度新供方开发计划表"进行统一评估考核。

4.4.1　每季度进行开发新供方的考核统计,第一季度的新供方开发完成情况于4月内完成统计,第二季度的新供方开发完成情况于7月内完成统计,第三季度的新供方开发完成情况于10月内完成统计,第四季度的新供方开发完成情况于次年1月内完成统计。

4.4.2　新供方开发绩效奖惩为季度执行,依据"年度新供方开发计划表"开发的合格供方,每成功开发一家奖励100元,未按计划要求开发则处罚50元/家。

4.4.3　合格供方的开发绩效考核与其他人事方面的考核按公司有关考核办法执行。

制度 采购人员行为规范

第一部分　总　则

一、遵守诚信原则与商业道德准则

采购人员与供应商合作及所有的商业活动,必须遵循诚信原则与商业道德准则。

二、遵循采购流程与制度规范

采购活动必须严格遵循本公司采购流程与制度规范,体现公平、公正、公开的原则,采购人员负责为公司获取最佳的总体价值,选择并确定最佳供应商,确保每项采购活动和决策都能为公司带来最佳利益。

第二部分　细　则

一、采购人员定义

采购人员不仅指采购部门的专职采购人员,还包括参与采购项目相关的其他部门员工(如研发人员、生产人员等)。

二、采购执行过程行为要求

1. 采购人员对供应商的承诺必须提前得到公司合法授权,不得以个人名义对外承诺。

2. 采购人员应合法发展与所有供应商的关系,在执行业务过程中,要遵守所有适用于业务的法律、法规。

3. 不论是接待供应商或参加谈判,我方参与人员不能少于两人,禁止与供应商单独接触;接触场地应在公司内进行,不得在其他场所。

4. 采购人员应致力于使公司在任何一次采购项目中获得尽可能优惠的商务条件和服务。在采购项目有关责任人员可以控制的范围内,获得当时最好的产品质量、价格和服务。

5. 在选择供应商时,应不带偏见地考虑所有要素。无论采购量的多少,即使是签订一份数额极小的合同,都要秉持公正原则。包括:

（1）严格按照采购流程和制度规范选择供应商 [1]。

（2）在采购执行过程中，如涉及供应商与员工或其主要亲属有私人利益关系（简称关联供应商 [2]），采购业务人员应主动申报，并遵循回避原则。

（3）对于声称与部门或公司领导有私人关系的供应商，采购人员应主动申报，并严格按照采购流程和制度规范处理与该供应商的业务关系。

6. 离职员工 1 年内不得到供应商处担任与本公司接口工作。如有上述人员参与采购工作者，应要求供应商更换其接口人。

三、商业款待与馈赠

1. 商业款待。

经常性地接受供应商的款待会影响员工代表公司的客观判断力，采购人员须谨慎处理外部的各种宴请和交际应酬活动。

（1）当供应商提出符合商业惯例的会议、参观或考察邀请时，采购业务人员应主动向上级主管申报；获得批准后，按照出差相关规定处理。

（2）采购人员可以接受或给予他人符合商业惯例的款待，例如工作餐，但费用必须合理，且不为法律或已知的商业惯例所禁止。如果觉得某一邀请不合适，应予以拒绝或由本公司采购人员付费。

2. 接受馈赠。

原则上采购人员不应接受馈赠，但在具体操作时，要根据具体情况区别对待。

（1）员工如接受供应商馈赠宣传品、文化礼品、纪念品等情况下，只能以公司的名义接受，并及时上交公司。

（2）员工及亲属不能接受可能影响或是令人怀疑将影响供应商与公司之间业务关系的任何赠礼。

3. 严禁直接或间接索取供应商的礼物，严禁接受任何回扣、佣金、现金代用券等现金形式的馈赠。

4. 对供应商也应做到有礼有节，相互尊重。

四、采购信息的保密和使用

1. 采购信息是公司信息资产的重要组成部分，属于公司的经营秘密，包括但不限于采购价格、采购比例分配、采购策略、供应商选择评估方案等。采购人员对采购信息有义不容辞的保密责任和义务。

2. 对采购信息的访问和授权应遵循工作相关性、最小授权和审批受控的原则。采购人员原则上只应获得被授权范围内的采购信息，并承担保密责任。

---

[1] 供应商选择应遵循技术、服务、质量、响应能力、供货表现、成本综合最佳的原则。且不允许运用个人的影响力或者以个人私利为目的，使待选供应商得到特殊待遇。

[2] 不得以任何方式牺牲本公司利益，而为关联供应商牟取不当利益。不得主动向公司介绍、推荐关联供应商及其产品，或以任何方式充当关联供应商与本公司的中介。不得参与关联供应商的选择、考察、谈判、评估以及与该供应商交易有关的其他活动。不得接受关联供应商的委托，代表该关联供应商与本公司进行任何接洽、会谈。

3.对供应商及其他业务伙伴的商业信息应保守秘密。供应商的产品状况、报价等相关资料，以及公司对供应商的评估资料，均为商业秘密，不得向其他供应商透露这些商业秘密，不得在工作以外运用这些资料。

4.禁止向任何供应商做错误或不实的说明，禁止与供应商谈论及传播公司的流言蜚语，如果对方谈起，采购人员可以正面回答，拒绝谈论，并按公司要求做出简要说明。禁止与供应商谈论与工作无关的事宜，更不能有意或无意地泄露公司的商业和技术机密。

5.为保护公司采购信息资产安全，采购人员离职1年内，不得到供应商处任职或兼职。

五、个人品德操守

员工个人品德操守直接影响公司的形象与信誉，采购人员应注重个人品德修养，严格遵守本公司关于员工的品行操守要求，包括但不限于：

1.严禁出入不健康的场所。

2.不参与赌博。

3.遵守法律和基本的社会公德。

4.不应诽谤、诋毁他人。

5.不应有违反国家法律禁止的其他行为。

六、员工与主管责任

1.员工责任。

采购人员应当详细了解和认真理解行为准则内容，并承担如下责任：

（1）对于自己或他人违反行为准则的事件有疑虑，有责任及时反馈。

（2）反馈问题应实事求是，以署名方式提出，不应匿名或联名，不得诽谤和诋毁他人。

（3）有义务配合有关人员对违反行为准则事件的调查工作。

2.主管责任。

除上述员工责任外，各级主管还应担负起更多的责任，包括：

（1）根据工作需要制定相应的行为细则，并通过沟通、培训、监督和检查，确保下属对行为准则的理解和遵守。

（2）树立诚信的榜样，营造正向的组织氛围；绝不利用自身的职权和关系，影响或诱导员工违反行为准则。

（3）采购岗位属于关键和敏感性岗位，应特别注意选拔、任用恰当的员工，并通过岗位轮换等措施保护公司利益。

（4）对于发现的违纪行为，应及时报告，并采取补救行动，将违纪行为的损失降到最低，严禁姑息和纵容违纪行为。

七、违纪处罚

采购人员在采购过程中必须严格执行采购人员行为准则，对违反行为准则的事件或问题，将根据本公司有关"奖惩制度"文件给予处罚。如"惩罚制度"无明确说明的，公司视情节严重程度给予口头警告、书面警告、记过、经济处罚、解除劳动合同处理。如给公司造成直接经济损失的，并负赔偿责任。

第三部分　附　　则

本文件自签发之日起生效，采购人员应严格遵循本章程。

━━━━━━━━━━━━━━━━━━━━━━━━━━━━━━━━━━━━━━━

制度 采购稽核管理制度

第1章　总　　则

第1条　目的。

为了规范采购人员的行为，提高采购活动的规范性，特制定本制度。

第2条　适用范围。

本制度适用于公司所有采购作业的稽核工作。

第3条　稽核小组成员构成。

稽核小组由公司总经办、财务部和人力资源部的相关人员组成。

第2章　稽核执行

第4条　稽核内容。

采购稽核主要从采购预算稽核、请购作业稽核、比价作业稽核、订购作业稽核和验收作业稽核5个方面展开。各方面的稽核重点与稽核依据如下所示。

1. 采购预算管理。

依据为请购单、销售计划、生产计划。

（1）采购预算是否考虑了存货定量及定价管制，制定了 ABC 分类标准。

（2）采购预算是否符合销售计划、生产计划和库存状况。

（3）采购预算是否得到全面执行，若与实际采购费用存在差异，是否已修正。

2. 请购作业。

依据为请购单、安全存量、控制表。

（1）请购内容和金额是否与预算相符，是否按照核准权限进行核准。

（2）请购单（数量、规格等）的变更是否按照相关程序进行。

（3）紧急采购原因分析。

3. 比价作业。

依据为询价单、采购合同、谈判记录。

（1）询价管理。

（2）招标管理。

（3）采购合同管理。

4.订购作业。

依据为请购单、采购合同、采购订单。

（1）合同的规范性、合法性。

（2）采购合同执行情况。

（3）订单发出后有无跟踪控制。

（4）由于某种原因导致供应商没有按约定日期将采购物资送达时，采购部是否采取了相应措施，是否影响了正常生产与经营。

5.验收作业。

依据为入库验收单、送货发票。

（1）采购物资到达时，采购部是否会同物资使用部门、质量管理部门及其他相关部门共同对物资进行验收。

（2）相关技术部门是否派专业技术人员对采购物资进行验收。

（3）采购物资不符合标准时，是否已采取有效措施。

（4）检验人员是否依据相关单据，对采购物资的品名、数量、单价逐一点检，并做好相应记录。

第5条 稽核方式。

采购稽核采取定期与不定期两种方式，定期稽核为每季度一次，具体稽核工作由稽核工作小组组长负责安排。

第3章 附 则

第6条 本制度由人力资源部负责拟订，经总经理审批通过后执行，修改时亦同。

第7条 本制度自颁布之日起执行。

▪▪▪

制度 采购人员月度绩效评估制度

一、目 的

为了进一步提高采购人员工作积极性，降低公司采购成本，企业每月进行一次采购人员绩效考核，激励采购人员并建立月度绩效评估制度，主要考核项目为采购成本控制（价格起伏）、采购交期控制（交货进度达成率）、品质成本控制（进货品质达成率）。

二、采购成本控制

1.各采购员要对各相关产品单价进行分析，学会核价，不管采购任何一种物料，在采购前应熟悉其价格组成，了解对应供应商所产成品的原料源头价格，为自己的准确核价打下基础，预估适当的采购价格。

2.考核方法。

以今年1月确认的单价为前期单价，各采购员可以根据产品前期单价进行分析，重新报价、重新议价，定出每月的产品单价。按每月的价格起伏情况进行评比。

3.计算公式：

价格起伏[1]= 当月的采购数量 ×（前期单价 – 每月的产品单价）

三、采购交期控制

1.签订订单的同时要确定大致到货时间，了解供应商的生产能力、发货渠道和发货信息，掌握到货主动权，尽量避免到货不及时而影响生产。如果供应商已发货应获得货运的联系方式，防止供应商故意拖延发货时间。

2.关于到货时间一定做到要心里有数，若供应商偶有失误就需要和生产部门及时沟通做好调整，尽量将生产损失降到最低。

3.考核方法。

以每月下达订购单数为总批数，每张订单上的产品为一批。

4.计算公式：

交货进度达成率 = 交货延迟订单 ÷ 总订单数量 ×100%

四、品质成本控制

1.评价供应商的品质保证能力，要求供应商根据采购产品的质量要求进行生产及运输，确保采购产品达到公司质量要求。

2.采购产品未达到订单合同规定的质量会造成生产计划变更、不良品增多、管理费用增加。质量不合格时要求供应商在保证质量的情况下紧急替换，确保生产计划不受影响；数量不符的情况，及时与供应商沟通，确定供应商的责任（发货遗失或物流运输问题），及时补足尾数。

3.考核方法。

根据公司品质部提供的每月来料品质统计表，以批数为单位。

4.计算公式：

品质达成率 = 不良来料批数 ÷ 当月来料总批数 ×100%

五、绩效评分

考核内容评分有4个等级，分别为等级A，非常优秀；等级B，优秀；等级C，基本满足；等级D，略有不足。

1.采购成本控制（价格起伏）满分40分，等级A40分、等级B30分、等级C20分、等级D10分。

2.采购交期控制（交货进度达成率）满分30分，等级A30分、等级B25分、等级C20分、等级D10分。

3.品质成本控制（进货品质达成率）满分30分，等级A30分、等级B25分、等级C20分、等级D10分。

---

[1] 计划总金额如超预算，主管副总可一定时间期限内根据实际情况审批月采购计划，同意后递送财务部；如不同意则组织各部门协调，重新调整编制月采购计划。

六、采购员名次

考核结果包括 4 个名次，A 为第一名，B 为第二名，C 为第三名，D 为第四名。

1. 采购成本控制（价格起伏）满分 40 分，A40 分、B30 分、C20 分、D10 分。

2. 采购交期控制（交货进度达成率）满分 30 分，A30 分、B25 分、C20 分、D10 分。

3. 品质成本控制（进货品质达成率）满分 30 分，A30 分、B25 分、C20 分、D10 分。

七、绩效评估奖惩规定

1. 依公司有关绩效奖惩管理规定给付绩效奖金。

2. 每月评分第一名的以及月度考核分数 85 分以上的人员，月底可加付绩效奖金 200 元。

3. 连续 3 个月考核名次是最后一名，应加强职位技能训练。

4. 连续 3 个月考核分数低于 60 分者，应调离采购岗位。

5. 绩效评分等级及名次都可作为评估结果，考核时二选一即可。

范表 采购绩效改进表

被考核者		所在职位		所属部门	
不良绩效描述					
需改进的绩效		采取的措施		完成时间	改进后的效果
被考核者签字		直接主管签字		部门经理签字	

范表　采购目标管理卡

目标	目标值	权重	工作计划	完成时间	工作进度（%）				工作条件	工作权限	考评
					3月	6月	9月	12月			
采购计划完成率	达到___%	30%		计划							
				实绩							
采购质量合格率	达到___%	30%		计划							
				实绩							
采购成本降低	降低___%	10%		计划							
				实绩							
提高交期准确率	达到___%	10%		计划							
				实绩							
每月开发新供应商	不少于___家	10%		计划							
				实绩							
加速呆滞料处理	控制在库存总额的___%以内	10%		计划							
				实绩							

范表 采购部绩效考核表

考核时间		部门	采购部	姓名		工号		职务		每项评分以权重比例为依据		
序号	项目	考核内容	权重	目标值及考核细则					数据来源	完成情况描述	上级打分	
1	部门业绩考核											
2												
3												
4												
1	人员管理考核											
2												
3												
4												

本月自评及下月改进（重点）工作计划：	被考人签字
人力行政部意见：	合计得分	
	考核总分	
	考核等级	人力行政部签字
总经理审批：	考核等级	总经理签字

说明：
1. 考核总分 = 上级评分 ×70%+ 周边评分 ×30%。
2. 评分指导线：S 级（1.8）杰出，95 分以上；A 级（1.3）良好，85 ～ 94 分；B 级（1.0）合格，74 ～ 84 分；C 级（0.8）较差，61 ～ 73 分；D 级（0.6）差，60 分以下。

范表 采购人员绩效考核表

被考核者姓名		所在职位		所属部门	
考核期间		____年____月____日至____年____月____日			

1. 考核得分汇总

考核内容	权　重	被考核得分	考核得分
工作态度	10%		
工作能力	30%		
工作业绩	60%		

2. 考核评估

考核内容	考核项目	评价要点	评　分
工作态度	勤务态度	1. 严格遵守公司规章制度 2. 积极协助上级领导的工作 3. 热爱本职工作	
	工作责任心	工作一丝不苟，且勇于承担责任	
工作能力	语言表达能力	能清晰地表达所要传递的信息	
	沟通能力	掌握一定的沟通技巧	
工作业绩	采购计划完成率	采购任务的完成情况	
	采购及时率	采购工作保证企业生产（经营）的顺利进行	
	采购物资质量合格率	采购物资的质量情况	
	采购成本控制	采购成本的降低情况	
	供应商信息管理	对供应商档案信息、价格信息及其他相关信息的收集和整理工作的完成情况	

3. 综合评价

部门经理评价	
人力资源部评价	

范表 绩效考核评分标准表

项　　目	评分标准	评　　分	初评得分	复评得分	单项总分
工作能力 （25分）					
工作质量 （25分）					
工作态度 （15分）					
责任心 （15分）					
组织纪律 （10分）					
5S 管理 （5分）					
团队精神 （5分）					

初评人：　　　　　复评人：　　　　　审核：　　　　　累计总分：

范表 采购绩效改进计划表

姓　　名		所在岗位		所属部门	
直接上级		绩效改进周期	年　月　日至　年　月　日		

1. 改进的内容

待提高的方面	绩效目标	完成情况	完成时间	上级领导需提供的支持

2. 绩效改进结果评价（改进阶段结束后填写）

自我评价	
领导评价	
员工签字	领导签字

范表 采购内审表

依据文件标准		被稽核部门	采购组
主任稽核员	稽核员	被稽核部门主管	
注意事项	各稽核员须对本表的稽核项目进行完整稽核，并将所见事实详细记入栏目内		

No.	稽核项目	所见事实	结果判定	
			是	否
1	相关书面程序是否保持最新版本			
2	有无建立并更新合格分包商名录			
3	是否对合格分包商进行定期审核？有无定期审核记录			
4	采购的物料是否都经过认可			
5	采购单是否经权责主管审批后发放			
6	是否制订采购计划			
7	合格分包商的质量记录是否齐全			

范表 采购绩效考核申诉表

申诉人		所在岗位		所属部门		申诉日期	
申诉事由							
处理意见或建议		1. 2. 3. 受理人签字：　　　　　　受理日期：					
处理结果							
申诉人对申诉处理的意见		1. 2. 3.					

范表 采购工作绩效测评表

序　　号	测评标准	最高分	实得分
合　　计		100	

测评得分率（%）＝实得分／最高分

检查测评日期：

审核结论：

分公司审核员签字：　　　　　　　　公司审核员签字：

范表 采购绩效奖惩表

编号：   填写日期： 年 月 日

姓　　名		所在职位		所属部门	
奖惩事由					
奖惩方式					
采购经理核定	签名：　　　　日期：　年　月　日				
人力资源部核定	签名：　　　　日期：　年　月　日				
总经理批示	签名：　　　　日期：　年　月　日				

更多模板

采购绩效专员岗位职责　　　　　　　　采购人员绩效考核指标

采购绩效主管岗位职责　　　　　　　　采购绩效改进表

采购绩效考核结果运用表

8.2　外协加工管理

很多制造企业在生产过程中会使用到不同的物料，这些物料按照 BOM（Bill Of Material，物料清单）的说法都叫作子件。产品的子件中有些是需要采购的零件，有些是需要制造的部件。有的企业把一些部件送到外部的协作单位去，让他们加工好之后再拿回来使用，这种方式一般称为"外协加工"。一旦发生外协加工，就会牵涉到计划、采购、生产调度、应付账、成本核算等多方面的管理。

● 外协加工的分类

分　类	细分类型	具体内容
外协加工的对象	工序级外协	把生产中一个或几个工序（但不是全部工序）让某一个外协单位去加工
	物品级外协	把某个自制件的全部工序都让某一个外协单位去加工
对物料的需求	不带料外协	指外协加工单位不需要自己准备任何物料，只需要按照要求组织生产，及时把部件交付给制造企业就可以
	部分带料外协	1. 加工物品需要的物料有专用和通用之分，企业不提供通用物料给外协加工单位 2. 企业只需要把一些关键的物料发给外协单位，其余由外协单位自行采购，然后完成外协加工任务
在制造过程中所处的位置	头道外协	产品的第一道工序是由外协单位进行加工的
	末道外协	产品的最后一道工序是外协加工的
	中间外协	这是企业在发生外协加工时最常见的一种形式，除了头道和末道之外的所有外协加工都被称为中间外协
	连续外协	指几个外协单位之间是以"连续接力的方式"进行外协加工

● 外协加工的管理重点

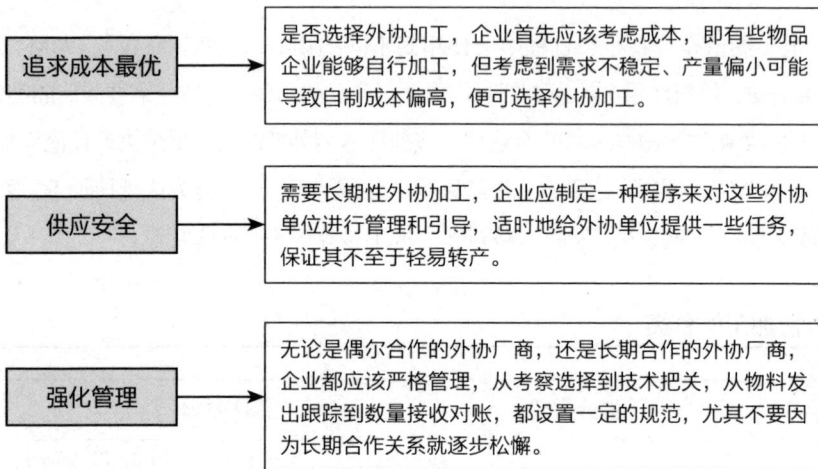

| 追求成本最优 | → | 是否选择外协加工，企业首先应该考虑成本，即有些物品企业能够自行加工，但考虑到需求不稳定、产量偏小可能导致自制成本偏高，便可选择外协加工。 |

| 供应安全 | → | 需要长期性外协加工，企业应制定一种程序来对这些外协单位进行管理和引导，适时地给外协单位提供一些任务，保证其不至于轻易转产。 |

| 强化管理 | → | 无论是偶尔合作的外协厂商，还是长期合作的外协厂商，企业都应该严格管理，从考察选择到技术把关，从物料发出跟踪到数量接收对账，都设置一定的规范，尤其不要因为长期合作关系就逐步松懈。 |

● 外协加工流程

① 生产部根据产能、设备、技术状况，提出外协需求。

② 品管工程师对产品基本结构、尺寸大小、用料、工艺工序、产品功能及质控点等情况展开深入分析。

③ 采购部采购工程师对产品相关物料进行简单市场调查，并对加工工艺做深入的可行性分析。

④ 评审完毕，外协计划员分别安排车间，准备试样的工具，安排仓库准备试样样品，并通知采购工程师选择厂商，同时接口供应商前来领用相关样品和工具。

⑤ 采购工程师根据外协需求的数量、时间、工艺以及紧迫程度，在预先开发的外协厂商资料库中选择，并通知其试样。

⑥　外协厂商按照需求打样，提交样品并随附打样报告。外协计划员根据打样结果组织品管、工艺展开评审，选取待定供应商。

⑦　采购工程师对产品进行详细询盘，并要求新的外协厂商提供证照资料。采购工程师做好成本分析，与外协厂商进行谈判。

⑧　采购部与总经理对最终报价进行审核，签订合同，外协采购员制作"委外加工订单"。

⑨　外协采购员根据外协回货计划，跟踪外协工厂的生产进度，联系处理生产异常。

⑩　外协加工完成后，跟踪物料回仓，及时办理入库、核销手续。核对进出库单据、对账单、发票，无误后办理付款手续。

制度 外协管理办法

第一条　适用范围

1. 用于本公司人员、设备不足，生产能力负荷已达饱和时。

2. 特殊零件无法购得现货，也无法自制时。

3. 协作厂商有专门性的技术，利用外协生产质量较佳且价格较低。

第二条　选定方法及基准

1. 调查方式：书面审查及实地调查。

（1）外协加工及外协制造的申请是否符合规定，数量方面是否适宜。

（2）申请核准后，由外协管理人员判定是否有协作厂商承制，若没有则选择3家以上厂商的资料，填具厂商资料调查表。

（3）实地调查时，由质量管理委员会指定质量管理、生产管理、技术、外协管理等部门派专员组成调查小组，但每次不一定所有人员都要参加，要视加工或零件制造的重要性而定，将调查结果填入厂商资料调查表中。

（4）实地调查后可选定其中一家厂商试用。

2.审查基准。

（1）质量。

（2）供应能力。

（3）价格。

（4）管理。

选择其中评分最高者作为适用的协作厂商。

第三条　试　　用

当选择最佳厂商之后，必须经过试用，待试用考核达到标准以上时，才能正式成为本公司的协作厂商。

1.试用合同：规定试用期为3个月，每个月要考核一次，并将结果通知试用厂商。

2.试用考核：试用期间要对试用厂商进行考核。

3.试用开始时，试用厂商要将样品送来检查，经判定合格才能继续大量地加工或制造。

第四条　正式设立

1.正式设立判定基准：试用考核期间的成绩达70分以上者则正式判定为本公司的协作厂商。

2.正式合同内容：与试用合同格式相同。

第五条　外　　协

1.负责单位：由外协管理员负责外协加工或外协制造的事务。

2.外协资料：外协加工或外协制造时要给试用厂商或协作厂商的资料。

（1）蓝图。

（2）工程程序图。

（3）操作标准。

（4）检查标准。

（5）检验标准。

（6）材料的规格、数量。

3.外协指导管理。

（1）使其确实按照我们的规定来加工或制造。

（2）协助其提高质量。

（3）经常联系协调，了解外协的进度、质量。

（4）指导教育与考核。

4.外协核价。

（1）数量必须要经负责的生产管理员签字，有时可由过磅员重新核算。

（2）报废率（抽样测量）或报废数的资料由质量管理部门提供。

5.外协督促，保证外协加工或外协制造的货品如期交来。

第六条 质量管理

1. 入厂检验。

（1）按双方协定的验收标准及抽样计划来验收。

（2）进料管理流程（见有关文件）。

2. 外协质量管理和定期考核。

（1）确保试用厂商或协作厂商供应的产品符合要求，必须严格检查。

（2）每月巡回检查各协作厂商，对每个协作厂商，3个月中至少要做一次至两次以上的检查。

（3）对试用的厂商，3个月内要做两次检查。

第七条 不良抱怨

1. 抱怨程序。

（1）验收抱怨。

①验收人员将检验报告通知外协管理人员，并将资料存档作为下次验收的依据。

②外协管理人员将验收情况通知协作厂商或试用厂商，使其针对缺陷进行改进，并将资料存档作为考核依据。

（2）生产抱怨。

①生产中发现不良的主要原因是由于外协，制造各科组通知生产管理单位。

②生产管理单位通知质量管理员再重检外协厂商交来的半成品或零件，并通知外协管理人员，并将资料存档作为验收依据。

③外协管理员通知协作厂商，并将资料存档作为考核的依据。

2. 责任分担。

不良抱怨发生时，除要通知协作厂商或试用厂商针对缺陷进行改进外，自身更要做好质量检查考核管理工作，还要依照合同内的规定罚款。

第八条 指导教育与考核

1. 负责单位：有关外协的质量管理、生产管理、设计，外协管理的单位均有负责指导教育与考核的责任。

2. 进行方式：首先必须健全本厂的质量管理组织。

（1）指导教育方面。

①协作厂商高阶层人员观念训练：鼓励其接受新观念或参加本厂召开的产品开发座谈会、质量管理座谈会。

②协作厂商质量管理人员训练：鼓励其参加专业训练或质量管理训练，安排其参加本厂所举办的专业质量管理班[1]。

············

---

[1] 质量管理班培训的主要内容包括：①本厂的质量管理政策及组织；②本厂的进料验收、制程及成品的质量管理及最后检验等；③本厂验收使用何种验收规格、仪器、量规、抽验表以及如何判定合格。

制度 产品外协生产管理规定

1. 目的：

规范产品外协生产的管理程序，合理地控制产品外协生产，达到生产高效、低成本的目的。

2. 适用范围：

所有须发外协工厂生产的产品均适用。

3. 权责：

3.1 生产经理：负责外协生产产品的申报。

3.2 拆单主管：负责产品拆单与产品成本核算。

3.3 供管委主任：负责联系外协工厂及外协合同的签署。

3.4 物控主管：负责外协产品所需材料的准备。

3.5 仓库仓管员：负责外协产品材料的交接。

3.6 品质经理：负责外协产品质量的控制。

4. 外协产品生产步骤：

4.1 生产车间已超负荷生产，须借助其他工厂的工艺、条件或技术的情况下可考虑外协生产，经生产经理提出申请，报总经理批准，批准后通知各相关部门。

4.2 拆单组负责核算产品成本，准备产品料单及详细的产品资料交采购部。

4.3 品质部负责将产品的品质标准、工艺要求、生产注意重点等相关信息，制成文件资料交采购部，并对后续生产的产品质量进行监督、检验及控制。

4.4 供管委联系外协工厂并签署好合同或采购单，之后将相关信息通知各相关部门，并对后续工作进行跟进。

4.5 物控部根据采购部提供的要求准备相应物料。

4.6 仓库根据采购部提供的通知要求对进出厂物料进行交接。

5. 此文件自发行日起执行，同时与此文件相冲突的制度，以此份文件为准。

制度 外协厂商考核及等级评定办法

第一条 适用范围

1. 本公司对现有的协作厂商实施考核及等级评定，依等级的升降，作为外协订制及付款办法的依据。

2. 依协作厂商的要求，对提出申请的厂商重新进行等级鉴定。

3. 对试用厂商实施考核，当试用期间结束时，其考核评分达到 70 分以上时，则正式成为本公司的协作厂商，并划分其等级。

4. 协作厂商交货验收不良率过高时或在本公司生产装配造成重大问题，经通知亦未能有效改进时，则予以重新考核评定等级。

第二条 目 的

1. 掌握协作厂商的经营概况，确保其供应的产品质量符合本公司的需要。

2. 了解协作厂商的能力和潜力，提供外协管理单位选择的依据。

3. 协助协作厂商改善质量，提高交货能力。

第三条 考核及等级评定小组的组成

须由质量管理、生产管理、技术、外协管理等部门会同前往。

第四条 考核及等级评定的项目与标准

1. 项目。

（1）质量 45%。

（2）交货期 20%。

（3）价格 15%。

（4）管理及其他 20%。

2. 对协作厂商或试用厂商每月考核，内容包括考评质量、交货期、价格 3 项。对协作厂商每年进行一次考核，内容包括考核质量、交货期、价格、管理及其他等全部项目，并将考核结果划分等级。

3. 考核表格式说明。

（1）质量。

合格率[1]（%）	95 及以上	90～94	85～89	80～84	75～79	70～74	65～69	64 及以下
得 分	35	30	25	20	15	10	5	3

（2）交货期。

逾期率[2]（%）	0.1 以下	0.1～2.0	2.1～4.0	4.1～6.0	6.1～8.0	8.1～10.0	10.1～12	12.0 以上
得 分	7	6	5	4	3	2	1	0

本公司因协作厂商逾期而致生产线停工待料次数：

次 数	0	1	2
得 分	6	3	0

---

[1] 合格率 = 合格总数 / 交货总数

[2] ①逾期率 = 逾期批数 / 交货批数；②每逾期一日扣一分。

（3）价格：以本公司所定的标准价格为准，若未定标准者，依前批价格为准。

比较的结果	低于 5%	相同	高于 5% 以内	高于 10% 以内	高出 10% 以上
得 分	15	12	8	4	0

4. 考核及等级评定的划分。

等 级	A	B	C	不适合为本公司的协作厂商
总 分	90 及以上	80 ~ 89	70 ~ 79	69 及以下

第五条　本办法如有其他未尽事宜，经研究后修订

制度 外协外购件入库验收管理规定

1. 目的：

为确保公司产品的质量，必须加强外协外购件的质量检验与控制管理，保证其产品满足规定的要求，同时促进外协外购供方质量管理的稳步提高和健康发展。

2. 适用范围：

适用于所有进厂生产用原辅助材料和外协加工品的检验和试验。

3. 职责：

3.1　技术部负责编制外协外购件的技术要求及提供相关的技术文件资料。

3.2　质管部负责制定"外协外购件验收细则"，并负责外协外购件质量的控制与管理。

3.3　采购部负责外协外购件的计划安排及申请等具体工作 [1]。

4. 工作程序：

4.1　信息传递。

4.1.1　采购员每日下午 17:00 前将当日发出的"采购订单"传递仓库库管员。

4.1.2　要求客户的"送货单"必须注明采购订单号，零件名称互相保持一致。

4.2　货到清核。

4.2.1　送货人通知库管员，货物按要求放入相应仓库外待检区。

4.2.2　库管员根据对应采购计划的批次、数量,结合发出的"采购订单"进行物资清核(品

---

[1] 包括对生产的质量、管理、能力、资质、价格等情况进行综合评定，并满足所规定的要求。

名、规格、数量），不符拒收。

4.2.3　将待检标识板（黄色标识板）放置于待检物料上。

4.3　报检／检验。

4.3.1　对相符物资，由库管员开具"来料检验单"，通知相关检验员检验。

4.3.2　检验员依据图纸或"检验卡"检验，填写检验结果，对本批质量做判定。

4.3.3　检验员根据检验结果换置标识板，合格为绿色，不合格为红色。

4.4　检验结果分类及相关处理。

4.4.1　"来料检验单"作为入库依据，合格的由库管员办理入库。

4.4.2　不合格的，检验员将"来料检验单"传递给采购，联系退／换货。

4.5　收货入库。

4.5.1　仓库开"入库单"（4 联）。

4.5.2　"入库单"自留 1 联记账，其余分别给仓库、采购组、公司财务部。

4.5.3　物资整理上架（防锈处理、标识板悬挂、收拨卡记账）；批次分开存放，定置管理。

5. 外协外购的验收和入库

5.1　外协外购的产品必须经过检验人员验收，经检验合格后应在"来料报检单"上签字确认后方可办理入库手续。

5.2　外购件检验。

5.2.1　采购部根据到货日期、品种、规格、数量等，填写"来料报检单"，通知原材料（或半成品）库。由原材料（或半成品）库管员检查品种、规格、数量（重量）和包装情况，并通知检验员到现场（待检区）抽检，同时对该批原材料做"待检"标识。

5.2.2　进货检验员接到通知后，到标识的待检区域按"外协外购件验收细则"进行抽样检验，检验将检验结果填入"来料报检单"上并签字。确认合格的，通知库管员凭单办理入库；只有入库的合格品才能由库管员保管、发放和使用。

5.3　外协件检验。

5.3.1　外协厂家（或采购员）将运到的外协件放置在"待检区"，并及时填写"外协外购件报检单"，通知仓库外协收发员，由仓库外协收发员核查零件名称、规格和数量（重量），若是本厂加工委外表面处理的需附上"加工工艺流程单"通知检验员到现场检验。

5.3.2　进货检验员接到通知后，到标识的待检区域按"外协外购件验收细则"进行抽样检验，检验将检验结果填入"来料报检单"和"加工工艺流程单"上并签字。确认合格的，通知外协收发员凭单办理入库。

6. 外协外购件不良品的处置

6.1　进货检验中发现不合格时，将外协外购件加以"不合格"标识，填妥"来料报检单"上的检验情况，同时填写"质量异常反馈单"，并通知库管员或车间外协收发员由其办理退货手续。

6.2　如生产急需，根据实际情况决定是否需要申请"特采"。须按"紧急发行控制程序"

执行办理，但必须进行质量追溯。

6.3 在加工、装配过程中发现外协外购件不合格时应做好标识，按"装配线内不良品处理规定"执行办理。

7.进货检验和试验记录由质检部按规定期限和方法保存。

每月汇总进货质量检验情况，将供应商交货质量情况及检验处理意见记录在"供应商每月交货质量月报表"内，以作将来评定合格供应商的依据。

8.对外协外购件进行检验，需要时还应对以下项目进行核实。

8.1 外协外购件的材料化学分析和机械性能检测报告。

8.2 按图纸、技术条件要求做的各项试验与检验报告。(包括无损检测、热处理工艺记录、炉号、材料牌号、规格型号等，应具有可追溯性)

范表 外协加工料品盘点表

经管部门：		外协厂商：			年 月 日			No.
品名	规格	单位	账面数量	盘点数量	盘盈		盘亏		差异原因说明及处理
					数量	金额	数量	金额	

范表 外协厂商质量管理检查表

厂商名称：	制程中有否按规定的操作标准操作 □有　□没有
厂商的地址及电话：	制程中有否按规定的检查标准检查 □有　□没有
负责供应本厂的原料、加工品名称：	制程检查记录是否有保存 □有　□没有
经办人员职称姓名：	制程中发现不良品的处理：
是否有质量管理组织表　　□有　□没有	本公司供料储存情况：
质量管理负责人职称姓名：	成品检验如何实施 □全检　□抽检　□不检验
质量管理部门是否独立存在 □单独存在　□不存在 □存在_____部门	被退货时实施措施 □改换包装再送回 □等催货急时再送回 □全检后再送回
检验人员共计_____人 1. 进料验收人员_____人 2. 制程检查人员_____人 3. 成品检验人员_____人 4. 其他人员_____人	本公司要求的水准和厂商生产能力比较 （厂商的意见） □要求过高 □要求过低 □要求适中
检验人员是否兼做其他工作 □是　□否	不良率能否降低 □照规定　□打算降低
对于不良反应是否有人负责处理 □有　□没有	现有接受本公司订购事项进度情况：
进料时，是否有检验 □有　□没有　□有时有，有时没有	其他：
检验方式 □全检　□抽检　□抽样计划　□其他	需要本公司协助事项：
进料时发现不良品的处理 □批退　□选别　□重工　□照用　□其他	
进料验收单是否有保存　　□有　□没有	

范表 外协产品采购申请表

申请日期：　　　　　　　　　　　　　　表单编号：

申请人填写					
部门		申请人		审批人	
申请原因：					
备注：（含服务费内容）					

序号	采购产品名称	规格 / 型号	数　　量	销售价格	交货期
1					
2					

其他要求（图片或特殊要求）：

备注：以上信息为申请人填写。

采购人填写					
采购厂家					
序号	产品名称	规格 / 型号	数　　量	采购价格	交货期
1					
2					

付款方式：

备注：

采购申请人 / 时间		审批人 / 时间	

范表　委外加工计划表

类别：　□产品委外　□原材料委外　□订单委外

序号	订单号	产品名称	规格型号	图号	计划数量	单位	车间完成日期	外协加工完成日期	工艺类别

制表人／日期：　　　　审核人／日期：　　　　确认人／日期：

更多模板

外协加工成本核算表　　　　　　外协件明细表
外协外购件送检单　　　　　　　外协外购件质量信息反馈表
外协件检验记录表　　　　　　　外协采购人员考核表